beck'sche reihe

bsr

Dieses Buch verfolgt am Beispiel Deutschlands die Entstehung und die Auswirkungen des modernen Imperialismus im 19. und 20. Jahrhundert. Dirk van Laak schildert die Vorgeschichte, den geistigen Hintergrund und den Verlauf der deutschen Kolonial- und Weltpolitik über die Kernphase des imperialistischen Zeitalters zwischen 1884 und 1945 hinaus. Er widmet sich dabei neben den deutschen Kolonien auch den Versuchen einer imperialen Durchdringung Südosteuropas bis nach Bagdad sowie der Eroberung von «Lebensraum» im Osten bis nach Stalingrad. Der Autor kann dabei eindrücklich zeigen, daß der Imperialismus als folgenschwere Etappe der Globalisierung verstanden werden muß, die gerade in Deutschland von nationaler Verunsicherung und chauvinistischer Übersteigerung gekennzeichnet war.

PD Dr. Dirk van Laak lehrt Neuere und Neueste Geschichte an der Friedrich-Schiller-Universität Jena. Veröffentlichungen u. a. «Gespräche in der Sicherheit des Schweigens. Carl Schmitt in der politischen Geistesgeschichte der frühen Bundesrepublik» (2. Aufl. 2002). «Weiße Elefanten. Anspruch und Scheitern technischer Großprojekte im 20. Jahrhundert» (1999). «Imperiale Infrastruktur. Deutsche Planungen für eine Erschließung Afrikas 1880 bis 1960» (2004).

Dirk van Laak

Über alles in der Welt

Deutscher Imperialismus im 19. und 20. Jahrhundert

Verlag C. H. Beck

Originalausgabe

Gesamtherstellung: Druckerei C. H. Beck, Nördlingen
Umschlagabbildung: Bildpostkarte (Farblithographie), 1914
Foto: © akg-images
Umschlagentwurf: + malsy, Bremen
Printed in Germany
ISBN 3 406 52824 4

www.beck.de

Inhalt

Einleitung

Noch ist die Welt nicht ganz verteilt!
Noch manche Flur auf Erden
Harrt gleich der Braut: die Hochzeit eilt:
Des Starken will sie werden.
Noch manches Eiland lockt und lauscht
Aus Palmen und Bananen:
Der Seewind braust, die Woge rauscht,
Auf! freudige Germanen!
Felix Dahn: Lied der Deutschen jenseits der Meere (1887)[1]

Helgoland

Räume – und auch Geschichten – erschließen sich am besten von der Peripherie her:[2] Helgoland ist heute die einzige deutsche Hochseeinsel und der zuletzt verbliebene Posten Deutschlands in «Übersee». Als das Heilige Römische Reich Deutscher Nation 1806 unterging, übernahmen die Engländer das nicht einmal einen Quadratkilometer große Eiland von den Dänen, um Napoleons Kontinentalsperre zu umgehen. Von diesem Vorposten aus schmuggelten sie ihre Kolonialwaren auf das Festland. Als in den 1820er Jahren der Helgoländer Bädertourismus begann, bot die englische Insel während der Restaurationsphase auch deutschen Intellektuellen Zuflucht. Und eben hier schrieb 1841 August Heinrich Hoffmann von Fallersleben sein «Lied der Deutschen», das den Wunsch nach nationaler Einheit zum Ausdruck brachte, dessen erste Strophe später jedoch eher zu einem Symbol des deutschen Großmachtwahns wurde: «Von der Maas bis an die Memel, von der Etsch bis an den Belt. Deutschland, Deutschland, über alles, über alles in der Welt».[3]

Bismarck, der Gründer des Deutschen Reiches, erwarb Helgoland 1890 von den Briten zurück, auch weil es strategisch empfindlich nah vor dem gerade eröffneten Kaiser-Wilhelm-Kanal lag, der heutigen Nord-Ostsee-Verbindung. Im Gegenzug gab der eiserne Kanzler deutsche Ansprüche vor der ostafrikanischen Küste, besonders auf Sansibar, preis – ein im Zeitalter des Imperialismus durchaus gängiges Kompensationsgeschäft. Bei der feierlichen Übergabe der Insel am 9. August erklang das «Deutschlandlied» zum ersten Mal bei einem Staatsakt. Die deutschen «Weltpolitiker» jedoch, die den imperialistischen Wettlauf als nicht verhandelbare Konkurrenz um Macht und Prestige verstanden, verziehen Bismarck diesen Schachzug nicht. Mit den Worten des zu dieser Zeit bekanntesten Afrikaforschers Henry Morton Stanley warfen sie ihm vor, «einen neuen Anzug für einen alten Hosenknopf hingegeben» zu haben. In Reaktion auf den Helgoland-Sansibar-Vertrag bildete sich mit den «Alldeutschen» ein überparteilicher Interessenverband, der den Anspruch, daß Deutschland «über alles in der Welt» gelte, in einem imperialistischen Sinne interpretierte und endlich in die Tat umsetzen wollte. Den Willen, Deutschland zu einer Weltmacht zu erheben, vertrat insbesondere der junge Kaiser Wilhelm II., der Bismarck bald entließ. Den Erwerb Helgolands vermochte er immerhin als Vorbedingung für den Aufbau einer deutschen Schlachtflotte gelten lassen.

Gerade deshalb wurde Helgoland den Briten ein Dorn im Auge. Sie vermuteten nun ihrerseits, es mit einem Vorposten deutscher Eroberungsversuche zu tun zu haben. Tatsächlich wurde Helgoland vor dem Ersten und dem Zweiten Weltkrieg jeweils zu einem militärischen Stützpunkt ausgebaut, um die britische Flotte herauszufordern. Daher versuchten die Engländer im Jahr 1947, die besetzte und evakuierte Insel durch massive Bombardierung in der Nordsee zu versenken, was aber trotz des Einsatzes von 5000 Tonnen Sprengstoff mißlang. Öffentliche Proteste ließen den vollständig verwüsteten Felsen schließlich 1952 an seine Bewohner zurückgehen. Auf Butterfahrten, die zollfreie Waren feilboten, konnte fortan von Tagestouristen die Ära des Schmuggels nachempfunden werden. Die Helgoland vorgelagerte Düne wird bis heute als «karibisches Badeparadies» vermarktet. Und noch eine andere Verbindung zur Epoche des deutschen Imperialismus blieb bestehen: Bis 1989 erinnerte auf der Insel eine Denkmalplastik von Carl Peters an die deutsche Kolonialzeit. Sie hatte ursprünglich 1914 im ostafrikanischen Daressalam aufgestellt werden sollen, mit dem Ausbruch des Ersten Weltkriegs jedoch eine Odyssee angetreten, bis Helgoland sich ihrer annahm. Heute verwahrt das lokale Museum die Erinnerung an den einzigen deutschen Konquistador, der es zu seiner Zeit an Berühmtheit mit Henry Morton Stanley aufnehmen konnte.

Helgoland zieht sich als ein peripheres, doch charakteristisches Motiv durch die jüngere deutsche Geschichte. Wie ein Geschichtszeichen verdeutlicht der Felsen in der Nordseebrandung wesentliche Elemente des deutschen «Imperialismus»: den Einfluß strategischer Überlegungen, die Vermittlungsarbeit von Intellektuellen für das nationale Selbstbild und für die deutsche Expansion, die Wahrnehmung symbolischer Orte und Räume, die Bedeutung einer Politik des Prestiges, aber auch Ferne und Exotik, von denen die imperialistische Epoche ebenso geprägt war.

Wo Deutschland liegt

Aber war Deutschland überhaupt ein imperialistisches Land? Die Feststellung erscheint heute den Deutschen selbst fast abwegig. Bemüht man sich seit 1945 doch ausdrücklich darum, auf internationaler Bühne zurückhaltend und mäßigend aufzutreten. Doch scheint hier eine historische Erinnerung angebracht. Denn von den beiden Weltkriegen abgesehen, gehören die vielfältigen Versuche der «gescheiterten Großmacht», zu expandieren und weltweiten Einfluß zu gewinnen, zu den aktiv verdrängten Kapiteln der deutschen Geschichte. Das frühere Engagement in Übersee kehrt allenfalls in der Benennung einiger Relikte deutschen Ausgreifens in unsere Erinnerung zurück: im «Bismarck-Archipel», in der «Lüderitz-Bucht», im «Caprivi-Zipfel» oder auch im bis heute nach deutschem Reinheitsgebot gebrauten «Tsingtau-Bier».

Die europäischen Nachbarn dagegen erinnern sich bis heute sehr viel lebhafter, wieviele Irritationen Preußen und das Deutsche Reich in der Mitte Europas bis 1945 verursachten. In beiden Weltkriegen trat Deutschland als Angreifer, ja als brutaler Annexionist auf. Die dabei angewandten Methoden sind für die überfallenen Länder bis heute traumatisierend und infolgedessen nur schwer zu verarbeiten. Wer in den relativ statischen Jahren des Kalten Krieges, der friedlichen Wendezeit nach 1989/90 oder dem Europa der fallenden Grenzen aufgewachsen ist, dem mag es schwerfallen nachzuvollziehen, weshalb Deutschland lange Zeit als «nervöse Weltmacht» verrufen war.[4] Dennoch bestimmt die Geschichte des deutschen Imperialismus bis heute das deutsche Auftreten in der Welt und gehört auch zu den Grunderfahrungen, die den europäischen Einigungsprozeß vorangetrieben haben. Dabei geht es weniger um bezeichnende, letztlich aber periphere Erinnerungsorte wie Helgoland, sondern vielmehr um die wechselvolle Geschichte eines «unruhigen

Reiches», das nicht nur um seine Einheit, sondern auch um seine Stellung in der Welt gerungen hat. Denn der Imperialismus war auch eine Begleiterscheinung des Versuchs, die politische Einheit «Deutschland» im Raum und in der Zeit zu «verorten».

Die Ungewißheit, wo Deutschland liegt und wodurch es sich überhaupt definiert, beschäftigt das Land zeit seiner nationalen Existenz. Noch bis in die jüngste Vergangenheit hinein erschien die Frage nach seinen Grenzen ebenso aktuell wie ungelöst. Wo die «natürlichen» Grenzen verlaufen, ob man sich «kleindeutsch» bescheidet oder «großdeutsch» ausgreift, war bei einem der nachbarreichsten Länder der Erde mindestens bis zum Schengener Abkommen von 1995 eine konfliktträchtige Frage. Zumal dann, wenn nicht nur geographische und politische, sondern auch Sprach- und Kulturgrenzen darunter verstanden werden. Die Geschichte des deutschen Staatsbürgerrechts spiegelt die Problematik aus einer anderen Perspektive: Nach welchen Kriterien gilt man als Deutscher? Wer und was ist «deutsch»?[5] In wenigen Ländern gestaltete sich der Prozeß des «nation building» derart komplex, wenige Völker trugen und tragen derart viele Identitätsprobleme mit sich herum wie das deutsche. Nur selten verlief zudem das Wechselspiel zwischen nationaler Beschränkung und expansivem Ausbruch derart extrem, so daß die «deutsche Frage» bis in die jüngste Zeit hinein einen Faktor der Weltpolitik bildete.

Auch mit ihrer eigenen «Weltläufigkeit» hadern die Deutschen seit jeher. Die wiederkehrende Klage, sie seien besonders provinziell, kann aber wohl ebenso als Argumentation «interessierter Kreise» gewertet werden wie der Stoßseufzer, die Deutschen seien fern der Heimat besser bewandert als daheim. Vielmehr stellt sich Deutschland heute als ein weltoffenes, aber von seiner Geschichte tief geprägtes Land dar. In ihm sind Verweise auf verhängnisvolle, die Nachbarn beunruhigende Sonderwege jedoch noch immer so allgegenwärtig, daß der deutsche Imperialismus vielleicht doch keiner überlebten Epoche zugeschrieben werden kann. Dabei ist es wohl eher ein Zufall, daß gleich die früheste Verwendung des Begriffs «Imperialist» auf ein deutsches Umfeld verwies: Im England und Frankreich des 17. Jahrhunderts wurden damit die Anhänger des deutschen Kaisers bezeichnet. Die Verbindung verlor sich aber wieder, um Mitte des 19. Jahrhunderts vielmehr mit der französischen Herrschaftsform des Bonapartismus gleichgesetzt zu werden.

Seit den 1870er Jahren wurde der Terminus in Großbritannien auf die Politik Benjamin Disraelis angewandt, der 1876 Königin Victoria zur «Kaiserin von Indien» hatte ausrufen lassen. Kritiker sahen darin eine schlechte Kopie der verschwenderischen und despotischen Politik Napoleons III.[6] Erst als der Wettlauf um die Kolonien einsetzte, wurde der Begriff zur positiven Kennzeichnung der gemeinsamen zivilisatorischen Sendung eines integrierten Imperiums aufgewertet. Fast zeitgleich begannen jedoch seine Gegner damit, den «Imperialismus» als Phänomen einer chauvinistischen Innen- und Außenpolitik zu beschreiben.[7]

Fortan blieb es dabei, daß die Kritik am Imperialismus stets ungleich präziser war als die darin enthaltene Rechtfertigung. Zahllose Imperialismustheorien haben immer wieder versucht, klar umrissene Agenten, Interessen und Programme zu benennen. Nicht selten waren diese Diagnosen mit Verschwörungstheorien, Polemik und der impliziten Aufforderung zu einem «anti-imperialistischen Kampf» verbunden.[8] Marxisten ordneten den Imperialismus sogar einer bestimmten historischen Entwicklungsstufe zu, in welcher der spätbürgerliche Kapitalismus gar nicht anders könne, als über Grenzen hinaus zu expandieren. Davon inspirierte Deutungen wiesen in Zeiten des Kalten Krieges zudem auf die subtilen und indirekten Methoden des «Neokolonialismus» hin. Zeitweise wurde der Imperialismus in politischen Theorien sogar zu einem bestimmenden Merkmal der internationalen Beziehungen aufgewertet. Seit 1989/90 wird er vor allem auf die Politik der USA angewandt.[9] Kritiker der Globalisierung dagegen beziehen die Kategorie auf den aggressiven Expansionismus multinationaler Konzerne und das Entstehen moderner Wirtschaftsimperien, die zur räumlichen und sittlichen Entgrenzung tendierten.[10] Als «imperialistisch» erscheinen dabei alle denkbaren Initiativen, mit denen ein hierarchisches Gefälle zum Nutzen eines ökonomisch oder kulturell «höherstehenden» Landes oder Akteurs etabliert oder gefestigt wird.[11] Als Inbegriff und Schlagwort für alle möglichen Herrschaftsbeziehungen und Abhängigkeitsverhältnisse ist heute offenbar jeder Versuch, Imperialismus exklusiv und trennscharf bestimmten Bereichen zuzuordnen, zum Scheitern verurteilt.

Jüngere Forschungen haben zudem das historische Verständnis von «Imperialismus» noch einmal beträchtlich erweitert. Heute werden nicht mehr nur Eroberungen oder der Aufbau hegemonialer Positionen einzelner Staaten darunter verstanden. Vielmehr erscheint der Imperialismus als ein wechselseitiger Prozeß der Begegnung und Beeinflussung zwischen Zentrum und Peripherie, zwischen Eigenem und Fremdem. So wird der Imperialismusbegriff zu einer Kategorie, die historische Bewegungsabläufe beschreibt, wie etwa den Aufbau, die Verdichtung und die zunehmende Bedeutung weltweiter Vernetzung, wie die Globalisierung definiert wird.[12] Im folgenden soll Imperialismus in der Tat als ein Teilaspekt dieses Prozesses verstanden werden, nämlich als herrschaftlicher Versuch einer «Weltaneignung», der das Eigene möglichst vorteilhaft mit dem Fremden in Beziehung zu setzen versucht und dabei die eigene Überlegenheit ausspielt. Dieses Verständnis soll aber nicht in einem überzeitlichen Sinne gelten, sondern an die Epoche gebunden bleiben, die den Begriff prägte und einen spezifisch imperialistischen Denkstil ausbildete. Aus der kulturgeschichtlichen Weiterung des Verständnisses ergibt sich aber auch, daß der deutsche Imperialismus nicht auf die dreißig Jahre kolonialer Realgeschichte zwischen 1884 und 1914/18 oder auf die Kriegsziele der beiden Weltkriege verengt – und oft auch marginalisiert – werden kann. Vielmehr erweist sich bei genauer Beobachtung, wie stark Deutschland jenseits realer Möglichkeiten zu einem formalen Kolonialismus auf die Erschließung und Aneignung von «Welt» bezogen war, wie viele Wissenschaften ihre Kenntnisse jenseits deutscher Grenzverläufe erwarben oder darauf bezogen und wie viele Institutionen auf deutsche «Weltaneignung» und deutschen Imperialismus zurückgeführt werden können. Gegenüber dem Kolonialismus ist Imperialismus dabei der umfassendere Begriff, unter dem die Bildung und Erhaltung von Imperien zu verstehen ist, während Kolonialismus die kulturelle, politische oder wirtschaftliche Expansion in fremde Territorien bezeichnet, aber auch ihre Erschließung und Besiedelung. Bei entsprechender «Weltgeltung» konnten Kolonien auch kompensatorisch zum Abgleich von imperialistischen und weltpolitischen Interessen eingesetzt wurden. Hierzu waren freilich nur die wenigsten Staaten in der Lage.[13]

Deutschland griff auf die Welt aus wie viele der anderen europäischen Länder, auch wenn es sich in den Dimensionen mit den Seefahrernationen Portugal, Spanien, den Niederlanden oder England ebensowenig vergleichen ließ wie mit den Imperialmächten Rußland oder Frankreich. Doch leisteten Deutsche wie Georg Forster und Alexander von Humboldt durchaus bemerkenswerte Beiträge zur geographischen, ethnographischen und kommerziellen Erschließung der Erde. Sie wurden weniger auf dem Gebiet der direkten Inbesitznahme vollzogen als vielmehr auf informellen Wegen, wie sie durch kulturelle, ökonomische und technische Kontakte angebahnt werden. Das Bild von der nach*holenden*, aber nicht besonders nach*haltigen* Beteiligung der Deutschen am europäischen Ausgreifprozeß war jedenfalls schon für die Kolonialepoche unzutreffend.[14]

Aus heutiger Warte kann der moderne Imperialismus einer Epoche der Territorialität zugeordnet werden, deren Problemhorizont von sich verschiebenden Grenzverläufen oder *frontiers* zwischen der «Zivilisation» und der «Wildnis» gekennzeichnet war.[15] Die Raumerschließung ging hier mit Veränderungen von Wissensbeständen und Einstellungen einher. Aus der Distanz sind die vielen Parallelen zwischen heutigen Individualreisenden und einem Georg Forster, Adalbert von Chamisso oder Alexander von Humboldt unübersehbar. Freilich soll hier nicht jeder Ausflug jenseits deutscher Grenzen als imperialistisches Ausgreifen verstanden werden. Vielmehr geht es im folgenden um den Imperialismus, der sich als ein «nationales Projekt» verstand und der gleichsam die äußere Seite beziehungsweise die außenpolitische Variante des Nationalismus darstellt, ohne daß eines notwendig aus dem anderen folgen muß. Die Gemeinsamkeiten sind jedoch offensichtlich und wurden vor allem von Imperialisten als solche empfunden: Betreibt der Nationalismus die Integration eines Landes und Volkes, indem er dem Vorgang der Einigung auf allen Ebenen den Anschein von Willkür zu nehmen versucht, so begründet der Imperialismus eine Expansion und Machtausweitung dieser politischen, ökonomischen und kulturellen Einheit «Nation» mit ebenso rationalen wie irrationalen Argumenten.[16] Dem Nationalismus wie dem Imperialismus liegen integrative Weltbilder zugrunde, die an eine Klassen, Schichten und Milieus übergreifende Mission appellieren. Der Nationalismus definiert einen Solidarverband nicht nur aus sich selbst heraus, vielmehr entsteht er – etwa nach dem Muster des Abfalls der vereinigten Niederlande von der spanischen Regierung – oft in Abwendung von Fremdherrschaft und von vermeintlichen Feinden. Auch eine imperialistische Ordnung bildet sich aus der Begegnung mit dem Fremden, indem sie die Ungleichheit nach außen auf die zwischenstaatliche bzw. zwischenvolkliche Ebene verlagert.[17] Werden Nationen aus heutiger Sicht «erfunden» und weitgehend konstruiert, so trifft dies analog auch auf den Imperialismus zu. Und ruht der Nationalismus auf emotionalen und zivilreligiösen Fundamenten, so versteht man auch den Imperialismus nicht, ohne den affektiven Komponenten des Ausgreifens auf die Welt ein starkes Gewicht beizumessen.[18] Das trifft vor allem auf das Bewußtsein der Auserwähltheit und den Drang zu historischen Missionen und «Sendungen» zu.[19] Wie der Nationalismus oder der Militarismus besitzt auch der Imperialismus einen rationalen Kern, wie bei diesen kann man jedoch die komplexen Wahrnehmungsprozesse imperialistischer Akteure allenfalls sozialpsychologisch erklären. Der Variantenreichtum, das instabile Ordnungsgefüge eines ständigen «Aushandelns» und die innere Vielschichtigkeit des Imperialismus machen ihn historisch jedoch nicht immer leicht erkennbar und insgesamt schwer greifbar.[20]

Am deutschen Beispiel wird das besonders deutlich. Lange Zeit über blieben die seit 1806 in zahllose Fürstentümer zerfallenen Deutschen von den Möglichkeiten einer Expansion ausgeschlossen; auch fanden sie nur schwer wieder zu einer Nation zusammen. Selbst der territoriale Ausbreitungsdrang Preußens wurde im napoleonischen Zeitalter vorläufig beendet. In Übersee jedoch waren Deutsche weiterhin als Reisende, als Forscher, als Berater und vor allem als Auswanderer präsent. Die Unmöglichkeit, hieraus für Deutschland ein anderes als symbolisches Kapital zu schlagen, prägte eines der Grundmotive des deutschen Imperialismus: Fortdauernd wurde über die Diskrepanz zwischen den kulturellen und materiellen Möglichkeiten zu einer Expansion auf der einen sowie der politischen Lage auf der anderen Seite geklagt, die eine praktische Erprobung der «deutschen Sendung» in der Welt verhinderte. Die Vorstellung einer schöpferischen, spezifisch deutschen Leistungskraft gab dieser Gedankenwelt ein Fundament: «Eine höhere Sittlichkeit als napoleonischer Eroberungsgeist und britischer Handelsneid sollten von Deutschland aus über die Völker verbreitet werden» – in diesem Sinn wollte der Dichter Emanuel Geibel verstanden werden, als er 1861 das «deutsche Wesen» beschwor, an dem dereinst sogar «die Welt genesen» könne.[21]

So wie sich die deutsche Einheit zuerst in der «Kulturnation» herstellte, war auch der deutsche Imperialismus zunächst auf kulturellen Gebieten virulent. Der lange gedankliche Vorlauf verlieh dem deutschen Imperialismus zugleich eine spezifisch «akademische» Prägung. Das mag zur Neigung mancher Deutscher beigetragen haben, in der übrigen Welt vergleichsweise «schulmeisterlich» aufzutreten und bei sich bietenden Gelegenheiten vorgefaßte Pläne schematisch umzusetzen, auch wenn es dabei zu hohen Verlusten kam. Diese Tendenz zeigte sich vor allem im Zweiten Weltkrieg, in dem mit Hitler ein «Imperator» auftrat, der in manchem an Friedrich den Großen, in manchem an Napoleon oder auch an Wilhelm II. erinnerte.[22] Seine Vision eines Großgermanischen Reiches war zwar am Vorbild des Römischen Imperiums orientiert, in seiner rassischen Zielperspektive jedoch und in ihrer verlustreichen Umsetzung sucht sie in der neueren Geschichte nach wie vor ihresgleichen. Der deutsche Kontinentalimperialismus des Zweiten Weltkriegs stellte zugleich den Kulminations- und Wendepunkt der imperialistischen Epoche im klassischen Sinn dar, die nicht nur Europa umgestaltete, sondern auf die gesamte Welt einwirkte.

«Weltmachtwachstumswille»

Imperialismus soll im folgenden nicht nur als Teilbereich der Außenpolitik und gleichsam als Entartungserscheinung der internationalen Beziehungen beschrieben werden. Das Ausgreifen auf fremde Kulturen, Märkte und Territorien muß zugleich als eine international zu beobachtende Variante der Aneignung von «Welt» und der nationalen Horizonterweiterung verstanden werden. Dabei ging jede imperiale Nation ihren Sonderweg; in der Regel wurde dieser sogar ausdrücklich betont, um gegenüber Konkurrenten die eigene Außergewöhnlichkeit herauszustreichen. Dennoch gab es vielfältige Bezugnahmen und Adaptionen, imperialistische Netzwerke, Ideen und Informationsflüsse, etwa einen Transfer kolonialen Wissens über Besuche, Reiseberichte, Forschungsreisen oder Konferenzen. Imperialismus bleibt dennoch der Epoche des Nationalismus zugeordnet, ist also ein Projekt von «nationalem Interesse», das parallel und komplementär zur nationalen Einigung und nationalistischen Festigung auftrat. Dabei wurden unterschiedliche Absichten verfolgt: In einer zunehmend dynamisch gewordenen Welt galt es, der eigenen Nation einen möglichst großen Anteil an weltweitem Einfluß und an Ressourcen zu sichern. Damit wurde beabsichtigt, der eigenen Nation einen räumlich und geschichtlich möglichst vorteilhaften Standort zu verschaffen und ihn zugleich abzusichern: Was hat Deutschland der Welt anzubieten, wo kann es sich seines Status sicher sein, wo ist er durch Konkurrenz gefährdet? Wogegen muß es sich abgrenzen? Ein sozialdarwinistisch geprägtes Konkurrenzdenken spielte hier ebenso hinein wie eine gewisse Trunkenheit von «Welt», die alles im globalen Maßstab wertete. Zusätzlich sollten der eigenen Nation Spielräume erwirkt werden, um die außen- und innenpolitische Handlungsfreiheit zu fördern. Außerdem wollte man der scheinbaren Ausdehnungsbestrebung konkurrierender Nationen vorbeugen bzw. ihr zuvorkommen. Und nicht zuletzt, bisweilen sogar in erster Linie, galt es, die eigene Leistungskraft zu erweisen, symbolisches Kapital zu akkumulieren und Prestigepolitik zu betreiben.

Der Publizist Arthur Dix fand mit «Weltmachtwachstumswille» eine sinnfällige deutsche Übersetzung des Begriffs.[23] Denn in der Summe ähneln viele der imperialistischen Bestrebungen den Versuchen Heranwachsender, sich die umgebende Welt «anzueignen» und darin möglichst vorteilhaft zu behaupten. Gerade im deutschen Falle findet sich zwischen 1871 und 1945 ein auffälliges Schwanken zwischen übersteigertem Stolz auf die eigene Leistungskraft, aber gerade in internationalen Angelegenheiten auch eine überempfindliche Ehrpußligkeit. Das suggestive Bild eines Imperialismus, das gleichsam die Adoleszenzphase junger Nationen beschreibt, enthält sicher manches an instruktiven Parallelen, soll hier aber nicht überstrapaziert werden.[24] Auch muß es mißtrauisch machen, wenn die Phase des Imperialismus in deutschen Geschichtsbüchern oft als Verirrung, als jugendliches Protzgehabe des Zweiten Deutschen Reiches oder gar als Spielerei Kaiser Wilhelms II. abgetan wird. Zweifellos haben sich im Imperialismus jedoch feudale Strukturen erhalten, in denen die Ausdehnung der Macht mit der Notwendigkeit des Schutzes, der Sicherheit und der Entwicklung begründet wurde.[25] Und sicher ist der Imperialismus auch nicht als naturnotwendig anzusehen. Vielmehr stellte er nur eine unter verschiedenen

Optionen dar. Zeitgleich und jeweils konkurrierend dazu wurden andere Modelle der internationalen Zusammenarbeit verfolgt, die auf eine zunehmende Verflechtung setzten, für die der Imperialismus zu riskant, zu kostspielig, zu schwer planbar und zudem einer überlebten Epoche der Machtpolitik anzugehören schien. Während solch aufklärerisch-menschheitlichen Vorstellungen sich auf die künftige Einheit der Welt orientierten, entwarfen imperialistische Konzepte oft partikulare Modelle einer räumlich abgrenzbaren und arbeitsteiligen Ordnung.

Bei den Imperialisten herrschte zudem Uneinigkeit über die erfolgreichsten Methoden, mit denen der eigene Einfluß in fremden Territorien ausgeübt werden sollte: Die formale, auch militärisch abgesicherte Beherrschung fremder Territorien und ihr Anschluß an den nationalen Kreislauf – womöglich unter Einschluß einer Assimilation der indigenen Bevölkerung – bezeichnete dabei nur eine Variante. Daneben wurde eine Fülle weniger direkt operierender Methoden des Imperialismus entworfen, informelle Arten der Durchdringung und der Einflußnahme, die bis zu einer auf den ersten Blick gänzlich imperialismusfernen Politik des Angebots reichen konnten. Sie waren von Formen der freiwilligen transnationalen Interaktion kaum noch zu unterscheiden – und wurden oft auch erst nachträglich als imperialistisch gekennzeichnet.

Doch gilt es stets, den fundamental ambivalenten Charakter des Imperialismus zu beachten, der viel zur spezifischen Nervosität des Zeitalters zwischen dem ausgehenden 19. und der Mitte des 20. Jahrhunderts beitrug. Imperialisten sahen sich immer auch aus einer zeitlichen Defensive heraus wirken und verstanden ihr Tun nicht selten als Politik der Prävention gegenüber Konkurrenten. Dabei schwankten sie zwischen Selbstvergewisserung und Bedrohungsangst. Imperialismus ist einer Epoche beschleunigten Wandels zugeordnet, in der Stillstand als Rückschritt und die stets aufmerksame Orientierung auf die Spitze des Fortschritts als überlebenswichtig galten. Zum Verständnis des Imperialismus ebenso wichtig wie die positiven Begründungen für eine Expansion sind daher auch die negativen Kennzeichnungen, mit denen Gegner oder Feinde belegt wurden und mit denen eine vermeintlich von ihnen ausgehende Gefahr beschrieben wurde. Zur imperialistischen Grundüberzeugung gehörte es zudem, eine ausdrückliche Hierarchisierung zwischen höher- und minderwertigen, entwickelteren und unentwickelten, fortschrittlichen und rückschrittlichen Völkern anzunehmen. Seit der Antike geläufige, asymmetrische Gegenbegriffe setzten sich hierbei fort, die den Griechen bereits vom «Barbaren» oder den mittelalterlichen Christen vom «Heiden» unterschieden.[26] Das dichotomische Denken des christlichen Abendlandes prägte den «Denkstil» des modernen Imperialismus grundlegend, nur daß sich der Missionsgedanke immer stärker von der christlichen Bekehrung ablöste und auf die «Segnungen» der westlichen Zivilisation übertrug. Daß Deutschland als kulturell und technologisch hochentwickeltes Land an der Kolonisation der Erde einfach beteiligt werden *müsse*, davon waren deutsche Imperialisten stets überzeugt. Medizin, Wissenschaft und Technik nährten nicht nur Vorstellungen einer europäischen «Höherwertigkeit», sie gehörten auch insofern zum modernen Imperialismus, als sie die europäischen Eroberungen seit dem ausgehenden 18. Jahrhundert zu relativ risikoarmen Unternehmungen werden ließen. Denn sie spielten strategische Ungleichgewichte aus, denen die eroberten Bevölkerungen in aller Regel wenig entgegenzusetzen hatten.

Spätestens seit dem Ersten Weltkrieg erzeugte der moderne Imperialismus in den kolonisierten und imperial durchdrungenen Ländern immer auch Gegenkräfte. Die europäisch-amerikanische Expansion gestaltete zudem die «Mutterländer» selbst nachhaltig um, führte sie aus ihrer relativen Isoliertheit und öffnete sie gegenüber Einflüssen «aus aller Welt». Der moderne Imperialismus gehört zum wechselseitigen Transfer von Gütern, Menschen und Kenntnissen, dessen Geschichte erst in Teilbereichen nachvollzogen und beschrieben worden ist. Auch die vorliegende Darstellung verbleibt infolgedessen notwendig hinter dem zurück, was später einmal möglich sein sollte: eine transnationale Geschichte der Diffusion von Artefakten und Ideen über die Erde. Die hier eingenommene Perspektive schaut vornehmlich von Deutschland aus in die Welt und skizziert die Bestrebungen, das Land im raumzeitlichen Kraftfeld zwischen Enge und Weite, zwischen Fortschritt und Rückstand zu positionieren. Der deutsche Imperialismus wird hier als der *offensive* Teil deutscher Weltaneignung verstanden, oder anders formuliert: Hier geht es um den Imperialismus als Anspruch, nicht als Vorwurf.

Der deutsche Nationalökonom Friedrich List prognostizierte schon 1834 drei Hauptwirkungen des europäischen Fortschreitens, «die dafür bürgen, daß die europäische Cultur sich über den ganzen Erdball verbreiten müsse, nämlich 1) die durch neue Erfindungen von Maschinen und Verfahrensweisen und durch neue Entdeckungen sich fortwährend vermehrende Production an Lebensgütern, 2) die Vermehrung der Capitale und 3) die fortwährende Vermehrung der Bevölkerung».[27] Diese «Europäisierung», die heute – weithin deckungsgleich – meist als «Amerikanisierung» firmiert, war und ist ein Prozeß von bezwingender Kraft, der die Welt umgestaltet und ihre Gegenden einander angeglichen hat wie kein zweiter. Er war der Ära des Produktivismus, der Energiegewinnung, des Wachstums und der Entwicklung zugeordnet, die nach und nach auf alle Ressourcen der Erde ausgriff und dabei historisch gewachsene Begrenzungen nicht anerkennen konnte oder wollte. Das expansive Europa wurde infolgedessen zum Schicksal der übrigen Welt: Europäische Denkstrukturen dominieren heute in der globalen Raumordnung, bei den Grenzziehungen, beim *nation building* und bei den Wirtschaftsstrukturen, aber auch – stärker amerikanisch geprägt – bei der Medien-, der Konsum- und der Werbeindustrie. Einzelne Länder vermochten Elemente ihrer nationalen «Lebensart» in eine internationale Leitkultur zu überführen, man denke an chinesisches oder italienisches Essen, an französische Kleidermode oder britische Popmusik. Deutsche steuern neben soliden Industrieprodukten wie Automobilen international eher «Sekundärtugenden» wie Ordnung, Fleiß und Sparsamkeit sowie ein klischeehaftes Negativimage bei, exportieren aber seit einiger Zeit sogar ihre historischen Erfahrungen – auch und gerade mit der «Bewältigung» ihrer imperialistischen Epoche.

In der folgenden Darstellung bildet die Epoche des deutschen Nationalstaats den äußeren Rahmen. Dessen teilweise extremen inneren Wechsel und Brüche (1914/18, 1933, 1939/45, 1989/90) verschoben zwar wesentliche Konstellationen, sind aus der Sicht der Weltaneignung aber nur von relativer Bedeutung. Zugleich erscheint in dieser Perspektive das Ende der Epoche des Imperialismus als offen; denn bei aller europäischen und globalen Integrationsrhetorik ist die nationale Konkurrenz um weltweiten Einfluß bis heute ungebrochen. Von drohenden nationalen «Rückständen» ist nach wie vor die Rede. Heute bezieht sich dies freilich weniger auf die weltweite Verteilung von Räumen und Ressourcen, als vielmehr auf Märkte sowie technische oder kulturelle «Standards». Der deutsche Stolz darauf, immer einmal wieder zum «Exportweltmeister» gekürt zu werden, fügt dem deutschen Selbstbewußtsein ebensoviel hinzu, wie ihm genommen wird, wenn die Bundesrepublik in anderen deutschen «Paradedisziplinen», wie etwa der Bildung, auf Plätze im Mittelfeld verwiesen wird. Noch immer mißt sich deutsche «Identität» an anderen. Dennoch kann zugleich mit guten Gründen behauptet werden, daß sich die Bundesbürger mit der Eingliederung in übernationale Einheiten wie der Europäischen Union inzwischen vielleicht sogar etwas leichter tun als manche Nachbarvölker. Auch darin mag man ein Ergebnis der Epoche des klassischen Imperialismus sehen.

Die folgende Darstellung will ausdrücklich keinen Beitrag zur Theoriedebatte über den Imperialismus und keine handbuchartige Zusammenfassung der jüngeren Forschungen zu dieser Problematik leisten. Viele Details und Episoden der expansionistischen Außenpolitik Deutschlands werden daher nur angedeutet, viele Diskurse der Forschung nur gestreift – der Spezialist wird also manches vermissen.[28] Statt dessen soll im begrenzten Umfang einer Übersicht versucht werden, eine Anschauung des geistigen Hintergrunds sowie der faktischen Aus- und Rückwirkungen des deutschen – und indirekt damit auch des europäischen – Imperialismus zu geben. Dabei gilt die Aufmerksamkeit primär dem Wiederkehrenden und Strukturellen, etwa den Bereichen, den Richtungen und den Methoden der Expansion, weniger dem Singulären und Ereignishaften. Zugleich sollen das Besondere des *deutschen* Imperialismus gegenüber anderen, parallelen Expansionsbestrebungen wie auch die inneren Wandlungen des imperialistischen Bewußtseins hervorgehoben werden.

Bevor in den darauffolgenden fünf Kapiteln die Expansionspläne und die imperialistische Praxis der Deutschen beschrieben werden, seien im anschließenden Kapitel zunächst die tragenden Pfeiler erläutert, aus denen sich der imperialistische Denkstil des 19. und 20. Jahrhunderts zusammensetzte. Wenn diese «Zutaten» im einzelnen auch nicht notwendig imperialistisch konnotiert waren, so fand sich in den Gedankenwelten der Imperialisten – es handelte sich um zwei bis drei politische Generationen – doch meist eine Kombination von ihnen wieder. Wenn hierbei an die Begrifflichkeit des Zeitalters erinnert wird, soll dies natürlich keinen Rückfall in die Sprachmuster des Imperialismus bedeuten. Auch bewegte sich der deutsche Imperialismus in einem internationalen Rahmen, reagierte hierauf, gestaltete ihn mit und verstand sich als originärer Beitrag zur internationalen Geschichte. Viele der Merkmale, die im folgenden zur Sprache kommen – Fixierung auf die Raumerschließung, Zählebigkeit der imperialistischen Haltung, die akademischen Zuarbeiten etc. –, sind daher im Grundsatz auf andere Imperial- oder Kolonialländer dieser Epoche übertragbar.

I. Strukturelemente des modernen Imperialismus

Expansion der Wissenschaft

Im folgenden werden Gedankenkreise und Problemfelder skizziert, die, jeweils für sich gesehen, im 19. Jahrhundert noch kein expansives Bewußtsein erzeugten. Erst in ihrer Kombination fügten sie sich zu Strukturelementen eines imperialistischen Denkstils, der eine ganze Epoche prägte. Es soll deutlich werden, wie wenig aggressiv etwa die Ausweitung der modernen Wissenschaften zunächst gewesen war, für die stellvertretend ein berühmtes Bruderpaar stehen soll: Im Dezember 1813, sieben Jahre nach der deutschen Niederlage gegen Napoleon, blickte Wilhelm von Humboldt auf den Wiederaufbau des preußischen Staates zurück: «Deutschland muß frei und stark seyn [...], weil nur eine auch nach außen hin starke Nation den Geist in sich bewahrt, aus dem auch alle Segnungen im Innern strömen; es muß frei und stark seyn, um das, auch wenn es nie einer Prüfung ausgesetzt würde, nothwendige Selbstgefühl zu nähren, seiner Nationalentwicklung ruhig und ungestört nachzugehen und die wohlthätige Stelle, die es in der Mitte der europäischen Nationen für dieselben einnimmt, dauernd behaupten zu können.»[1] Expansionistisch war dieser Gedanke Humboldts nicht gedacht, im Gegenteil. Eine aktive Außenpolitik Deutschlands hielt der preußische Kultusminister sogar für ein nationales Unglück. Einmal in die internationalen Verwicklungen geraten, könnte niemand verhindern, daß nicht «Deutschland auch ein Erobererstaat würde, was kein echter Deutscher wollen» könne.[2] Damit war eine verbreitete Position der politischen Zurückhaltung beschrieben. Humboldt hatte 1810 die Berliner Universität und zugleich das Institut des neuhumanistischen Gymnasiums mitbegründet. Damit waren nicht nur wesentliche Institutionen etabliert, aus denen sich im 19. Jahrhundert deutsches Selbstgefühl speiste. Humboldts Sprachstudien der späteren Jahre repräsentierten zugleich *einen* der Zugriffe, mit denen Deutschland im Verlaufe des 19. Jahrhunderts begann, sich die Welt kulturell anzueignen und die Nation Deutschland historisch zu verwurzeln.

Die nach außen gekehrte Variante desselben Impulses vertrat sein Bruder, Alexander von Humboldt. Der Naturforscher und Kosmopolit wurde zum berühmtesten deutschen Gelehrten seiner Zeit. Seine bekannteste Forschungsreise führte ihn von 1799 bis 1803 nach Süd- und Mittelamerika, später bereiste er auch Rußland. Viele Jahre widmete er der Auswertung seiner Studien; die zwischen 1845 und 1858 unter dem Titel «Kosmos» zusammengefaßte Quintessenz repräsentierte den ganzheitlichen Charakter der modernen Wissenschaften. Der polyglotte Humboldt bewies, daß man national gesonnen, in der Praxis aber dennoch international sein konnte.[3] Dies wurde auch universell anerkannt: Noch heute tragen zahlreiche Minerale, Tiere, Fossilien und Pflanzen seinen Namen. Ortschaften, Berge, Flüsse, Gletscher, Straßen und Meeresströmungen, aber auch Stiftungen, Vereine, Schulen und Apotheken in aller Welt berufen sich bis in die Gegenwart auf seinen Namen.[4]

Für die Weltaneignung der Deutschen im Zeitalter von Nationalismus und Imperialismus gewannen die modernen Wissenschaften zunehmende Bedeutung. Der seit der Aufklärung genährte Ehrgeiz einer Totalerfassung der diesseitigen Welt trieb europäische Forscher und Entdeckungsreisende in die letzten unbekannten Gebiete. Gelehrte Reisebeschreibungen bemühten sich um eine exakte Inventarisierung der eigenen und fremden Lebensräume und schufen damit zugleich eine praxisnahe Voraussetzung für erfolgreiches bürgerliches Wirtschaften. Die Ergebnisse von Forschung und technischer Entwicklung machten die Unternehmungen immer risikoärmer und kostengünstiger. Die europäische Wissenschaft war ein «universelles» Projekt und zielte auf ein umfassendes Verständnis der Welt, zugleich aber auch auf ihre umfassende Kontrolle. Die imperialen Bestrebungen des 19. Jahrhunderts wiesen hierzu manche Parallele auf: Gingen ihre Impulse in der Regel von *nationalen* Interessen aus, wurde der Geltungsanspruch einer europäischen Erschließung der Erde zugleich verallgemeinert. Die Praxis war durchaus *international* aufeinander bezogen und im Ergebnis *universell.*

Prägende Muster für neuzeitliche Entdeckungs- und Erkundungsfahrten waren die Reisen des Franzosen Louis Antoine de Bougainville (1766–1769) sowie des Briten James Cook (1768–1779), der unter anderen von Georg Forster begleitet wurde. Auf andere Weise wurde Napoleon zum Musterfall des neuzeitlichen

Imperators, vor allem durch seinen Feldzug nach Ägypten in den Jahren 1798 bis 1801. Der Kaiser ließ sich hierbei von Gelehrten und Wissenschaftlern begleiten, deren Erkenntnisse sich zwischen 1809 und 1828 in 23 enzyklopädischen Bänden einer «Beschreibung von Ägypten» niederschlugen. Dieser Vorgang kann als einer der Wendepunkte in der Geschichte der europäischen Aneignung fremder Gebiete gelten, weil die Franzosen ein Land nicht mehr nur wegen seiner strategischen Bedeutung oder seiner Ressourcen in Besitz nahmen, sondern sich darüber hinaus auch die Geschichte und Kultur Ägyptens anzueignen versuchten. Solche Bemühungen begleitender Experten um eine geographisch-geschichtliche Gesamterhebung der kolonisierten Gebiete wurden zu einem charakteristischen Merkmal der europäischen Eroberung seit dem frühen 19. Jahrhundert.[5]

Die europäischen Wissenschaften wiederum «schulten» sich buchstäblich an ihren erschließenden Aufgaben. Das galt besonders für die Geographie, die aufgrund ihrer zentralen Bedeutung für kulturelle und machtpolitische Expansionsprozesse immer wieder geneigt war, für sich den Status einer «imperialen» Metawissenschaft zu reklamieren. Sie brachte die Welt auf suggestive Karten, die zur wesentlichen Voraussetzung für eine effektive Inbesitznahme avancierten. Mehr und mehr schwangen sich Geographen zu geopolitischen Spekulationen über eine Neuaufteilung von Erdräumen auf, lieferten so scheinbar wissenschaftlich abgesicherte Legitimationen für das weltweite Ausgreifen und heizten dadurch die europäische Rivalität an. Zu Agenturen einer solchen «Lesbarmachung» der Welt entwickelten sich die geographischen Gesellschaften. Deren erste wurde 1821 in Paris gegründet, gefolgt 1828 von der Gesellschaft für Erdkunde in Berlin und 1830 von der im ganzen sicher bedeutendsten Royal Geographical Society in London. Hatte man seit dem 18. Jahrhundert zunächst die Nationalstaaten vermessen, verzeichnet und kartographiert, um sie verwaltungstechnisch in Besitz zu nehmen und ihre effektive Erschließung zu begleiten, sprang dieser Prozeß im 19. Jahrhundert über die nationalen Grenzen hinaus und zielte auf eine weltweit möglichst vollständige Erfassung und Systematisierung von Raum, Natur und «Landschaft».[6]

Nicht nur für Deutschland verbindet sich dieser Vorgang der topographischen Verzeichnung und Grenzziehung untrennbar mit einer Definition des Eigenen und des Fremden. Doch während etwa in Frankreich von weitgehend etablierten Grenzen ausgegangen werden konnte und insofern das nationale Plangebiet klar definiert war – lediglich die Rheingrenze war im 19. Jahrhundert ein ständiger Konfliktherd mit dem deutschen Nachbarn und daher Gegenstand patriotischer Verklärung deutscher Dichter –, stand für Deutschland zunächst grundsätzlich in Frage, wo die Grenzen einer geeinten Nation verlaufen würden. Schon lange vor der Reichsgründung taten sich wiederum die Geographen damit hervor, eine Art von geographischem «Naturrecht» auszugestalten. Sie wurden zu Propagandisten einer deutschen Einheit, die in Gestalt scheinbar «natürlicher» Grenzen längst zu existieren schien.[7] Geographische Kenntnisse, zuvor ein Privileg der Herrschenden, entwickelten sich im 19. Jahrhundert zu einem populären Wissensbestand und wurden durch Wilhelm von Humboldt – in Preußen eher als anderswo – sogar zu einem Schulfach erhoben.

Geographen, Topographen und Kartographen wurden zum Typus des «Vordenkers», der in der Geschichte gerade des deutschen Imperialismus eine führende – und fatale – Rolle spielte. Diese Wissenschaftler arbeiteten unter dem Primat des nationalen oder völkischen Projekts und sahen es infolgedessen als ihre Aufgabe an, historische, ethnische oder räumliche «Ansprüche» der Deutschen herzuleiten. Hierzu waren insbesondere solche Sprach- und Volksforschungen wichtig, die Zusammenhänge aufdeckten und Zusammengehörigkeiten nahelegten. Als der Kasseler Bibliothekar Karl Bernhardi 1843 seine «Sprachkarte von Deutschland» vorstellte, war dies nicht nur eine philologische Leistung, sondern auch politisch eine erfolgreiche Visualisierung deutscher Einheit. Sie reiche, dies hatte Ernst Moritz Arndt schon 1802 in Abgrenzung zu anderen Sprachfamilien konstatiert, «soweit die deutsche Zunge klingt».[8] Seit Johann Gottfried Herders «Volksgeist»-Theorien aus der Zeit um 1800 knüpfte sich hieran meist die Vorstellung, daß es gelte, gegenüber den absolutistischen und feudalen Verzerrungen das «gute» und «natürliche» Volk wiederzuentdecken. Auch die Suche nach der indogermanischen Ursprache gehörte in diesen Zusammenhang. Sie führte im Verlauf des 19. Jahrhunderts zu allerlei Spekulationen über eine «Wiedervereinigung» der Deutschen mit den Angelsachsen, den Niederländern, den Skandinaviern oder den Schweizern. Ohne diese aktive Traditionsarbeit – die historische Spurensuche in eine vermeintlich große nationale Urzeit –, mit der sie sich in den Dienst der Nation stellten, ist der rasante Aufschwung vieler Wissenschaften im Verlauf des 19. Jahrhunderts kaum erklärlich.

Herrschaft der Geschichte

Nicht von ungefähr wurden deutsche Forscher während des 19. Jahrhunderts gerade in den historischen Wissenschaften international führend. Mit dem Transformationsprozeß neuzeitlicher Wissenschaften und dem Aufstieg der Naturgeschichte expandierte das Wissen räumlich und vertiefte sich zugleich die Wahrnehmung der Zeit. Nun wurden allenthalben die Gewordenheit und Entwicklung aller Naturphänomene konstatiert und in einen geschichtlichen Prozeß eingeordnet, der nicht mehr notwendig einer biblisch vorgezeichneten Heilsgeschichte entsprach.[9] Die mit dem Namen Charles Darwin verbundene Evolutionstheorie stellte den nachhaltigen Höhepunkt dieser Entwicklung dar. Sie konvergierte immer stärker zu innerweltlichen Erklärungen der geschichtlichen Welt, statt wie zuvor eine überzeitliche «Schöpfung» anzunehmen. Das evolutionsbiologische Denken durchdrang nach und nach die Natur- und die Geisteswissenschaften und durchzog sie mit organologischen Kategorien, bis es schließlich die Sphäre der politischen Handlungsanweisungen erreichte. Folgenreiche Konsequenz dieser Grundannahme geschichtlicher Evolution war die Vorstellung, daß nicht nur die geschichtliche Welt, sondern auch die natürliche Umwelt vom Menschen selbst gestaltet werden könne.[10] Der Blick des *homo faber* prägte fortan auch den europäischen Expansionsprozeß: Wurden in der Vormoderne Fremdes und Exotisches als Variation der göttlichen Weltordnung wahrgenommen, erschien nun die Präsenz des Anderen als Gleichzeitigkeit des Ungleichzeitigen. Fremde Kulturen galten folglich als entwicklungsgeschichtliche Vorstufen der europäischen Zivilisation. In den Naturvölkern wollte man die lebendige Steinzeit erkennen, und entsprechend wurden sie in den entstehenden Völkerkundemuseen Europas ausgestellt.

Die Vorstellung einer neuzeitlich bewegten Geschichte hatte weitreichende Konsequenzen für das europäische Selbstbild, weil es eine neue raumzeitliche Verortung notwendig machte und die Frage nach der nationalen Selbstbehauptung auf die Tagesordnung setzte. Vor dem Hintergrund der gewaltigen Bedeutung der Vergangenheit für die Gegenwart, wie sie die Wissenschaften, die Erforschung und die Erfassung der Welt gleichermaßen nahelegten, stellte sich auch die Frage nach einer Bewährung in der Zukunft sehr viel drängender. Die Lehre, daß man vor der Geschichte auch «versagen» kann, schien man aus der Anschauung weniger «entwickelter» Völker, aus der Erfahrung untergegangener Reiche und ausgestorbener Kulturen ziehen zu können. Sie beschäftigte das geschichtliche Bewußtsein der Europäer immer stärker. Der nervöse und rivalitätsfixierte Imperialismus des 19. Jahrhunderts ist ohne diesen historischen Hintergrund und ohne die Begleitreflexion eines – in der Regel mißverstandenen oder überbewerteten – Darwinismus nicht verständlich. Seine expansiven Energien sind nur durch die Gleichzeitigkeit von optimistischer Neugierde *und* ängstlicher Furcht vor dem Ungewissen erklärbar.

In Jean Jacques Rousseaus Figur des «edlen Wilden», dessen Bild die europäische Expansion und das imperialistische Zeitalter begleitete, war dagegen eine konkurrierende Vorstellung aufgehoben: Nicht in der europäischen Gegenwart, sondern vielmehr in der Vorzeit oder in der Fremde seien das Wahre und Gute zu finden. Durch eine verbildende Zivilisation entferne sich die Menschheit ständig weiter von der Einfachheit und Ursprünglichkeit eines «Goldenen Zeitalters». Aus diesem Geist erwuchsen zahlreiche Utopien und Robinsonaden, die in der Fremde eine «glücklichere Welt» entwarfen. Zugleich wurden in Schriften wie Charles de Montesquieus «Lettres persanes» (1721) seit der Aufklärung kunstvoll «entfremdete» Blicke auf Europa geworfen, und es wurde dabei manches erhellt, was im argen zu liegen schien.[11]

In aller Regel sahen sich die Träger des Imperialismus aber als Speerspitze des geschichtlichen Fortschritts und versuchten dies durch entsprechende Ideologien abzusichern. Hegemoniale «Weltgedanken» sollten die Expansion zur «historischen Mission» erheben.[12] Schon die europäischen Konquistadoren und Missionare der Vormoderne hatten in der Regel die «Rechtgläubigkeit» für sich reklamiert und damit ihr Ausgreifen legitimiert. Der Widerspruch, der die europäische Expansionsgeschichte von ihrem Beginn an begleitete, prägte auch den neuzeitlichen Imperialismus: Zum einen war die Eroberung fremder Gebiete und Kulturen von universalen und menschheitlichen Orientierungen untersetzt, zum anderen war sie stets insofern von Parteilichkeit bestimmt, als man der eigenen Ethnie, dem eigenen Volk, der eigenen Kultur hierbei wie selbstverständlich einen dominanten Anspruch zumaß. Weil der Expansionsprozeß unabwendbar erschien und geschichtsphilosophisch als «Fortschritt» legitimiert wurde, wogen Einzelschicksale im Konfliktfall oft geringer als das Kollektivschicksal der Gattung Mensch. Die religiöse und historische Gewißheit einer Höherwertigkeit jedoch verlieh dem Vorgang europäischen Ausgreifens auf die übrige Welt eine geradezu notorische Gewaltsamkeit.

Es entsprach zudem der abendländischen Vorerfahrung, daß sich Macht, Reichtum und überzeitlicher Ruhm durch die Eroberung von Raum sowie die Unterwerfung von Völkern definierten. Gerade neuzeitliche Herrscher umgaben sich gerne mit exotischen Attributen und signalisierten damit, daß auch ferne Völker ihnen tributpflichtig seien. Damit dokumentierten sie «Weltläufigkeit» als einen Wert an sich. Der deutsche Kaiser Karl V. etwa prägte mit seinem Anspruch, ein Reich zu besitzen, in dem «die Sonne nicht untergeht», ein wiederkehrendes Herrschaftsmotiv. Zum anderen wirkte sich im neuzeitlichen Imperialismus die europäische Überlieferung der «Weltreiche» aus, die in der christlichen Geschichtsdeutung einander ablösten und dabei auf dem Weg zur Wiederkehr des Reiches Gottes eine eschatologische Position innehatten. Da das Römische Reich die letzte Position einnahm, konstruierte das mittelalterliche Herrschaftsdenken bereits ein «Heiliges Römisches Reich Deutscher Nation», das sich ausdrücklich in die Tradition des Römerreiches stellte. Bis hin zu Hitler blieben Rom und sein Reich das historische Vorbild einer imperialen Weltmacht.

Von den Kategorien einer dominanten, den Primat weltlicher Herrschaft beanspruchenden Macht war das Staatsdenken der Frühen Neuzeit durchzogen. Es war aber wegen der Zunahme politischer Akteure immer weniger einzulösen. Die Hülle des Deutschen Reiches löste sich 1806 relativ unspektakulär auf, um einem napoleonischen «Imperialismus» zu erliegen, der in Europa ein hegemoniales Kaisertum errichten wollte. In Reaktion auf seine Eroberungsfeldzüge wurde auf dem Wiener Kongreß dagegen eine polyzentrische Gleichgewichtspolitik verfolgt, die auf der Koexistenz größerer und kleinerer Mächte basierte, die zudem dynastisch miteinander vernetzt waren. Das Europa des 19. Jahrhunderts war von nationalen Einigungsbestrebungen und der Konstitution nationaler Handlungseinheiten geprägt, die in aller Regel zu territorialen Expansionen nicht unmittelbar in der Lage waren. Die Suche nach Reichtümern und «Weltherrschaft» ging von einzelnen Herrschern auf Nationen über. Auch der Mythos des «Reiches» im Sinne antiker und mittelalterlicher «Imperien» blieb im 19. und 20. Jahrhundert lebendig. Das deutsche Kaisertum wurde schon im frühen 19. Jahrhundert immer auch als expansiv bzw. hegemonial gedacht. Solche «Imperien», das sollte nicht vergessen werden, gab es zur Zeit der europäischen Expansion auch außerhalb Europas.[13] Ihre Niederlage bei Konfrontationen bestätigte jedoch den europäischen Eroberern, sich selbst einer aufsteigenden, die jeweils Eroberten dagegen einer niedergehenden Kultur zuzuordnen.

Orientalismus und Ornamentalismus

Der langsame Verfall des Osmanischen Reiches im 19. Jahrhundert bildete für die Europäer das eindrücklichste Beispiel des Niedergangs eines einst prachtvollen und gewaltigen Reiches. In der gemeinsamen Abwehr der «Türkengefahr» war über Jahrhunderte hinweg so etwas wie eine europäische Identität gewachsen. Die Osmanen galten als das «Fremde» schlechthin, auf das die Europäer Wünsche, aber auch Ängste projizierten. In den Haremsvorstellungen des Okzidents bündelten sich exotische und erotische Sehnsüchte geradezu beispielhaft. Der langsame Rückzug der Türken aus Südosteuropa ließ das Interesse an der osmanischen Kultur steigen. Die seit 1704 von Jean Antoine Galland ins Französische übersetzten «Geschichten aus 1001 Nacht» beförderten einen «Orientalismus», der in Deutschland erst im 19. Jahrhundert – etwa mit Goethes «West-Östlichem Diwan» oder Fürst Pückler-Muskaus Schriften – seinen Höhepunkt erreichte. Ähnliche «Modephasen» der Projektion erlebten im 19. Jahrhundert China, Ägypten, das klassische Griechenland, das römische Italien und sogar der skandinavische «Norden».

Die Faszinosa des Fremden wurden auch wissenschaftlich «bearbeitet». Gerade in Deutschland etablierten sich differenzierte Wissenschaften vom Fernen und Vergangenen, die in den Bereichen Orientalistik, Sprachwissenschaften oder Archäologie bald international führend waren.[14] Die antiken Kulturen des Mittelmeers und Vorderasiens wurden zu wichtigen Bezugsgrößen der humanistischen deutschen «Bildung».[15] Daher verfolgten die Deutschen den «Freiheitskampf» der Hellenen gegen die Türken in den Jahren 1829/30 überaus aufmerksam, schienen hierin doch Parallelen zur eigenen deutschen Nationwerdung auf. Autoren wie Friedrich Hölderlin dichteten sogar Hymnen darüber. In der antiken griechischen Kolonisation sah man zudem einen mustergültigen Kulturimperialismus vorgebildet, der den Deutschen zu beweisen schien, daß man auch ohne machtpolitischen Hintergrund bleibenden Einfluß ausüben konnte: «Das rührigste, geistreichste und freieste Volk der Erde», hieß es 1846 im Rotteck-Welckerschen «Staats-Lexikon» mit großer Empathie, «verbreitete auf diesem Wege seine Bildung mit seiner Sprache und Religion, seinen Institutionen, Sitten und Gewohnheiten» und habe zugleich einen abendländischen Damm gegen den orientalischen Despotismus errichtet.[16] Friedrich Schiller und Friedrich Schlegel titulierten die Deutschen denn auch als «Griechen der Neuzeit».[17] Daß 1832 mit Otto I. ein deutscher Fürst aus dem Hause Wittelsbach den griechischen Königsthron bestieg, weckte ebensolche Hoffnungen auf deutsche Einflüsse wie die fast zeitgleiche Inthronisation Leopolds I. von Sachsen-Coburg-Gotha im jungen Königreich Belgien. Aber noch ein weiteres Motiv verknüpft sich mit dem deutschen «Orientalismus»: die Vorstellung, in das von den Osmanen hinterlassene Machtvakuum vorstoßen und in Vorderasien zu einer Wiederherstellung antiker Größe beitragen zu können. Auch Analogien zu mittelalterlichen Kreuzzugsgedanken waren dabei offensichtlich, und sie wurden in der deutschen Publizistik immer wieder evoziert.

Wichtige Vermittler in diesem Aneignungsprozeß blieben stets Geschichtsschreibung und erzählende Literatur, die mangels anderer Berichte und genauerer Kenntnisse für die europäischen Vorstellungen überaus bedeutsam waren.[18] Die für Deutschland nachhaltigste Demonstration, daß literarischer Bericht und Realität nahe nebeneinanderliegen können, lieferte Heinrich Schliemann, als er in den 1870er Jahren mit Homers «Ilias» in der Hand Teile des antiken Troja ausgrub und damit eine internationale Welle der Begeisterung für die klassische Archäologie auslöste. Mit der Freilegung Olympias durch Wilhelm Dörpfeld und der Entdeckung des Pergamonaltars durch den Eisenbahn- und Straßeningenieur in türkischen Diensten, Carl Humann, konnten Deutsche weitere prominente Ausgrabungserfolge vorweisen. Die öffentlichkeitswirksame Überführung des antiken Altars nach Berlin verfolgte den Anspruch, Deutschland auch auf diesem Gebiet gegenüber England und Frankreich als Großmacht zu profilieren. Die Archäologie des Nahen Ostens avancierte zu einer Paradedisziplin des Deutschen Reiches, die in Wilhelm II. persönlich ihren höchsten Gönner und Bewunderer fand. Je nach Verwendbarkeit für nationalistische Interessen wurden auch die Leistungen anderer deutscher Entdecker und Forscher hervorgehoben. Neben Alexander von Humboldt, der immer wieder als deutscher «Volkserzieher» bezeichnet wurde, betraf dies vor allem führende Afrikareisende wie Heinrich Barth, Gerhard Rohlfs, Gustav Nachtigal, Georg Schweinfurth, Karl Klaus Freiherr von der Decken oder Hermann von Wissmann.[19]

Denn der europäische Imperialismus war auch ein Medienereignis. Zeitschriften und Verleger traten als Mäzene der Reisenden auf, die an den Sensationen – und theatralischen Inszenierungen – der Expeditionen überaus interessiert waren. Die multimedial vermarktete Suche nach dem verschollenen David Livingstone durch Henry Morton Stanley im Jahr 1871 repräsentierte diesen Aspekt am offensichtlichsten. Aber auch verwegene Konquistadoren-Figuren wie Cecil Rhodes oder Carl Peters wurden in Europa und Amerika zu Heroen ihrer Zeit, galten sie doch zugleich als Pioniere der Zivilisation und damit als Agenten eines geschichtlich ebenso notwendigen wie unaufhaltsamen Prozesses. Genauere Analysen der Reise- und Entdeckungsschriftsteller zeigen jedoch, wie stark sie zum einen Halbwissen und häufig aus der belletristischen Literatur gezogene Vorurteile mitbrachten, die ihre Sicht präformierte und einschränkte, wie stark sie zum anderen selbst Phantasielandschaften schufen.[20] Noch immer spielten sagenhafte Utopie- und Eldorado-Vorstellungen, Imaginationen und Projektionen eine Rolle. Dazu trugen die Umstände bei, unter denen Entdeckungsfahrten stattfanden. Nicht selten wurden die Reisenden in fiebrige oder geradezu rauschhafte Zustände versetzt, oder sie verfielen dem notorischen Tropenkoller.[21] Obwohl die Möglichkeiten für nüchterne Bestandsaufnahmen der Fremde zunahmen, wurden auch im 19. Jahrhundert noch dramatisierte oder geschönte Bilder und suggestive Karten von den Möglichkeiten ferner Regionen gezeichnet. Die Neugier auf das Fremde war eben nicht nur wissenschaftlich, sondern – neben manch anderen Gründen – auch ästhetisch motiviert und folgte dabei Wahrnehmungsmustern, die von Selbsttäuschung und wechselseitigem Mißverstehen begleitet waren.[22] Traum- und Phantasievorstellungen über die neu entdeckten Welten sollten die allgemeine Neugier auf fremde Räume wecken.[23] Berichte über schlaraffenartige Zustände in der Ferne intensivierten das öffentliche Interesse und setzten finanzielle oder politische Ressourcen für imperiale Unternehmungen frei. Durch die Verbesserung der Transportmittel und die technische Reproduzierbarkeit von Bildern, aber auch die zunehmende Alphabetisierung wurden neue Möglichkeiten zur Ausbreitung von Wissen erzeugt. Reiseschriftsteller mit ihren Gemälden, Kosmoramen und später Fotos waren wichtige transkulturelle Agenten für die Produktion kolonialen Interesses und Engagements in den Metropolen sowie für die Vermittlung von «Wissen» über die Peripherie.

Orientalismus, in einem erweiterten Sinne verstanden, müßte insofern auch von einem «Asianismus», einem «Afrikanismus» usw. sprechen, in denen sich stets wiederkehrende Elemente auffinden lassen: «Tropensehnsucht», «Exotismus», die Funktion des «fernen Spiegels», das «Unterbewußte» und «Animalische» oder, nach Sigmund Freud, das «wahre innere Afrika». Auf der «mental map» der Europäer besaß Afrika zunächst eine vergleichsweise geringe mythische Qualität. Seit dem Zeitalter der Entdeckungen und europäischen Expansionen galt der Kontinent vor allem als Hindernis auf dem Weg nach Indien. Das änderte sich im 19. Jahrhundert grundlegend. Um die Wende ins 20. Jahrhundert löste Schwarzafrika den Orient als Projektionsfläche für das «andere» Europa und als romantischen Traum des Unterbewußten immer stärker ab.[24] Analog wäre diese mythische Aufladung für andere Weltgegenden zu bestimmen, etwa für fernöstliche Kulturen (China, Japan, Indien), für Lateinamerika oder insbesondere für «Amerika», das auch in Deutschland zu einem Synonym für «Freiheit» und die Chance für einen Neuanfang wurde. Solche Stereotypen dienten nicht zuletzt der Werbung für potentielle Investoren oder für Auswandereragenturen.

Das Bild vom «Orientalismus» als dem Fremden und Verachtenswerten, von dem es sich abzugrenzen galt, um das Eigene zu definieren, muß jedoch um einen «Ornamentalismus» erweitert werden. Demnach suchten Auswanderer und Kolonisatoren in der Fremde auch und gerade das ornamental Schmückende und solche Affinitäten, die sie in der Heimat nicht oder nicht mehr finden konnten. So umgaben sich britische Kolonisatoren in Indien gern mit den Insignien des dortigen Adels, sahen dabei über Rasse und Hautfarbe hinweg und achteten eher auf Gemeinsamkeiten in Klasse und Status.[25] Entsprechend erwies sich in der Geschichte des europäischen Kolonialismus, daß fremde Gebiete auch zu Rückzugsgebieten ansonsten überlebter Haltungen werden konnten, was den kolonialen Siedlergesellschaften oft einen überaus konservativen, bisweilen spätfeudalen Charakter verlieh. Schließlich ging man in aller Regel nach Übersee, um sich und seinen Status zu verbessern. Folglich wurde von Neuankömmlingen zunächst eher in symbolische statt in ökonomische Kapitalien investiert – mit deutlichen Rückwirkungen auf die ökonomische Bilanz des Kolonialismus insgesamt.[26]

Imperiale Ausweichräume

Das führt zu einem weiteren, gerade im 19. Jahrhundert und namentlich für Deutschland wesentlichen Motiv für die Expansion über die eigenen Grenzen hinaus: die anhaltende Diskussion über die *Notwendigkeit* von Kolonien. Vor allem zwei Begründungen wurden in Deutschland in vielfältigen Variationen immer wieder vorgebracht: Entweder sollten unliebsame Zeitgenossen oder drängende Problemlagen aus den europäischen Zentren in ferne Gebiete «exportiert» werden, oder es sollten die sowieso massenhaft auswandernden, aber national und volkswirtschaftlich «wertvollen» Subjekte wieder in den nationalen Kreislauf eingebunden werden. Das Motiv des Ventils für sozialen Druck, das später als «Sozialimperialismus» diskutiert wurde, trat dabei in mehreren Varianten auf. Zum einen ging es um Auswanderungsmöglichkeiten für unangepaßte oder deviante Personen, derer man sich zu entledigen wünschte. In diesem Sinne argumentierte etwa Johann Jacob Weidenkeller, als er 1848 Kolonien «als die besten Armenbeschäftigungs- und Versorgungs-Anstalten für alle Staaten Europas» empfahl und dies als einen Ruf an alle verstand, «welchen das Wohl, die Ruhe, Ordnung und Sicherheit ihres Vaterlandes, sowie ihrer Mitmenschen, am Herzen liegt».[27] Das Rotteck-Welckersche Staatslexikon meinte 1846, entwickelte Staaten hätten schon immer Vorkehrungen getroffen, «um der Verarmung, dem Mißvergnügen, den Parteiungen, einem innern Kriege vorzubeugen», und «den Krankheitsstoff in der Entfernung» abgesetzt, «um ihn sich selbst unschädlich zu machen».[28] Der Export alles Unliebsamen oder Überschüssigen wurde von den Engländern seit 1788 besonders prominent in Australien praktiziert. Strafkolonien wurden in Deutschland später auch für Sozialdemokraten, Juden oder andere «Gemeinschaftsfremde» diskutiert. Anders gewichtet war dagegen das Argument, man brauche Kolonien als Betätigungsfelder für Übereifrige und ruhelose Geister, also gleichsam als Spielräume für überschüssige Energien, die andernfalls «daheim» Unheil anzurichten drohten. Dies konnte sich auch auf solche Arbeitslose beziehen, die man hoffte in «wilden» Gebieten mit sinnvollen Erschließungsarbeiten beschäftigen zu können. Später sollte der Kolonialdienst daher wie der Militärdienst immer wieder als eine «Schule der Nation» bezeichnet werden.

Die These vom «Sozialimperialismus» besitzt noch eine andere Komponente, nämlich das meist unausgesprochene Kalkül der Imperialisten, durch die Expansion, die begleitende Propaganda und das Versprechen kolonialer Reichtümer von der bedrängenden Situation im eigenen Land ablenken zu können. Die Aussicht, durch die Abgrenzung von rassisch «Minderwertigen» aufgewertet zu werden, sollte das eigene Proletariat einbinden und den Klassenkampf im Innern mäßigen, indem er auf einen äußeren Rassenkampf verlagert wurde. Kolonialkritiker des Kaiserreiches vermuteten immer wieder, daß durch künstlich herbeigeführte Krisen und die mit Expansionen verbundene Mobilisierung die spannungsgeladene deutsche Gesellschaft wieder integriert werden sollte.[29] Sie werteten den Imperialismus generell als eine Ablenkungsstrategie, so wie etwa der Nationalökonom Carl Rodbertus Weltpolitik als Wachstumspolitik aufgefaßt hatte und 1858 meinte: «Jeder auswärtige Markt gleicht daher einer Vertagung der socialen Frage.»[30]

Andere Forderungen nach Kolonien und «überseeischer Betätigung» verwiesen auf die gewaltige Zahl deutscher Emigranten. Die Wellen deutscher Auswanderer richteten sich im 18. und 19. Jahrhundert zunächst auf das untere Donaugebiet, später auf Rußland, noch später auf Amerika. So hatten sich etwa die «Donauschwaben» in den Gebieten Ungarns und Rumäniens angesiedelt, die die Türken nach 1683 Habsburg überlassen mußten. Waren dies im 18. Jahrhundert bereits etwa 80 000 Personen, stieg ihre Zahl bis zum Ersten Weltkrieg auf etwa zwei Millionen. Seit 1762 warb Zarin Katharina II. für Rußland etwa 30 000 Deutsche für die untere Wolgaregion an. Vom Beginn des 19. Jahrhunderts bis 1840 siedelten zusätzlich etwa 125 000 Deutsche im Schwarzmeergebiet. Insgesamt gingen rund anderthalb Millionen deutschstämmige Auswanderer nach Rußland, in die Ukraine bzw. nach Wolhynien. Einige von ihnen zogen im Verlauf des 19. Jahrhunderts weiter nach Nord- oder Südamerika. Bei der Massenauswanderung um 1816/17, dann wieder von 1840 bis etwa 1885 wurden Kanada, Chile, Argentinien, das südliche Brasilien und Australien zu beliebten Zielen, aber auch bereits das seit 1830 französisch okkupierte Algerien. Der mit Abstand erfolgreichste Magnet deutscher Auswanderer waren jedoch die USA, in der Deutsche oder Deutschstämmige zeitweise sogar die größte ethnisch-kulturelle Einzelgruppe bildeten. Mit der Gründung von Germantown in Pennsylvania im Jahr 1683 begann ein deutscher Einwanderungsschub nach Nordamerika, der bis zum Ersten Weltkrieg fünf bis sechs Millionen Menschen, also fast neun Zehntel der deutschen Emigranten, umfaßte.

Die Auswanderung nach Amerika beherrschte denn auch die öffentlichen Debatten des 19. Jahrhunderts. Die immer wieder genährten Hoffnungen, die zahlreichen deutschen Einwanderer würden nationale Ableger oder Brückenköpfe gründen und aus den USA möglicherweise sogar ein «kleines Deutschland» entstehen lassen, erfüllten sich aber nicht. Statt dessen schienen sich die Befürchtungen deutscher Nationalisten zu bestätigen, daß sich die Deutschen in Übersee in aller Regel äußerst assimilationsbereit zeigten. Die These von der Auswanderung als «nationalem Verlustgeschäft» und den Deutschen als «Kulturdünger» in aller Welt war ein wiederkehrendes Motiv bis zum ausgehenden 19. Jahrhundert und darüber hinaus.[31] Vor allem das mangelnde Nationalbewußtsein des lange auf 39 Monarchen verteilten «deutschen Michel», also die traditionelle Vielstaaterei, schien für diese Neigung verantwortlich zu sein.[32] Die Auswanderungsfrage bildete eines der Kernthemen im Frankfurter Paulskirchen-Parlament von 1848, in dem auf den fortschreitenden Verlust des «deutschen Wesens» und auf die Notwendigkeit hingewiesen wurde, durch die Gründung von Kolonien die schwindende deutsche «Volkskraft» zu erhalten. Die Debatte gewann noch einmal an Kraft, als seit den 1870er Jahren immer deutlicher wurde, daß Deutschland in den USA ein starker weltwirtschaftlicher Konkurrent erwuchs, der von jungen und oft gut ausgebildeten deutschen Einwanderern ständig weiter «genährt» wurde. Erneut wurde hierbei deutlich, wie stark Nationalismus und Imperialismus miteinander verschränkt waren.

Die «klassischen» Gründe für eine Auswanderung bildeten auch während des 19. Jahrhunderts der Steuerdruck und der Zunftzwang, das Verbot der Freizügigkeit, religiöse Gängelung, Flucht vor Militärdienst und Kriegen, aber auch Abenteuerlust, vor allem jedoch wirtschaftliche Not, Hungerkrisen und der durch die Maschinenproduktion erzeugte Pauperismus. Seit den dramatischen Thesen des irischen Nationalökonomen Thomas Robert Malthus («An Essay on the Principle of Population», 1798) wurde die Frage nach Armut und Arbeitslosigkeit in ganz Europa eng mit dem Problem des Bevölkerungswachstums verknüpft. Und in der Tat sollte sich die deutsche Bevölkerung zwischen 1814 und 1914 nahezu verdreifachen. Vor dem Hintergrund mangelnder Arbeits- und Ernährungsmöglichkeiten schienen neben der Auswanderung nur sozialpolitisch problematische Eingriffe wie die Beschränkung von Heiraten möglich zu sein. Wie man die unliebsamen Folgen der Bevölkerungsfrage in den Griff bekommt und eine weitgehende Proletarisierung mit ihren «revolutionären» Gefährdungen verhindert, wurde das ganze Jahrhundert hindurch diskutiert, um sich dann um die Jahrhundertwende in eine eugenische Debatte um die Volksgesundheit und die Selektion des «völkisch Wertvollen» einerseits, und in die Debatte um die Konkurrenz völkischer «Lebensräume» andererseits aufzuspalten.

Von den klassischen Arten des Kolonialismus blieb den Deutschen, da sich eine *Totalmigration* ganzer Gesellschaften wie zur Zeit der Völkerwanderung inzwischen nahezu ausschloß (es sei denn durch Zwangsumsiedlungen, die namentlich das 20. Jahrhundert prägen sollten), vor allem die *massenhafte Individualmigration*, die sich entweder in einer weitgehenden Assimilation oder aber in der Bildung enklavenähnlicher «Kolonien» in den Aufnahmeländern auswirkte. Eine *Grenzkolonisation* als Erweiterung der landwirtschaftlichen und industriellen Nutzungsflächen, also eine «frontier», die den Ressourcen gleichsam nachzieht, bestimmte im 19. Jahrhundert vor allem die USA und Rußland, deren West- bzw. Ost-Ausdehnung zu bestimmenden Charakteristiken ihrer Gesellschaften wurde. Als «nationales Projekt» bot sich den Deutschen einerseits die überseeische *Siedlungskolonisation* an, wie sie seit den griechischen Pflanzstädten praktiziert wurde, andererseits die reichsbildenden *Eroberungskriege* nach dem Muster des römischen Imperiums oder Napoleons.[33] Eine *Stützpunktvernetzung* zur Absicherung einer Handelshegemonie, wie sie vornehmlich England betrieb – man denke an Bermuda, Malta, Zypern, Alexandria, Aden, Gibraltar, Kapstadt, Singapur oder Hongkong – blieb für die Deutschen ein bloßes Gedankenspiel, weil sie auf keine Tradition als Seefahrer zurückblicken konnten und zunächst auch keine nennenswerte Flotte besaßen. Schon früh wurde jedoch gerade auf dieses Defizit der Deutschen hingewiesen.[34] So meinte Friedrich List im Jahr 1843 über das Meer: «Es ist die Hochstraße des Erdballes, der Paradeplatz der Nationen, der Tummelplatz der Kraft und des Unternehmungsgeistes für alle Völker, die Wiege ihrer Freiheit. Wer an der See keinen Teil hat, der ist ausgeschlossen von den guten Dingen und Ehren der Welt.» Daraus schlußfolgerte er: «Dieses fruchtbare Feld der Nationen will so gut kultiviert sein wie der Acker, wenn er reichlichen Ertrag geben soll. Und es ist eine kleinliche Ansicht, wenn eine Nation an den Kosten für die Kriegsflotte spart und ihren Seeverkehr nicht genügend schützt. Eine Nation ohne Seefahrt ist ein Vogel ohne Flügel, ein Fisch ohne Flossen, ein zahnloser Löwe, ein Hirsch an der Krücke, ein Ritter mit hölzernem Schwert, ein Helote und Knecht der Menschen.»[35]

Handel, Industrie und technische Vernetzung

Lists Äußerung enthielt bereits Teile jener industriell-kapitalistischen «Erschließungs-Ideologie», die den modernen Imperialismus später *auch* prägte. Sie war vor allem aus dem Geist des Fernhandels erwachsen. Seit dem Mittelalter waren europäische Kaufleute Pioniere in der Erforschung fremder Weltgegenden, in denen sie unter erheblichen persönlichen und finanziellen Risiken ihren Geschäften nachgingen.[36] Zu diesen Fährnissen gehörten Piraten und Freibeuter, deren «Unwesen» jedoch zu Beginn des 19. Jahrhunderts deutlich eingeschränkt wurde. So lieferte die Bekämpfung der Piraterie etwa den Franzosen die Begründung für die Besetzung Algeriens im Jahr 1830. Die Freiheit der Meere und die Sicherung des Überseehandels wurden auch völkerrechtlich debattiert, wenn es um einen allgemeinen und gleichberechtigten Zugang zu den «Hochstraßen des Weltverkehrs» ging. Mit dieser – etwa von Hugo Grotius vorgebrachten – Begründung behaupteten sich die Niederländer und Engländer im 17. und 18. Jahrhundert erfolgreich gegen die katholisch-iberischen Imperialmächte Spanien und Portugal. Diese glaubten seit dem Vertrag von Tordesillas die Welt bereits unter sich aufgeteilt zu haben: 1494 hatte der Papst die Meridiangrenze 370 Seemeilen westlich der Kapverdischen Inseln als Trennung der Interessensphären von Spanien (westlich) und Portugal (östlich) festgelegt. Hieraus entstanden das stets umkämpfte «Jus Publicum Europaeum» sowie die europäisch geprägte Raumordnung des Expansionszeitalters, die «Landnahmen» in Übersee zu Voraussetzungen eines europäischen Gleichgewichts der Mächte werden ließen.[37]

Der den Handel und die Eroberungen der Europäer begleitende «Fortschritt», vor allem die Entwicklungen in der Verkehrs-, der Kommunikations- und der Waffentechnologie sowie in der Medizin führten seit dem 18. Jahrhundert zu einer dramatischen Steigerung der «technologischen Lücke» zwischen Kolonisatoren und Kolonisierten. Sie verbilligte, erleichterte und sicherte die Entdeckungsfahrten, die Eroberung fremder Gebiete und die Überwältigung fremder oder feindlich gesonnener Völker. Kanonenboote und Dampfschiffe, medizinische Schutzmittel wie das Chinin zur Fieberbekämpfung, die überlegene Zerstörungskraft der Waffen, vor allem der Repetier- und Maschinengewehre, Kommunikationstechnik wie die Telegraphie und schließlich die Eisenbahnen – sie waren die Voraussetzungen für ein rasches Vordringen der Kolonisatoren in der «Wildnis» selbst unter widrigsten Bedingungen.[38] Die am Wegesrand auftauchenden «Eingeborenen» wurden, zumal bei widerspenstigem Verhalten, in der Regel als «natürliche» Hindernisse betrachtet. Den buchstäblichen Fortschritt aufzuhalten schienen sie in keiner Weise berechtigt zu sein.[39] Im Verlauf des 19. Jahrhunderts prägte sich der Universalitätsanspruch der kulturellen und materiellen Zivilisation Europas sogar zum zentralen Element des Sendungsbewußtseins der Kolonisatoren aus. Dabei setzte er sich nach und nach an die Stelle religiöser Begründungen für eine weltweite Mission. Dieser Umstand vor allem zeichnete die Epoche des «neuen» Imperialismus im 19. und 20. Jahrhundert aus, wenn auch jedes Land daneben sein eigenes Sendungsbewußtsein nährte.

Besonders der wachsende Verkehr begann das Denken der Europäer zu dominieren. Viele Zeitgenossen sahen die geschichtliche

Leistung von Völkern und Staaten in erster Linie darin, den Raum zu bewältigen, ihn zu erschließen und trotz «ungerechter» Verteilung der Ressourcen möglichst effektiv für sich nutzbar zu machen: «Der Verkehr», hieß es 1897 in Friedrich Ratzels «Politischer Geographie», «ist die Vorbedingung des Wachstums der Staaten, das ihm auf gemeinsamen Wegen folgt. Den Verkehr aber ruft die Mannigfaltigkeit der Stoff- und Massenverteilung auf der Erde hervor, die ungleich die Güter, die Arbeit und die Leistungen an Völker und Staaten verteilt.»[40] Als Medien der Erschließung dienten die neuen Verkehrs- und Kommunikationstechnologien: der Straßen- und Eisenbahnbau, die Telegraphie und ein verbessertes Postsystem. Sie hatten erst die nationalen Peripherien integriert, zur «inneren Kolonisation» und zur territorialen Neuordnung der europäischen Staaten beigetragen und sich bald über die politischen Grenzen hinaus erweitert. Ihre Bemächtigung schien auch über die zukünftigen Chancen nationaler Selbstbehauptung in einer vollständig erschlossenen Welt zu entscheiden: «Die Weltmachtpolitik», schrieb der Publizist Arthur Dix 1901, «ist eng gebunden an die Beherrschung der weltwirtschaftlichen Hochstraßen. [...] Eisenbahn und Telegraph, Dampfschiff und Kabel sind die Werkzeuge, durch die der moderne ‹homo sapiens› sich alle Teile der Erde erschlossen und unterworfen hat – sie sind zugleich hervorragende Werkzeuge politischer Macht und die besten Waffen eines neuzeitlichen Staates im Kampfe um die Teilung der Welt.»[41]

Trotz gelegentlicher Bedenken wegen der negativen Begleiteffekte war das ausgehende 19. Jahrhundert ganz überwiegend begeistert von den Errungenschaften der modernen Technik und erlebte die Möglichkeiten zu einer Verkürzung von Raum und Zeit als revolutionär.[42] Die Gegenwart wurde zum Zwischenraum von hier nach dort, vom Gestern zum Morgen und schien möglichst rasch durchschritten werden zu müssen. Internationales Aufsehen erregten spektakuläre Durchbrüche wie der Suezkanal oder die weiträumige Anbindung durch transkontinentale Eisenbahnlinien. Um so mehr wurde bedauert, daß «die Betheiligung Deutschlands an den Aufgaben der extensiven Kultur» nicht besonders bedeutend waren. Alle anderen Nationen, so der Nationalökonom Rudolf Jannasch, bauten längst überall Eisenbahnen, Telegraphenlinien oder submarine Kabel, die Deutschen jedoch seien bislang lediglich an der Gotthardbahn beteiligt gewesen.[43] Seit dem frühen 19. Jahrhundert wurde in Anlehnung an Nerven- und Blutbahnen bereits von einer «Vernetzung» gesprochen, die sich in den Augen der Zeitgenossen nahezu selbstläufig vollzog. Verkehr, Handelsausweitung und Industrialisierung waren scheinbar irreversible, durch nichts aufzuhaltende Prozesse. Wollte man nicht von Konkurrenten überrannt oder beiseite gedrängt werden, mußte die ungeheure Dynamik gesteuert und für nationale Interessen genutzt werden. Stillstand schien hier ganz offensichtlich ein Rückschritt zu sein. Das Gebot der Stunde für die entwickelten Nationen hieß: Märkte als erster erschließen, technische Standards setzen und der rasanten Entwicklung möglichst den eigenen Stempel aufdrücken. Auf industriell-technischen Gebieten war die Rede von drohenden Rückständen und nationalem Wettbewerb schon im 19. Jahrhundert allgegenwärtig. Sie äußerte sich auch etwa in der Patentpolitik, die das geistige Eigentum vor dem Mißbrauch durch Konkurrenten zu schützen versuchte.[44]

Als Knotenpunkte dieses Bewußtseins eines weltweiten Wettstreits dienten die großen Weltausstellungen, deren erste 1851 in London stattfand. Solche Messen wurden zu Drehscheiben der Information, aber auch zu Demonstrationen des nationalen Prestiges. Dabei warf man zunehmend Blicke über Europa und Amerika hinaus auf die «übrige Welt». Die Expansion der Marktbeziehungen kann hier nicht nachvollzogen werden, gehört aber untrennbar in das Gesamtbild des imperialistischen Zeitalters. Einzelnen Zeitgenossen wie Arthur Dix erschien es, als handele es sich beim Imperialismus überhaupt vornehmlich um einen «Weltwirtschaftskrieg». Der Freihandel, der sich als liberale bzw. marktwirtschaftliche Variante des «Globalisierungsprozesses» verstand, war letztlich nicht weniger «imperialistisch» als offenere Phasen der europäischen Expansion. Vielmehr kann er als gleichsam «weicher» Aggregatzustand der fortschreitenden Verdichtung von Handels- und Kulturkontakten sowie der internationalen Arbeitsteilung beschrieben werden, die das «moderne Weltsystem» bestimmten.[45] In der Regel wurden dabei indirektere Methoden der Durchdringung fremder Territorien angewandt, so daß man etwa von einem «Eisenbahnimperialismus» sprechen konnte.[46] Gerade kritischen Beobachtern wie Karl Marx waren die «imperialistischen» Dimensionen scheinbar harmloser Infrastrukturangebote nur allzu bewußt. Einerseits galten Verkehrs- und Kommunikationseinrichtungen als Agenten der kapitalistischen Ausbeutung. Andererseits erschien auch Sozialisten der Aufbau infrastruktureller Grundlagen überhaupt unvermeidlich zu sein, damit die Produktivkräfte gesteigert und schließlich in die Hände des Volkes zurückgelegt werden konnten: «Hat man erst einmal Maschinerie in das Verkehrswesen eines Landes eingeführt, das Eisen und Kohle besitzt», schrieb Marx 1853 erwartungsvoll, «so ist man nicht mehr imstande, ihm die Fabrikation solcher Maschinen zu verwehren.» Daher würden die Eisenbahnen etwa in Indien ganz naturgemäß zu Vorläufern einer modernen Industrie, die schließlich zu Freiheit und sozialer Gerechtigkeit auch für die Inder führe.[47]

Nicht unähnlich sahen dies liberale Theoretiker. Auch sie verstanden die weltweite Ausbreitung von Zivilisation, Handel und Industrie als eine missionarische Tat. Durchdrungen von der dynamischen Expansion von Industrie und urbaner Lebensweise – 1870 arbeiteten noch 50 % der deutschen Bevölkerung in der Landwirtschaft, 1915 waren dies nur noch 30 %, im gleichen Zeitraum konnten jedoch die Ernteergebnisse von zwölf auf zwanzig Doppelzentner pro Hektar gesteigert werden –, war das freie Unternehmertum ganz auf *Wachstum* geeicht und suchte fortgesetzt nach neuen Anlagemöglichkeiten, nach Rohstoffen, Arbeitskräften und Märkten. Dabei ging es davon aus, daß sich eine gleichsam natürliche internationale Arbeitsteilung einstelle und die Summe der nationalen Eigeninteressen von einer «unsichtbaren Hand» (Adam Smith) auch jenseits der Nationalökonomien zu einem allgemeinen Besten zusammenfügen werde. Friedrich List sah denn auch die Aufgabe der Volkswirtschaft darin, «die ökonomische Erziehung der Nation zu bewerkstelligen und sie zum Eintritt in die künftige Universalgesellschaft vorzubereiten».[48] Daß die Weiterungen der nationalen in die Weltwirtschaft nicht nur nach den freien Marktgesetzen abliefen und bis heute ablaufen, zeigt die staatlich gestützte Industrieförderung im Ausland, die sich bis zur «Entwicklungshilfe» unter allerlei Begriffen camoufliert, manchmal jedoch schwer von offenem Wirtschaftsimperialismus und technologischem Chauvinismus zu unterscheiden ist. In Deutschland eroberte man sich hier ein internationales Gewicht freilich nur langsam: Als Großbritannien 1887 im «Merchandise Marks Act» die internationale Kennzeichnungspflicht für Industriegüter durchsetzte, war das Label «Made in Germany» noch durchaus als ein negatives Stigma gedacht. Spätestens um die Wende ins 20. Jahrhundert verkehrte sich dies auf zahlreichen Gebieten jedoch ins Gegenteil. Das Stigma wurde zum Gütesiegel.

Internationalismus und Antiimperialismus

Der deutsche Imperialismus war weder naturnotwendig noch unvermeidlich. Er ruhte auf keiner spezifischen Klasse oder gesellschaftlichen Gruppe, sondern war vielmehr ein Phänomen, das in allen Milieus und sozialen Schichten anzutreffen war. Kolonialbefürworter fanden sich in fast allen Parteien. Imperialistische Unternehmungen konnten sich – mit Ausnahme der Alldeutschen, des Flottenvereins und ähnlicher Verbände, von denen noch die Rede sein wird – fast nie auf feste Koalitionen stützen. Ähnlich uneinheitlich wie die koloniale Lobby war freilich die Front der Antiimperialisten und Kolonialkritiker. Beide unterstellten in der Regel dem anderen Lager, einen «Ausverkauf» nationaler Interessen zu betreiben. Die Konfrontation war seit dem Beginn der europäischen Expansion angelegt: Bartholomäus de las Casas' berühmte Kritik an den Methoden der spanischen Eroberer hatte die Behandlung der Eingeborenen – nicht nur in Amerika – seit dem frühen 16. Jahrhundert zu einem europäischen Thema werden lassen. Der Vorwurf der Kolonialkritiker, die Europäer seien letztlich viel brutaler und barbarischer als die kolonialen Subjekte, spiegelte nicht selten die kulturkritische Annahme Rousseaus wider, die europäische Zivilisation sei im Grunde eine Entfremdungserscheinung, der gegenüber sich das Wilde und Ursprüngliche als moralisch höherwertig erweise.[49] Die Kritik an den Herrschaftsmethoden großer Handelsgesellschaften wie der britischen Ostindischen Kompagnie verband sich im revolutionären 18. Jahrhundert mit emanzipatorischer Rhetorik und der Antisklaverei-Bewegung zum Antikolonialismus. Er wurde von der ersten großen abgefallenen Siedlungskolonie der Europäer getragen, die paradoxerweise jedoch weiterhin Sklaven hielt, den USA. Umgekehrt war im 19. Jahrhundert die «humanitäre Intervention» der Europäer in Afrika zwar von abolitionistischen Begründungen begleitet, denn angeblich sollte der arabische Sklavenhandel unterbunden werden. Tatsächlich waren auch Handelsinteressen im Spiel. Der Abfall der USA, der haitianische Sklavenaufstand von 1791 oder die lateinamerikanische Emanzipation von den Spaniern und Portugiesen im frühen 19. Jahrhundert erschienen vielen Beobachtern als sichtbare Einschränkung der europäischen Superiorität, verliehen dem europäischen Ausgreifen aber auch eine moralische Komponente.[50]

In Deutschland wurden solche Entwicklungen in zweifacher Weise verfolgt: Zum einen gab es im 19. Jahrhundert zahlreiche «Lehnstuhl-Eroberer», die aus der Beobachterposition heraus glaubten, die besseren Kolonisatoren zu sein und in der Kritik an den Exzessen der anderen sogar ein Gefühl der moralischen Überlegenheit nährten.[51] Sie wurden zu Trägern einer besonders «akademischen» Sicht auf Fragen der nationalen Expansion. Zum anderen gab es nicht wenige, die es begrüßten, daß Deutsche sich aus derlei Unternehmungen bislang heraushielten. Sie hegten schon deshalb Sympathien für die Kolonisierten, weil man sich selbst vom napoleonischen «Imperialismus» bedrängt fühlte. Auch Johann Gottlieb Fichte, einer der Herolde der deutschen Einigung, stellte fest, die Deutschen seien bislang vor dem Schicksal bewahrt worden, sich am Weltraub anderer Mächte zu beteiligen. Seine imaginäre Nation orientierte sich statt dessen an einem «Geschlossenen Handelsstaat» (1800). Diese Auffassung von einem einheitlichen, aber «saturierten» Deutschland wurde gegenüber imperialistischen und expansionistischen Positionen wohl immer von einer Mehrheit der Deutschen vertreten. Doch konnte die Einheitsidee ihrerseits wieder zum Ausgangspunkt von Vorstellungen eines merkantilistisch strukturierten «größeren Deutschlands» werden. Denn eine Autarkie ließ sich in modernen Gesellschaften nicht mehr kleinräumig herstellen, sondern zielte auf Großräume ab, die zwar nicht notwendig imperial, aber doch fast ausschließlich hegemonial angelegt waren.

Doch schienen viele Landsleute nicht recht zur Weltpolitik disponiert zu sein. Darauf zielte etwa die verbreitete These deutscher «Universalität», also der besonderen Fähigkeit der Deutschen, sich in der Fremde rasch zurechtzufinden, sich dort bereitwillig anzupassen, ja das Vorgefundene noch in seinem Eigentlichen zu steigern. Solches «Weltbürgertum» bestärkte die «Volksdünger»-These, konnte aber einer imperialistischen Denkweise nur insofern zusagen, als es implizit die Behauptung der außergewöhnlichen deutschen Leistungskraft bestätigte, nur daß der Kosmopolitismus eben potentiellen Konkurrenten zugute kam.[52] Im Grunde hielten deutsche Chauvinisten das Aufgehen ihrer Landsleute im «guten Europäer» oder «Amerikaner» jedoch für pflichtvergessen, wenn nicht sogar für vaterlandsverräterisch. Eine Assimilation der Deutschen in der fremden Mehrheitsgesellschaft zu verhindern wurde das Ziel der sogenannten «Volkstumspolitik», die erst in der Zwischenkriegszeit ihren Höhepunkt erlebte, dabei aber kaum in Rechnung stellte, daß viele der Auswanderer ganz bewußt ihre deutschen Wurzeln hinter sich ließen.

Die machtvollste antikoloniale Position war wohl stets die Auffassung, daß es sich beim machtgestützten und zumal kriegerisch vorgehenden Imperialismus gleichsam um eine Entartungserscheinung des sowieso ablaufenden Globalisierungsprozesses handele. «Weltmarkt» und «Weltgesellschaft» schienen sich in der Wahrnehmung vieler Beobachter in friedlichem Wettbewerb von Wirtschaft, Wissenschaft und Technik herzustellen. Und so verstand sich der Freihandel in der Regel zugleich als pazifistisch und als internationalistisch. Besonders überzeugte Träger solcher Ideologeme waren oft Staaten, die mit den politischen und ökonomischen Großmächten auf den Feldern imperialistischer Konkurrenz sowieso nicht rivalisieren konnten. Namentlich im Bereich der Wissenschaft und Technik schienen Nationalismen zudem widersinnig, und kleinere Staaten wie die Niederlande, Belgien, die Schweiz oder die skandinavischen Länder sahen hier Chancen, sich bei der Koordination von Absprachen auf internationaler Bühne diplomatisch zu profilieren.[53]

Die Absicht, die technische Verflechtung, die internationale Arbeitsteilung und die Abhängigkeiten in der Rohstoffzufuhr als politische Integrationsfaktoren zu nutzen, war bei Protagonisten wie dem preußischen Generalpostmeister Heinrich von Stephan, dem Gründer des Weltpostvereins, häufig unmittelbar zu greifen. Denn internationale Vereinbarungen setzten die Nationalstaaten unter einen Zugzwang und konterkarierten jeden Versuch zur Isolation auf sinnfällige Weise durch die grenzüberschreitenden Sachzwänge der technischen und organisatorischen Vereinheitlichung. Kriege schienen aus dieser Sicht einer vergangenen Epoche anzugehören. So entwickelte sich parallel zum staatlichen und politischen Nationalismus ein technisch-administrativer und juristischer Internationalismus. Er bemühte sich darum, die innerhalb der einzelnen Staaten geschaffene Rechtssicherheit und Funktionsfähigkeit der Verwaltung so weit wie möglich auf das Ganze der Staatengesellschaft zu übertragen.[54] Tatsächlich setzten sich aber auch hier keineswegs immer die «sachgerechten» Lösungen durch. Oft wurde machtpolitisch entschieden, welche Norm, welcher Standard international sich schließlich behauptete. Die Spannung zwischen Internationalismus und Nationalismus blieb auch hier bestehen und ließ selbst den Imperialismus in dieser Hinsicht ambivalent erscheinen: Die Kolonialpolitik bildete nämlich zahlreiche Formen der Zusammenarbeit zwischen den kolonisierenden Ländern aus. Der Gedankenaustausch und Abstimmungen zwischen den kolonialen Rivalen, etwa über das 1894 gegründete Institut Colonial International oder das seit 1926 bestehende Internationale Afrika-Institut, funktionierten in aller Regel reibungslos.

Folgen des imperialistischen Ausgreifens

Das im 19. Jahrhundert aufblühende Interesse an der Welt war in Deutschland nicht unbedingt nur revisionistisch oder imperialistisch motiviert. Es konnte an eine originäre Neugier an den weltweiten Umwälzungen und an einen Wissensdurst anknüpfen, der in einer sich alphabetisierenden deutschen Gesellschaft rasch um sich griff. Aber nicht nur die Lektüre wurde zu einem massenhaften Vergnügen, sondern auch die Schaulust, der Unterhaltungsunternehmer mit exotischen Panoramen oder Dioramen zu entsprechen versuchten. Der Hamburger Carl Hagenbeck etwa stellte nicht nur Tiere aus, sondern ging zwischen 1874 und 1930 auch mit Völkerschauen auf Tournee. In ihnen waren Lappländer, Nubier, Eskimos, Inder, Kalmücken, Singhalesen oder Sioux-Indianer in ihren rekonstruierten Originalumgebungen zu besichtigen, was nicht nur manch exotische Komponente in sich trug, sondern auch dem bescheidensten deutschen Proletarier die eigene Kulturüberlegenheit sichtbar machte.[55] Diese Vorform eines modernen *Infotainments* ermöglichte eine Art der Weltaneignung, die später mit dem Tourismus individuell möglich wurde. Der «Tourist» – im Deutschen seit etwa 1830 ein Begriff – galt als ein Reisender zu seinem Vergnügen, ohne festes Ziel, aber mit der Nebenbedeutung eines reichen, vornehmen und unabhängigen Mannes.[56] Damit stellte der Tourismus gleichsam ein abgesunkenes Privileg adliger Schichten dar, das Thomas Cook und seine Agentur in England als Massenphänomen für die bürgerliche Mittelschicht erschloß. Charakteristisch wurden dabei die Suche nach pittoresken, emotional anrührenden Eindrücken und die vorgeprägte Bereitschaft, fremde Landschaften und Gesellschaften als authentische Idyllen zu sehen und sich in sie einzufühlen. Das Einfache und Ursprüngliche, die Exotik der Fremde, Fernweh und Abenteuerlust bildeten tragende Elemente der Tourismusindustrie. Sie versuchte das Bedürfnis nach vorübergehenden Fluchten aus der Zivilisation zu stillen und ging damit nicht nur über den national rückgebundenen Imperialismus hinaus, sondern vollzog auch den dialektischen Prozeß nach, den die wissenschaftliche Neugier generell mit sich brachte: Geologische, geographische, zoologische, biologische, botanische, archäologische und ethnologische Unternehmungen umschlossen zugleich ein stolzes Entdecken, Konstatieren und Konservieren, beinhalteten in einer fatalen Konsequenz aber meist auch die Veränderung oder sogar Zerstörung der Untersuchungsobjekte. Gerade diejenigen Abenteurer und Globetrotter, die das Fremde um seinetwegen und als bewußten Kontrast zur Zivilisation schätzten und das «Jungfräuliche» einer Landschaft oder einer Kultur zu bewahren versuchten, wirkten oft als Pioniere der Veränderung. In dieser Perspektive lagen zwischen Alexander von Humboldt und den modernen Individualtouristen nur graduelle Unterschiede.

Eine weitere Folge der interkulturellen Begegnung, die der Imperialismus beförderte, war die Diffusion von Krankheiten, denen nicht nur die Eroberer zum Opfer fielen, sondern mehr noch und viel nachhaltiger die Eroberten. In Hinblick auf exotische oder Tropenkrankheiten zieht sich der wechselseitige Transfer durch die Menschheitsgeschichte und stellt ein ubiquitäres Begleitphänomen der Migrationsgeschichte dar.[57] Die Europäer wußten durch ihre «Tropenmedizin» hierauf weitaus erfolgreicher zu antworten als die jeweils «einheimischen» Bevölkerungen. Hier erwies sich noch einmal die Dialektik des Kolonialismus: Die Nichtbeachtung der Nebenwirkungen sowie Fehleinschätzungen menschlichen Verhaltens führten in der Regel zur Wahl ungeeigneter Mittel zu ihrer Behebung. So machten etwa die durch die Spanier importierten Infektionskrankheiten den Einsatz von Waffengewalt im eroberten Lateinamerika häufig überflüssig.[58] Die später zur Hebung der Arbeitskraft eingeführten sanitären Maßnahmen wiederum zogen eher unbeabsichtigt eine Bevölkerungsexplosion nach sich.

Auch im Bereich der Umweltnutzung gab es zahllose Nebenwirkungen, die aus Unkenntnis der möglichen Folgen und der bewußten Anpassung an europäische Bedürfnisse erwuchsen. Flora und Fauna wurden durch den «ökologischen Imperialismus» der Europäer weltweit nachhaltig beeinflußt.[59] Der ökonomische Blick auf die möglichst einträglichen Seiten der Fremde führte zu tiefgreifenden Veränderungen der landschaftlichen Strukturen und des Wirtschaftens, zu Monokulturen und zu ökonomischen Abhängigkeiten, die freilich wechselseitig waren: Die fallenden Transportkosten machten den Erwerb tropischer Güter und fremder Rohstoffe für die Europäer so erschwinglich, daß bald viele der europäischen Produktionsverfahren darauf angewiesen waren. Baumwolle und Zucker waren hier Vorreiter, später kamen Metalle wie das Kupfer für elektrische und Telefonleitungen, Gummi für Fahrzeugreifen, Palmöl als Schmiermittel, Salpeter zur Düngung, Tropenholz und Farben wie das Indigo hinzu.[60] Auch richtete sich der Geschmack des europäischen Konsumenten auf Gewürze wie Pfeffer, Nelken, Muskat, Curry, Ingwer oder Zimt, auf Tee, Kaffee, Kakao, Früchte, Tabak oder andere Genußmittel ein. Die Zufuhr von kolonialen Rohstoffen, ihre Zirkulation in der Weltwirtschaft, stellte eines der wesentlichen Motive für die Aufrechterhaltung von Strukturen der Abhängigkeit und damit des Imperialismus dar.

Wenn irgendwo, dann ziehen sich Verbindungslinien eines relativ offenen Imperialismus im Bereich der Ressourcenauswertung bis in die Gegenwart. Deutschland spielte hier insofern eine besondere Rolle, als der späte Einstieg in den Kolonialismus nur einige, wenig «ertragreiche» Kolonien übrigließ, die zudem für die deutsche Wirtschaft nur von geringer Bedeutung waren. Zuckerrohr, Indigo, Teakholz, Palmöl, Gummi, Seide, Sisal, Guano, Jute, Kopra usw., die man aus ihnen bezog, konnten später künstlich substituiert werden. Der frühe Abbruch des kolonialen Unternehmens machte Deutschland gerade in der Ersatzstoffindustrie zu einem Pionier. So wurden die Deutschen nach dem frühen Verlust ihrer Kolonien im Jahr 1918 nicht nur unfreiwilliger Vorreiter der «Dekolonisation», sondern auch darin führend, die Kolonien als Rohstoffproduzenten langfristig wieder an die Peripherie zu drängen. Es ist heute eines der Hauptprobleme vieler Staaten der Dritten Welt, dem Weltmarkt, von dem sie abhängig geworden sind, kaum noch Werte von unersetzlicher Bedeutung anbieten zu können.

II. Der Weg zu einem «deutschen Indien» im 19. Jahrhundert

Preußischer Militarismus?

Um zu einem weitgehend chronologischen Bericht über den deutschen Imperialismus überzuleiten, sei zunächst auf die Expansion Preußens verwiesen, die wiederholt als Zentrum der «deutschen Unruhe» gewertet wurde. Zwischen 1740 und 1871 vergrößerte sich das Herrschaftsgebiet des Königreiches von 120 000 auf 348 000 Quadratkilometer. Grundlage dieser beeindruckenden Ausdehnung war weniger eine geschickte Heiratspolitik, wie sie im Europa der Neuzeit zur Machtausdehnung meist betrieben wurde, als vielmehr die gut organisierte und überaus schlagkräftige preußische Armee, die erfolgreich eine territoriale Arrondierung des preußischen Herrschaftsgebietes betrieb. Die europäischen Nachbarn registrierten dies mit ebensoviel Furcht wie Respekt. Friedrich der Große verband für Preußen Teile Brandenburgs, Schlesiens, Pommerns und Westpreußens zu einer Fläche von 200 000 Quadratkilometern, später kamen Danzig, Thorn, die Provinz Posen und Neu-Ostpreußen hinzu, ehe Napoleon der Ausdehnung ein vorläufiges Ende setzte. Für die Gebietsabtretungen im Osten entschädigte sich Preußen später durch Teile Sachsens und vor allem durch Gebiete in Westfalen und im Rheinland. Am Ende der napoleonischen Ära hatte sich Preußen 1815 auf ein noch immer zersplittertes, aber schon 280 000 Quadratkilometer umfassendes Territorium ausgedehnt, das bereits an Frankreich grenzte.

Auch in der Epoche des europäischen Mächtegleichgewichts seit 1815 wurde die preußische Armee weiter ausgebaut, modernisiert und verwissenschaftlicht. Ihre Schlagkraft reichte jederzeit für expansive Unternehmungen. Parallel dazu bildete sich 1834 der Deutsche Zollverein als Freihandelszone und zugleich als Mittel Preußens aus, in Deutschland die ökonomische und politische Kontrolle auszuüben. Prägend blieb die Rivalität zwischen Preußen und Österreich um die Vorherrschaft und um die Frage der deutschen Einheit. Die Bismarckschen «Einigungskriege», die endlich ein geschlossenes preußisches Territorium schufen, waren für Preußen eindeutig Eroberungsfeldzüge. Als solche interpretierte sie vor allem das Ausland, dem der «preußische Militarismus» als vielleicht stärkster Einzelfaktor des imperialistischen Kaiserreiches und darüber hinaus erschien. Preußen als Kernland einer kontinuierlichen Neigung zur militärischen Ausdehnung von Friedrich dem Großen bis zu Adolf Hitler wurde mit eben dieser Begründung schließlich 1947 offiziell aufgelöst.[1]

Tatsächlich übte Preußen auch im Deutschen Reich eine in nahezu jeder Hinsicht hegemoniale Position aus.[2] Die preußische Expansion ging einher mit überaus dynamischen Daten: In bezug auf die Bevölkerung lag schon der Deutsche Bund um 1850 nur hinter Rußland, im Außenhandelsvolumen nur hinter Großbritannien, bei den Staatseinnahmen hinter Großbritannien und Frankreich zurück. In der Heeresstärke lag er gleichauf mit Rußland – war aber besser ausgebildet und ausgestattet – und in der Handelsflotte hinter Großbritannien und den USA. Ende des 19. Jahrhunderts war Deutschland von seinen Sozial- und Wirtschaftsdaten her die mit Abstand am schnellsten wachsende Kontinentalmacht, sowohl in der industriellen Produktion als auch in der demographischen Entwicklung, führend in der Produktion von Kohle, Eisen und Stahl, in der elektrischen und chemischen Industrie sowie dem Maschinenbau.[3] Auch in zahlreichen Wissenschaften nahm es eine dominante Stellung ein. Deutschland wurde in der «Sattelzeit» der modernen Welt zwischen 1750 und 1870 in einen Strudel der Veränderung hineingezogen und behauptete sich darin nicht schlecht, konnte jedoch vorerst kein politisches Machtzentrum ausbilden. Die materiellen Voraussetzungen für eine Weltpolitik waren aber gegeben, und vielen Zeitgenossen schien es einfach die geschichtliche Stunde Deutschlands zu sein.[4]

Koloniale Testläufe

Die in den 1880er Jahren einsetzende, rund dreißigjährige Realgeschichte des deutschen Kolonialismus besaß eine längere Vorgeschichte, in der mit Siedlungs- und Erschließungskolonien experimentiert sowie ein ganzes Tableau kolonialer Erwartungen formuliert worden war. Diese ersten Ansätze wurden später von Kolonialenthusiasten und Lobbyisten stark aufgewertet, um die deutsche Beteiligung am europäischen Expansionsprozeß herauszustreichen und das «schöpferische Wesen» der Deutschen nachzuweisen: Namen wie Martin Behaim wurden genannt, der den Weg nach Amerika gewiesen habe, auf die Fugger und Welser wurde verwiesen, die bis 1556 in Venezuela eine Statthalterschaft besessen hatten, auf Johann Joachim Beckers Aufruf zur Gründung deutscher Kolonien in Südafrika von 1657 oder auf die 1683 durch den Großen Kurfürsten von Brandenburg auf dem Gebiet des heutigen Ghana etablierte Station mit Namen «Groß-Friedrichsburg».[5]

Trotz solcher Ansätze blieben die Deutschen von kolonialer Betätigung weitgehend ausgeschlossen. Am Aufstieg der altkolonialen Reiche zwischen dem 15. und dem 18. Jahrhundert, der in der «Befreiung» Nord- und Südamerikas endete, hatte Deutschland keinen Anteil. Heinrich Heine formulierte es so: «Franzosen und Russen gehört das Land/Das Meer gehört den Briten/Wir aber besitzen im Luftreich des Traums/Die Herrschaft unbestritten.»[6] In der Tat waren literarische Phantasien für die Deutschen über lange Zeit Test- und Ausweichräume des Kolonialen. Abenteuer- oder Schelmenromane, utopische Staatsentwürfe und Robinsonaden waren beliebte «welthaltige» Literaturgattungen, etwa die «Insel Felsenburg» von Johann Gottfried Schnabel (1731–1740) oder «Robinson der Jüngere» von Joachim Friedrich Campe (1779/80). Abenteuer-Schriftsteller wie Friedrich Gerstäcker oder Karl May prägten die «Weltaneignung» einzelner Deutscher nachhaltig.[7] Diese Romane waren zwar von nicht zu unterschätzender Bedeutung für deutsche Wahrnehmungsmuster der «Fremde», verpflichteten sich aber kaum auf einen Kolonialismus als «nationales Projekt». Anders verhielt es sich mit Schriften, die eine Gründung deutscher «Pflanzstätten» in Übersee anmahnten, damit auch die Deutschen am Reichtum teilhätten, den die klassischen Kolonialmächte vermeintlich daraus bezogen. So postulierte etwa der Marburger Rechtslehrer Johann Julius Surland schon 1752 ein «Erläutertes Recht der Deutschen nach Indien zu handeln», wobei «Indien» als Synonym für die außereuropäischen Länder insgesamt stand.[8] Die Forderung nach einem «deutschen Indien» wurde zu einem fortlaufend variierten Motiv des deutschen Imperialismus, bis sogar Hitler dies nach 1941 auf die Ukraine bezog. Indien blieb die Zeit des klassischen Imperialismus über das Muster aller neuzeitlichen Kolonien und ein modernes «Eldorado». Der Ruf des fernen Landes hatte das

Zeitalter der europäischen Entdeckungen in Übersee überhaupt erst begründet, weil der Landweg nach Indien und China, um 1500 die reichsten und prestigeträchtigsten Regionen der Welt, durch die Muslime versperrt war. Was die Europäer bei ihrer Suche nach alternativen Wegen fanden, wurde oft danach benannt: die «Indianer» in Amerika etwa oder Indonesien als das niederländische «Insel-Indien».[9]

Im 19. Jahrhundert beobachteten die Deutschen das koloniale Ausgreifen konkurrierender Nationen bereits als «ungeduldige Zuschauer».[10] Ihr Anteil an der Erschließung Indiens beschränkte sich auf die romantische Philologie, in welcher Deutsche bald führend waren. Vor allem die Sprachgeschichte konstruierte hier eine indogermanische Verknüpfung, die später in abenteuerlichen Konstruktionen des gemeinsamen «Ariertums» gipfelte.[11] Doch fehlte es nicht an Vorschlägen und Initiativen zur Gründung eigener Kolonien. Zahllose Länder wurden benannt, die sich angeblich für eine Kolonisation eigneten. So dachten wohlmeinende Zeitgenossen über einen Anschluß der Niederlande ebenso nach wie über das Beerben des Osmanischen Reiches, den Erwerb mittelamerikanischer Landstriche, von Territorien in Südafrika oder in Australien bzw. Neuseeland, wo etwa der Hamburger Reeder Karl Sieveking 1841/42 eine deutsche «Antipoden-Kolonie» plante. Diese koloniale Projektemacherei blieb aber im wesentlichen noch eine Angelegenheit von Professoren, Historikern, Nationalökonomen, Naturwissenschaftlern, Entdeckern, Missionaren und notorischen Denkschriftenproduzenten.[12]

Im Gefolge der deutschen Agrarkrisen der 1840er Jahre entstanden jedoch Kolonialvereine, die solche Ideen in die Tat umzusetzen und dadurch die Situation deutscher Auswanderer zu bessern versuchten. Vor allem in Mittel- und Südamerika erwarben sie Siedlungsland, am nachhaltigsten im südbrasilianischen Santa Catharina, in Blumenau und in Rio Grande do Sul, wo etwa seit 1850 rund 40000 Deutsche eine neue Heimat fanden.[13] Eher noch als Südamerika bot sich Nordamerika als Gründungsgebiet deutscher Kolonien an. Die 1836 gewonnene Unabhängigkeit des Staates Texas von Mexiko wurde in der deutschen Öffentlichkeit aufmerksam verfolgt und avancierte, wie zuvor Griechenland, für nationalistische Kreise zum Symbol eigener Hoffnungen.[14] Heinrich Hoffmann von Fallersleben brachte 1845 eine Sammlung von «Texasliedern» heraus. Im selben Jahr lieferte der Romanautor Karl Postl alias Charles Sealsfield in seinem «Kajütenbuch» das Idealbild einer freien Siedlergemeinschaft. 1842 wurde in Mainz ein «Verein deutscher Fürsten und Edelleute zum Schutze deutscher Einwanderer in Texas» gegründet. Dazu waren bereits Verträge mit den Komantschen abgeschlossen worden. Tatsächlich wanderte zwischen 1840 und 1850 etwa eine halbe Million Deutscher dorthin aus. Dies blieb im 19. Jahrhundert der größte Versuch, eine deutsche Auswandererkolonie zu gründen. Der Anschluß des Staates an die USA warf jedoch 1845 die deutschen Nationalisten nicht nur in Texas zurück, sondern auch in Kalifornien, das Mexiko einige Jahre zuvor Preußen sogar zum Kauf angeboten hatte. Der Texas-Verein scheiterte letztlich ebenso wie ähnliche Initiativen an der Mosquitoküste oder in Costa Rica.[15] Wiederkehrende Fehleinschätzungen dieser meist kurzlebigen Initiativen bezogen sich meist auf die klimatischen Bedingungen, auf die Reaktionen der indigenen Bevölkerungen oder dritter Staaten sowie auf den Finanzbedarf für die Erschließung dieser Gebiete.

Weil Afrika im 19. Jahrhundert erst im Stadium der Entdeckung, der indische Subkontinent aber bereits vergeben war und von den Briten weiträumig abgesichert wurde, bot sich Ostasien als möglicher Expansionsraum an. Namentlich China wurde von allen Seiten bedrängt. Rußland rückte auf dem Landweg von Norden vor, England von der See her und Frankreich zudem aus Richtung Süden. Im Opiumkrieg zwischen 1838 und 1842 wurden Chinas Schwächen offenbar, und den Engländern gelang es, sich in Hongkong festzusetzen. Fortan ging es den Europäern vornehmlich darum, China als Markt zu öffnen.[16] Auch Deutschland wollte sich daran beteiligen. So sandte Preußen von 1860 bis 1862 unter der Leitung Friedrich Albrecht Graf zu Eulenburgs eine Expedition nach Ostasien aus, um Handelsverträge mit China, Japan und Siam abzuschließen, aber auch, um Kolonisationsmöglichkeiten zu sondieren. Einer der Mitreisenden war Ferdinand von Richthofen, neben Alexander von Humboldt und Carl Ritter der dritte große deutsche Geograph des 19. Jahrhunderts. Von 1868 bis 1872 bereiste er dreizehn der achtzehn Provinzen Chinas und wurde damit «der nach Marco Polo in China am weitesten gereiste Westeuropäer».[17] Sein ab 1877 erschienenes Werk «China. Ergebnis einiger Reisen» war für die erdkundlichen Wissenschaften in Deutschland wegweisend.

Richthofen, zugleich ein wissenschaftlicher wie imperialer Pionier, warb auch für ein deutsches und europäisches Engagement in Asien und Afrika. Doch schlug er Bismarck vorerst folgenlos vor, in China Marinestationen und Hafenkolonien, also ein «deutsches Hongkong», anzulegen.[18] Ähnliches sollte jedoch erst dreißig Jahre später in Kiautschou verwirklicht werden. Noch am 9. Februar 1871 äußerte sich Bismarck bei einem Tischgespräch über die zahllosen Hinweise auf «lohnende» Gebiete, Kolonien seien für die Deutschen «genauso wie der seidne Zobelpelz in polnischen Adelsfamilien, die keine Hemden haben».[19] Am «Eisernen» Kanzler scheiterten auch die nach 1871 gestellten Forderungen deutscher Proto-Imperialisten, als «Kampfpreis» vom unterlegenen Frankreich einige seiner Kolonien, etwa Cochinchina, oder doch wenigstens einige Stützpunkte zum Schutz deutscher Handelsschiffe zu übernehmen.[20]

Immer stärker war es jedoch Afrika, das die deutsche Aufmerksamkeit auf sich zog. In einer Denkschrift über «Die Erhebung Preußens zu einer See-, Kolonial- und Weltmacht» führte der preußische Offizier Willibald Huger von der Oelsnitz schon 1847 viele der Elemente an, die für diesen Raum zu sprechen schienen: «Afrika hat mehr als 200 000 Quadratmeilen, muthmaßlich niemals von einem Weißen betreten; sie warten auf Deutschlands, auf Preußens bildende Hand. Die immense fabelhafte Fruchtbarkeit Afrikas ist bekannt, seine Produkte, ebenso edel als eigenthuemlich, waren zu allen Zeiten ein Gegenstand des Staunens und der Bewunderung fuer die uebrige Welt. Afrika liegt da in ungeschwächter Urkraft, drei Tagesreisen von dem deutschen Hafen Triest, gleich weit von Amerika, Asien und Indien, und daher in einer fuer den gesamten Welthandel hoechst guenstigen Lage. [...] Afrika ist der Schluessel der Welt, muthmaßlich hat ihn die Vorsehung fuer Deutschland bestimmt.»[21]

Das «größere Deutschland»

Schon in der Mitte des 19. Jahrhunderts waren die Elemente des deutschen Imperialismus fast vollständig vorgezeichnet. Manches spricht dafür, daß eine 1848/49 vollzogene Reichseinigung auch bereits eine begleitende deutsche «Weltpolitik» in Gang gesetzt hätte.[22] Die in der Nationalversammlung vorgebrachten Argumentationen stimmten mit der Kolonialpropaganda der 1870er/80er Jahre weitgehend überein. Auch die Argumente für den Aufbau einer deutschen Flotte waren schon präsent. Möglicherweise hätte eine deutsche Kolonialpolitik also schon ein Menschenalter früher begonnen.[23] Nach dem Scheitern der bürgerlichen Revolution war die Reichseinigung jedoch vorerst noch einmal vertagt. Nicht nur Geographen versuchten weiterhin, die deutsche Einigung als Voraussetzung weiterer Expansionen zu skizzieren. Auch Nationalökonomen wie Friedrich List, Lorenz von Stein, Friedrich Harkort oder Carl Rodbertus glaubten, eine deutsche Weltpolitik werde der Reichseinigung gleichsam naturwüchsig folgen. Doch verbanden sie ihre expansionistischen Theorien in aller Regel mit der Forderung nach einer sozialeren Innenpolitik. Der Zusammenhang von weltpolitischem und sozialimperialistischem Denken war in diesen Debatten stets mit Händen zu greifen. Meist übertrug man die in der Heimat gemachten Erfahrungen recht schematisch auf die Fremde.[24] So bildete etwa der Deutsche Zollverein das Muster für Versuche, darüber hinausgehende, «großdeutsche» Kooperationseinheiten zu etablieren. Preußen und Österreich als die am stärksten industrialisierten Länder sollten dabei in einem Zollverband die Hegemonie über ein Gebiet übernehmen, das in seiner weitesten Ausdehnung von der Nordsee bis zum Schwarzen Meer oder, wie es gelegentlich hieß, von der Elbe bis zum Euphrat reichte. Den Ländern Ost- und Südosteuropas wurde der Status von Agrar- und Rohstoffproduzenten zugeschrieben. Gleichzeitig sollten sie als deutsche Absatzmärkte und als Handelsbrücken in den Nahen Osten dienen. Als Grundlage der wirtschaftlichen Durchdringung weiter Teile Ost- und Südosteuropas galt – neben der Kontrolle der Donau – der Bau von Eisenbahnlinien, den preußische und österreichische Kapitalgeber in dieser Periode bereits vorantrieben.[25] Neben den rumänischen Bahnen des deutschen «Eisenbahnkönigs» Bethel Henry Strousberg müssen hierzu die Transbalkanbahn (1870/71–1888) des Barons Maurice de Hirsch und der Bau der Anatolischen Bahn gerechnet werden.[26] Auch das Donaubecken wurde als deutsches Kolonisationsgebiet diskutiert.

Solche Konstruktionen eines «Großraums» bzw. «Großwirtschaftsraums», in denen sich eine gleichsam natürliche Arbeitsteilung zwischen «führenden» und «rückständigen», industriellen und agrarischen Ökonomien herausbilden sollte, wurden zu *einer* der prägenden Zukunftsvisionen für eine künftige Weltordnung. Sie standen unter dem Eindruck der Emanzipation des amerikanischen Kontinents, der mit der Monroe-Doktrin von 1823 seine Eigenständigkeit unterstrichen und die Versuche der Spanier, Portugiesen und Engländer abgewehrt hatte, dort weiterhin Einfluß auszuüben. Gegenüber dem Konkurrenzmodell eines liberalen, freihändlerischen Internationalismus beruhten diese in der Regel räumlich zusammenhängenden Gebilde auf der Arrondierung eines potentiell autarken Wirtschaftskörpers, dessen Außengrenzen durch Schutzzölle abgesichert werden sollten. Über die zum Funktionieren notwendige Größe eines solchen autarken Systems herrschte zwar meist Uneinigkeit, nicht aber darüber, daß die Deutschen im mitteleuropäischen Wirtschaftsraum eine dominante Position übernehmen würden. Die auf einem solchen «Kontinentalimperialismus» beruhende deutsche Großmachtstellung verstand sich als offene Konkurrenz zu Rußland, Frankreich und der Seemacht Großbritannien.[27]

Das Machtvakuum, das die schwindende Macht und der langsame Rückzug der Osmanen hinterließen, öffnete im Verlauf des 19. Jahrhunderts den potentiellen deutschen Einflußraum immer stärker in südöstliche Richtung, bis er nach Konstantinopel oder sogar bis nach Bagdad reichte. Vor allem die «türkische Lobby» stilisierte den deutschen Einfluß im Osmanischen Reich geradezu zu einem Prüfstein für die deutsche Weltmachtposition. Der preußische General Helmuth von Moltke der Ältere, der von 1836 bis 1839 in osmanischen Diensten stand, regte an, in Palästina ein christliches Fürstentum unter deutscher Führung zu errichten. Nach der «Öffnung» Palästinas wegen türkisch-ägyptischer Verwicklungen fanden ab 1861 tatsächlich Besiedelungsversuche durch württembergische Templer statt, unter anderem in Haifa, Jaffa, Sarona und Jerusalem.[28] Gezielt gefördert wurden sie von keinem Geringeren als Kaiser Wilhelm II., der auf mehreren Reisen in den Vorderen Orient dort offen deutsche Interessen vertrat. Damit avancierte die «friedliche Durchdringung» mit Hilfe von Kapitalanleihen, Zollbündnissen oder des Baus von Verkehrs- und Kommunikationsträgern zu einem offen imperialistischen Unternehmen im «nationalen Interesse» des Deutschen Reiches. Um die Wende zum 20. Jahrhundert wurde die südöstliche Option in Gestalt des Bagdadbahn-Projekts vorübergehend sogar zur einflußreichsten des deutschen Imperialismus.[29] Schriftsteller wie Constantin Frantz und Paul de Lagarde, letzterer nicht von ungefähr ein Orientalist, hatten parallel dazu an einem pangermanischen Auserwähltheitsglauben gestrickt, ohne daß dieser bis dahin mit konkreten Projekten verbunden war.[30] Die deutschen Kolonien und die Bagdadbahn boten dieser vagabundierenden Überzeugung endlich anwendungsbezogene Fluchtpunkte.

Volk und Raum

Grundlage der Überzeugung einer deutschen «Sendung» in der Welt war der spezifische Doppelcharakter des Nationalismus, der sich im «verspäteten» Deutschen Reich jedoch sowohl zur defensiven wie zur offensiven Seite hin besonders stark ausprägte. Dies läßt sich exemplarisch an Johann Gottlieb Fichte verfolgen, dem ersten Rektor der Berliner Universität. In seinen «Reden an die deutsche Nation» (1807/08) verfaßte er zum einen ein Manifest über das friedliche Zusammenleben der europäischen Völker, verband zum anderen jedoch den Appell zur nationalen Einigung mit der forcierten Betonung der deutschen «Volkseigentümlichkeit» sowie der Warnung vor den Folgen einer Vermischung derselben. Damit waren drei Elemente bezeichnet, durch welche sich die «völkische» Bewegung in Deutschland fortan auszeichnete: die Suche nach den bestimmenden Kriterien einer deutschen Nation, also der Sprache, Kultur, Geschichte, Rasse usw., die Neigung zu ihrer chauvinistischen Übersteigerung wie auch die Furcht vor einer Schwächung der «Volkskraft» durch vermeintlich fremde Einwirkungen. Fichte meinte sogar, die Deutschen sollten die «Weltregierung» möglichst bald übernehmen, bevor «Türken, Neger, nordamerikanische Stämme sie übernehmen und der gegenwärtigen Zivilisation ein Ende» setzten.[31] Aus diesen Elementen formte sich im Verlauf des 19. Jahrhunderts eine komplexe Vorstellungswelt, die das einstweilen noch ausstehende nationalstaatliche Fundament in der ideologischen Überhöhung des jeweiligen Kriteriums zu kompensieren versuchte. Das «deutsche Volk» wurde nun als Abstammungs- oder Blutsgemeinschaft definiert, nicht als politische Willensgemeinschaft im Sinne eines Staatsvolkes. Folglich konnten die Grenzen auch nicht politisch gezogen werden. Vielmehr richteten sie sich nach völkischen – später zunehmend rassischen – Kriterien, die eine überzeitliche Gültigkeit beanspruchten und vor allem auch gegen «Feinde» und Immigranten gerichtet waren. «National» denkende Künstler und Wissenschaftler fanden hier seit der Romantik reichhaltige Betätigungsfelder, um das spezifisch Eigene am jeweils Anderen zu profilieren.

Solche Nachforschungen nach vermeintlich großen oder mythischen «Urzeiten» gehörten zum nationalen Zeitalter, und sie wurden und werden bis heute von den meisten Nationen – vornehmlich in der Phase ihrer Etablierung – verfolgt.[32] Aufgrund der vielfachen Unbestimmtheit und des «verspäteten» Charakters des deutschen Staatsverbandes prägte sich hier jedoch eine gleichsam föderative Verfassung der deutschen «Identität» aus. Gerade deswegen richtete sich die «völkische Ideologie» ausdrücklich gegen die Prinzipien von Aufklärung und Revolution und nahm Stellung gegen das Gleichheitsprinzip, indem von der natürlichen *Ungleichheit* der Völker ausgegangen wurde, aber auch gegen die individuellen Freiheitsrechte, indem nicht der einzelne Mensch, sondern das «Volk» als zentrale Kategorie der Menschheitsentwicklung definiert wurde. Diese spezifische Wendung ins Imperiale bezog das «völkische Denken» vornehmlich aus drei Quellen:

Zum *ersten* konnte das Alte Reich als Fortsetzung des Römischen Reichs unter deutschen Kaisern auf eine lange Vergangenheit als Hegemon in Mitteleuropa zurückblicken. Schon deshalb stellten sich das «Zweite» und das «Dritte Reich» ausdrücklich in diese Tradition. Die Evokation «imperialer» Züge leitete sich aus der scheinbar gottgewollten Ordnung der Vormoderne her und schrieb den Deutschen eine natürliche Führungsposition zu. Zum *zweiten* wurden Eroberungen im 19. Jahrhundert als Fähigkeit eines Volkes zur «Raumbewältigung» gewertet. Zur «effektiven» Inbesitznahme seien nur junge und kräftige Völker in der Lage, während alte und schwache Völker demgegenüber Raumverluste zu gewärtigen hätten. Zum *dritten* wurde die völkische Qualität zunehmend als rassische Überlegenheit definiert, die einige Völker zu «Herrenmenschen» prädestiniere, anderen Völkern dagegen einen «Paria»-Status zuschrieb. Die beiden letzten Kriterien standen freilich in einer gewissen Spannung zueinander. Denn der rassistische Zweig der völkischen Bewegung ging zumeist von langfristig erworbenen oder sogar «ewigen» Qualitätsunterschieden zwischen den Völkern und Rassen aus, die folglich durch keine Entwicklung, auch nicht räumliche Eroberungen, auszugleichen waren. Für Rassisten, die sich etwa auf den in Deutschland breit rezipierten Grafen Gobineau beriefen, bestand der Geschichtsverlauf daher in der Auseinandersetzung zwischen höher- und minderwertigen Rassen. Der genetische Diffusions- und Vermischungsprozeß wurde hier zum eigentlichen Inhalt der Geschichte.[33] Ihre Zielperspektive blieb die Wiederherstellung einer rassischen Ordnung, die der scheinbar natürlichen Hierarchie zwischen den Völkern und ihren «Erbanlagen» entsprach. Auf dieser Grundlage entstand der aggressive moderne Antisemitismus, der die jüdischen Bevölkerungsteile als fremde und feindliche Rasse bekämpfte und dabei die Möglichkeit zu einer Assimilation in Abrede stellte, wie sie die bürgerliche Emanzipationsbewegung propagierte. «Imperial» waren solche völkischen Ordnungsmodelle insofern, als sie nach dem Muster feudaler Herrschaft das eigene Volk als einen zur Führung berufenen «Adel» definierten, der Herrschaft über die geringerwertigen Völker ausüben und dabei eine rassische Trennung möglichst strikt beachten sollte. Dieses Muster trugen vor allem die Ostraumplanungen des Zweiten Weltkrieges.

Damit ist neben der südlichen und der südöstlichen eine *dritte* Richtung deutscher Expansion angesprochen, die wiederum eigene Gedankenkreise ausbildete: Auch der *Osten* Europas wurde im 19. Jahrhundert als deutscher Kultur- und Lebensraum wiederentdeckt, indem Historiker an die mittelalterliche Ostsiedlung durch den Deutschen Orden erinnerten und darüber stritten, ob nicht schon die deutschen Kaiser des Mittelalters besser nach Osten als nach Süden gezogen wären.[34] Als im Ersten Weltkrieg in Ostpreußen eine erste Kesselschlacht gegen die Russen gewonnen wurde, wählte man das nahegelegene Tannenberg als mythischen Erinnerungsort, um damit an die verlorene Schlacht des Deutschen Ordens von 1410 zu erinnern. Die andere bestimmende Referenz galt der großen Zeit der Hanse, die ebenfalls schon im Osten gesiedelt hatte. Die Suggestion einer erneuten Inbesitznahme des vermeintlich deutsch geprägten, dann aber von den Slawen «vernachlässigten» Raumes in Osteuropa war schon Mitte des 19. Jahrhunderts derart vernehmlich, daß dort vor einem deutschen «Drang nach Osten» Richtung Polen und Rußland gewarnt wurde.[35] Umgekehrt fürchteten viele Deutsche einen vermeintlichen «Panslawismus», unter dem jedoch eher politische Einheitsbestrebungen zu verstehen waren, während dem Schlagwort vom «Pangermanismus» stets die Konnotation eines expansionistischen Impulses anhaftete.

Wurde der Unterschied zum französischen und angelsächsischen Westen von den Deutschen oft als eine Grenze zwischen deutscher «Kultur» und feindlicher «Zivilisation» deklariert, herrschte aus deutscher Sicht an der Ostgrenze ein eindeutiges Kulturgefälle.[36] Nach 1871 verfolgte das Deutsche Reich eine sogenannte Ostmarkenpolitik, die – analog zu den Versuchen einer «Germanisierung» im «Reichsland» Elsaß-Lothringen – in den preußischen Ostprovinzen die deutsche Sprache verbindlich zu machen und deutsche Siedler auf vormals polnischem Großgrundbesitz anzusiedeln versuchte.[37] Dies wurde zunächst als «innere Kolonisation» verstanden, provozierte aber die Polen zu immer geschlossenerem Widerstand. Der 1894 ins Leben gerufene «Verein zur Förderung des Deutschtums in den Ostmarken» – seit 1899 «Deutscher Ostmarkenverein» – wuchs sich zu einer wirkungsvollen Parallelorganisation zum Verband der Alldeutschen aus. Während die Ostmarkenpolitik wegen der gut organisierten polnischen Opposition nur begrenzt erfolgreich war, gab es immer wieder Stimmen – so etwa Gustav Freytag in seinem Roman «Soll und Haben» –, die eine über die Ostgrenzen noch hinausreichende Kolonisation forderten.[38]

Aus dem vermeintlichen Kulturgefälle an den Grenzen erwuchs eine besondere Gefährdung der Deutschen überall dort, wo sie in anderen Ländern eine Minderheit bildeten. Es war dies letztlich eine Negativspiegelung der «Volksdünger»-These, die nicht den Aspekt deutscher Leistungen in der Fremde hervorhob, sondern die Gefahr der «Einschmelzung» der «Volksdeutschen» im Fremden. Denn im Bestreben, den zerfaserten Bestand eben dieses «Deutschtums» zu bestimmen, traten die Minderheiten als «Brückenköpfe», aber auch als gleichsam von Unkultur umbrandete «Inseln» in den Blick. Eine statistische Erhebung von 1869 entdeckte infolgedessen unterdrückte Deutsche nicht nur in nahezu allen Ländern Europas, sondern in «allen Gebieten, über welche der Wanderzug der Deutschen seine äußerlich schaffende und innerlich bildende Cultur verbreitet hat, [...] oder kurz gesagt [...]: ‹soweit die deutsche Zunge klingt›. [...] Und solchen Staaten gegenüber, welche das Nationalitätsprinzip nicht anerkennen, mithin die höhere Ordnung des Volksgeistes leugnen, bedarf es des wirklichen Schutzes derjenigen, welche abweichender Nationalität sind, und nöthigenfalls der Ablösung ihrer Wohnsitze von dem unterdrückenden Staate.»[39]

Das Problem der nationalistischen Aufladung deutscher Minderheiten in Ost- und Südosteuropa, die Frage ihres Schutzes und ihrer «Selbstbestimmung», aber auch ihre Speerspitzen-Funktion für eine deutsche Expansion bedingten bis zu ihrer nahezu vollständigen Vertreibung im Gefolge des Zweiten Weltkrieges ein erhebliches mitteleuropäisches Unruhepotential. Ihren Höhepunkt erlebte die «völkische» Betrachtung der Minderheitenfrage erst in der Zwischenkriegszeit, als Hitler einen «Irredentismus» nach italienischem Muster verfolgte, der ihm die Begründung für seine ersten Überfälle auf deutsche Nachbarstaaten liefern sollte.

Kleindeutsch – Großdeutsch

Adolf Hitler war es auch, der 1938 vorgab, die seit 1866 schwelende Frage nach einem Zusammenschluß der deutschen Staaten mit Österreich zu lösen, um endlich eine mitteleuropäische Dominanz zu erlangen. Denn Bismarck hatte 1871 zur Enttäuschung vieler Zeitgenossen die «kleindeutsche» Lösung vollendet. Den Expansionsdrang konnte er damit aber nur vorübergehend stillegen; seine Rede von der deutschen «Saturiertheit» und dem unbedingten Primat einer europäischen Gleichgewichtspolitik überzeugte keineswegs alle Deutschen. Die gezogenen Grenzverläufe erschienen etwa vielen Geographen als «unnatürlich», das Kaiserreich erschien manchen in seiner Gestalt sogar als «Eintagsfliege».[40] Schon kurz nach der Reichseinigung wurde die Klage deutscher Nationalisten über die vermeintliche Diskrepanz zwischen der realen Lage Deutschlands und seiner «angemessenen» Weltstellung wieder aufgegriffen. Sogar Max Weber stellte 1894 fest, daß die Einigung Deutschlands «ein Jugendstreich war, den die Nation auf ihre alten Tage beging und seiner Kostspieligkeit halber besser unterlassen hätte, wenn sie der Abschluß und nicht der Ausgangspunkt einer deutschen Weltmachtpolitik sein sollte».[41] Das Deutsche Reich war zu groß geraten, um dauerhaft «eingehegt» werden zu können, aber zugleich zu klein, um eine eindeutige mitteleuropäische Hegemonie auszuüben. Der Nationalstaat erschien vielen unvollendet, besaß er doch endlich die Machtmittel, um deutschen Einfluß in der Welt geltend zu machen und sich möglichst vorteilhaft zu «plazieren».

Das «größere Deutschland» als Ausgangspunkt eines darüber hinausgehenden Imperialismus schien vielen als nächster Schritt anzustehen und von der dynamischen Entwicklung des Kaiserreiches auf nahezu allen Gebieten bestätigt zu werden. So entstand eine großdeutsche Unterströmung im Geiste der 1848er Revolution, die das entstehende reichsdeutsche Nationalbewußtsein herausforderte. Die bezog sich auch auf die Kolonialpolitik: Zahlreiche Eingaben und Denkschriften von «deutschen Patrioten» erreichten die Regierung, die auf lohnende Kolonisationsfelder in Amerika, Afrika, Asien und Australien hinwiesen, etwa auf die japanische Insel Hokkaidô, auf Patagonien oder auf Paraguay.[42] Bisweilen basierten diese Vorschläge auf Informationen aus erster Hand, bisweilen waren die Empfehlungen aber auch nur angelesen, aus suggestiven Karten oder vom Hörensagen bezogen.

Die zunehmende koloniale und imperialistische Erwartungshaltung speiste sich aus vier Impulsen: der erfolgreichen Annexion Elsaß-Lothringens, den Kundgebungen deutscher Verbundenheit in aller Welt während des Deutsch-Französischen Kriegs, der Verschärfung der Assimilierungspolitik gegenüber Deutschen im Baltikum, in Österreich und Ungarn sowie schließlich aus dem Vorbild der italienischen Irredenta in Südtirol, Trentino, Istrien, Triest und der Küste Dalmatiens. Zu ihrem Schutz gründete sich 1881 der «Allgemeine deutsche Schulverein», der zunächst der sprachlichen Assimilation vorbeugen und das Deutsche als Unterrichtssprache stärken wollte. Aus ihm ging 1908 der «Verein für das Deutschtum im Ausland» hervor, der eine sehr viel breitere Volkstumspolitik verfolgte.[43] Auch die Überseedeutschen fanden in der «großdeutschen» Perspektive wieder verstärkte Beachtung und damit auch erneut die Kolonialpolitik. Ihrem Beginn ging fast ein Jahrzehnt massiver und überwiegend von Mittelständlern getragener Kolonialagitation voraus, bei der sich die Vorstellung einer nationalen Vollendung in der These einer «zweiten Reichsgründung» in Übersee formte. In der Suche nach einem komplementären Territorium, an dessen Erschließung sich deutsche Leistungskraft beweisen konnte, waren nun alle Gedankenkreise enthalten, die das koloniale Zeitalter bestimmten: Nation und Macht, Wirtschaft und Außenhandel, Bevölkerung und Auswanderung, soziale Spannungen und innenpolitische Probleme, sozialdarwinistische bzw. sendungsideologische Versatzstücke und nicht zuletzt die argumentative Schere von Anglophobie und Anglophilie.[44] Einer der Kolonialagitatoren, Ernst von Weber, beschwor die bisherigen Erfolge der «Anglisierung» des Erdballs, während das «deutsche Element» im Ausland bekanntermaßen darunter leide, bislang nirgendwo auf der Welt eigene nationale Staaten begründet zu haben. Dies, so Weber, bedinge eine «fortwährende Entdeutschung unserer Auswanderer».[45] Solche Bedenken beruhten auch auf Äußerungen wie der des britischen Kabinettsmitglieds Charles Dilke: «The world is rapidly becoming English». Und 1874 hatte der französische Nationalökonom Paul Leroy-Beaulieu die Ansicht vertreten, nur reife und hochzivilisierte Völker seien kolonisationsfähig und die «herrschendste» Nation im 20. Jahrhundert werde diejenige sein, die am meisten kolonisiere.[46] Das einflußreiche Werk des Historikers John Robert Seeley «The Expansion of England» von 1883, das im Zusammenhang mit der britischen Imperialismus-Diskussion zu weiterer Ausbreitung riet und Rußland, die USA und England als Mächte der Zukunft voraussagte, beunruhigte deutsche «Weltpolitiker» nachhaltig.[47] Zu den «Weltreichen» der Zukunft aufzuschließen galt vielen deutschen Beobachtern der Jahrhundertwende als die primäre Aufgabe der kommenden Epoche. Auf eine einfache Formel gebracht, schien die Alternative für Deutschland zu lauten: Weltmacht oder Untergang.[48] In zahllosen Metamorphosen sollten solche, in Wissenschaft und Öffentlichkeit geführten Spekulationen die deutsche Geschichte auch über die nächsten Jahrzehnte begleiten. Dabei wurde mal aggressiv, mal defensiv, mal nationalchauvinistisch, mal europäisch-kooperativ argumentiert. Aus der Erkenntnis der erschlossenen Erde kristallisierten sich bis zur Jahrhundertwende unterschiedliche historisch-politische Schlußfolgerungen heraus. Sie traten idealtypisch in vier Positionen auf:

1. Deutschland geht den Weg friedlich weiter und wird in gemeinsamer Arbeit mit anderen europäischen Ländern schließlich eine westlich geprägte Weltzivilisation erschaffen, in der die Nationalstaaten sich lediglich als Duchgangsstationen erweisen werden. Dieser Ansicht waren aufgrund ihrer Vorerfahrungen mit international parallelen oder sogar abgestimmten Entwicklungen oft die *Techniker*.
2. Deutschland expandiert gleichsam marktwirtschaftlich und konkurriert dabei von Gebiet zu Gebiet um die besten und tauglichsten Anlagen, um Märkte und Rohstoffe in friedlichem Wettbe-

werb. Diese Ansicht war bei den *Ökonomen* verbreitet, die, falls sie zur Freihandels-Fraktion gehörten, Kolonien oft für einen Anachronismus hielten.

3. Deutschland wird sich mit anderen Kulturnationen um den jeweiligen Einfluß in der Welt notwendigerweise streiten müssen, denn es geht dabei um einen gleichsam darwinistischen Behauptungskampf der besten und tauglichsten Völker, um Ressourcen und um Lebensraum. Diese kämpferische Ansicht fand sich in erster Linie bei *Politikern*, verstärkt bei deutschen «Weltpolitikern». Sie forderten geradezu notorisch eine politische und wirtschaftliche «Gleichberechtigung» Deutschlands ein, die seinen gewachsenen Potentialen entspräche.
4. Es werden Großräume entstehen, die – ähnlich der Situation, wie sie jahrhundertelang in Europa zwischen den Territorial- und Fürstenstaaten herrschte – nun im globalen Maßstab ein Gleichgewicht der Großmächte herstellen. Die Großräume selbst werden hierarchisch strukturiert und von den jeweils politisch, wirtschaftlich und kulturell dominanten Völkern und Staaten beherrscht sein. Sie stehen zwar miteinander in vielfältigem Austausch, streben aber tendenziell nach Autonomie und Autarkie. Dieser Gedanke, schon 1869 geäußert, wurde oft von *Geographen* vertreten.[49]

Der Hochimperialismus seit den 1880er Jahren schwankte fortgesetzt zwischen Vorstellungen einer Hegemonie und eines Gleichgewichts. Stellten die einen fest, Imperialismus sei «Weltmachtwille, das Streben der Weltmächte, sich auszuwachsen und gemäß den Bedürfnissen ihres Volkstums, ihrer Volkswirtschaft, nach Maßgabe der vorhandenen Kräfte den Anteil an der Weltmacht und am Weltmarkt auszubauen und zu festigen,»[50] meinten andere: «Die imperialistische Bewegung erscheint uns als die Einleitung zu einer neuen Epoche des politischen Gleichgewichts. [...] Der Sinn der deutschen Weltpolitik ist jedenfalls nicht Streben nach Weltherrschaft, sondern Streben nach Aufrechterhaltung des Gleichgewichts der Macht in dem Weltstaatensystem der Zukunft».[51] Es war freilich kennzeichnend für die Epoche des Hochimperialismus, daß Bestrebungen zur Herstellung eines «Gleichgewichts» von Konkurrenten oft dennoch als hegemoniale Ambitionen interpretiert wurden. Wie später im Kalten Krieg war die Wahrnehmung der am imperialistischen Kräftespiel Beteiligten von reizbarem Mißtrauen geprägt.

Auf nach Afrika!

Nach 1875 änderte sich die Haltung der deutschen Regierung in bezug auf Expansionen langsam, wenn auch zunächst nur zugunsten einer stärkeren Protektion des ökonomischen Ausgreifens. Es wird gerade im Zusammenhang mit dem Imperialismus immer wieder gefragt, ob die Fahne dem Handel oder der Handel der Fahne folge. In diesem Fall waren es insbesondere hanseatische Kaufleute, die Deutschland langsam in eine imperialistische Praxis hineinzogen – ohne daß sie deshalb zu «finanzkapitalistischen» Begründern deutscher Kolonialpolitik wurden, wie dies die «linke» Deutung des Imperialismus nahelegt.[52] Gerade Familienunternehmen wie die Godeffroys, die Woermanns und die O'Swalds waren traditionelle Träger eines «Deutschland in Übersee».[53] Sie forderten seit langem, nun jedoch verstärkt, daß die junge, prosperierende Nation mehr zum Schutz ihrer bereits bestehenden und vollständig auf eigenes Risiko erstellten Unternehmungen tun sollte, und begründeten dies mit ihren bereits erbrachten Vorleistungen. Die Frage der Subvention von Postdampfern beschäftigte zu Beginn der 1880er Jahre sogar den Deutschen Reichstag: War der Staat für diese Infrastruktur deutscher Präsenz auf dem Weltmarkt verantwortlich oder nicht? Sollte das Reich bei den Wettbewerbsverzerrungen, die im weltweiten Freihandel durch die Dominanz einzelner Nationen – vor allem Englands – entstanden, regulierend eingreifen, also gleichsam «Sonderwirtschaftszonen» bilden?

Zu einem ersten Testlauf für die Stärke des «kolonialen Gedankens» in Deutschland kam es 1880 bei der sogenannten Samoa-Vorlage, bei der es um die staatliche Unterstützung der wirtschaftlichen Unternehmungen des Hamburger Handelshauses Godeffroy auf der Südsee-Insel ging. Auch wenn sie einstweilen noch abschlägig beschieden wurde, sorgte die Diskussion für klare Fronten, und sie präzisierte die Argumente der Kolonialbefürworter wie auch die prinzipielle Gegnerschaft der Internationalisten und Freihändler. Mit der Gründung des «Centralvereins für Handelsgeographie und deutsche Interessen im Auslande» im Jahr 1878 entstand eine Welle von Lobbyistenvereinigungen für ökonomischen Kolonialismus. Zahlreiche geographische Gesellschaften wurden zu Keimzellen einer nun immer organisierter auftretenden Kolonialbewegung. Zwischen 1870 und dem Jahr 1881, als in Berlin der erste

Deutsche Geographentag auf Einladung des Afrikaforschers Gustav Nachtigal stattfand, verdreifachte sich ihre Zahl.[54] Der 1883 gegründete «Deutsche Kolonialverein» symbolisierte die zunehmende Konvergenz dieser kolonialen Bestrebungen. Dazu trat im April 1884 die von Carl Peters gegründete «Gesellschaft für Deutsche Kolonisation», die in ihrem Gründungsaufruf noch einmal darauf verwies, daß die deutsche Nation «bei der Verteilung der Erde, wie sie vom Ausgang des 15. Jahrhunderts bis auf unsere Tage hin stattgefunden hat, leer ausgegangen» sei.[55] Peters führte im selben Jahr gegenüber den kritischen «Biertischpolemiken» über die deutsche Kolonialpolitik die Bemerkung ins Feld, in Frankreich gebe es Kolonien, aber keine Kolonisten, in Deutschland gebe es Kolonisten, aber keine Kolonien, nur in England gebe es beides.[56] Bismarck jedoch beharrte auf der Position, daß es erst eine breite Unterstützung in der deutschen Bevölkerung für koloniale Unternehmungen geben müsse, bevor Deutschland aktiv werden könne.

Der rheinische Missionsinspektor Friedrich Fabri kritisierte, Deutschland habe die Welt bislang nur studiert, jetzt gelte es, sie auch praktisch zu kolonialisieren. Seine Schrift «Bedarf Deutschland der Kolonien?» von 1879 leitete einen Wendepunkt der Diskussionen ein. Darin versuchte er ein Argument zu entkräften, das von Vertretern einer deutschen «Saturiertheit» immer wieder vorgebracht wurde: die voraussichtlichen Kosten eines deutschen Kolonialismus. Freilich, so meinte Fabri, würden Kolonien im ersten Stadium ihrer Erschließung «nicht unbeträchtliche finanzielle Anlagen erheischen», doch seien diese «für die Colonien verausgabten Summen ohne Zweifel in eminentem Sinne produktive Anlagen». Auch sah er nicht ein, warum heimische Investitionen eine ökonomische Priorität besäßen: «Ohne Zweifel würden die vielen Millionen, welche für die Berliner Stadtbahn, für die Linie Berlin-Wetzlar und andere derartige ‹produktive Anlagen› eiligst bewilligt worden sind, mehr als ausgereicht haben, um die mit Erwerbung etlicher Colonien verbundenen Kosten auf eine beträchtliche Reihe von Jahren zu decken.»[57] Die Frage der Finanzierung des deutschen Kolonialismus blieb zeit seiner Existenz zentral, verlor aber 1884 kurzzeitig ihre regulative Bedeutung. Wieso Bismarck sich kurz zuvor auf die Gründung deutscher Kolonien in Afrika eingelassen hatte, wird seit langem debattiert. Sicher scheint, daß innenpolitische Erwägungen hierzu den Anlaß gaben und außenpolitisch zugleich eine günstige Gelegenheit ergriffen wurde.

Als 1876 der Deutsche Johann Jacob Sturz eine solidarische Erschließung Afrikas anregte, das so zu einem «gemeinsamen Indien» Europas werden könne, rekurrierte er rhetorisch zwar auf ein verbreitetes Motiv, nämlich den Verzicht auf nationale Rivalität bei der Kolonisierung. Denn der Kolonist repräsentiere nicht die Nation, der er zufällig angehöre, sondern die europäische Zivilisation insgesamt.[58] Doch blieb in der Hochphase des europäischen Imperialismus der Widerspruch zwischen nationalen Interessen und der internationalen Orientierung des Projekts der europäischen «Kolonisierung» stets bestehen.

Berlin 1884/85: Gründungsakt des Hochimperialismus

Als Geburtsstunde des deutschen Kolonialismus gilt der 27. April 1884, als Bismarck den deutschen Konsul in Kapstadt telegraphisch anwies, die Besitzungen des Kaufmanns Adolf Lüderitz in Südwestafrika unter deutschen Schutz zu stellen. Im Juli folgten Togo und Kamerun sowie die Anerkennung der Erwerbungen des deutschen Konquistadors Carl Peters in Ostafrika.[59] Bismarck orientierte sich hierbei am Modell des viktorianischen «informal empire» und strebte für Deutschland eine weltweite Handelsherrschaft an, um in einem erbittert geführten weltwirtschaftlichen Konkurrenzkampf zu bestehen, der als endgültige Machtverteilung auf dem Erdball erschien.[60] Staatliche Verwaltungskolonien empfand er jedoch als Belastung, daher setzte er auf eine «kaufmännische Regierung» in den Kolonien. Sie wurden deshalb nicht von ungefähr als «*Schutz*gebiete» bezeichnet, denn das Reich wollte keine Leistungsfunktionen übernehmen.[61] Bismarck wich vor einer formalen Kolonialverwaltung zurück, weil er die Eigenverantwortung der kommerziellen Überseeinteressen wahren, den Reichstag aus der großen Politik möglichst heraushalten und die eigenen Handlungsspielräume in der kontinentalen Bündnis- und Sicherheitspolitik behalten wollte.[62]

An der von Bismarck im November 1884 einberufenen und bis Februar 1885 tagenden Berliner Kongo-Konferenz nahmen Vertreter von 14 europäischen Staaten und die USA teil, darunter aber mit Henry Morton Stanley lediglich einer, der Afrika wenigstens leidlich aus persönlicher Anschauung kannte. Bismarck beabsichtigte, den nun entbrannten «Wettlauf um Afrika» in die zivilen Formen europäischer Gleichgewichtspolitik zu lenken. Die Kongo-Akte bestätigte die bis dahin erfolgten Erwerbungen auf dem afrikanischen Kontinent und skizzierte Einflußsphären für die übrigen Gebiete. Vor allem aber schrieb sie die «Effektivität» der Erwerbungen und die Mitteilung an die anderen Unterzeichner fest, die fortan notwendig wurden, um eine Okkupation zu begründen. Bismarck wollte sich damit den rein machtpolitischen Grundsatz, daß derjenige ein Land in Besitz habe, der es sich vor den anderen nimmt, nicht zu eigen machen. Um die Rechtsgrundlagen, mit denen eine solche Machtausweitung legitimiert werden konnte, war von Beginn der europäischen Expansion an gerungen worden.[63] Dabei wurden wahlweise religiöse, rechtliche, machtpolitische, wirtschaftliche oder kulturelle Argumente hervorgehoben, meist jedoch ein ganzes Set solcher Argumente zu einer mehr oder weniger überzeugenden Mischung zusammengeführt. Koloniale Agitatoren berauschten sich denn auch gerne an der Fülle der Faktoren, die *für* eine Kolonisation sprachen, und wiesen die Gegenargumente gern als «kleinmütig» zurück. Implizit wurde damit anerkannt, daß Kolonien zunächst meist ein Zuschußunternehmen waren, dessen Amortisation die idealistische Vorleistung einer «großzügigen Denkungsart» erforderte.

Mit der in der Kongo-Akte festgeschriebenen «Effektivität» war die Fähigkeit gemeint, in den okkupierten Gebieten Recht und Ordnung, vor allem zugunsten des Handels, aufrechtzuerhalten, was auch heißen mußte, sie zuvor für die Verwaltung und den Markt zu «öffnen» und infrastrukturell zu erschließen. Die Kolonisation Afrikas sollte also von ihrem Anspruch her «menschheitlichen» Zielen und dem Freihandel dienen und daher unter internationaler Aufsicht erfolgen. Wie stark hier Rhetorik und Realpolitik auseinanderfielen, zeigte jedoch die Geschichte eben des Kongo, dessen Verwaltung den eigentlichen Anlaß zu der Konferenz gebildet hatte. Der belgische König Leopold II., ein vom imperialistischen Denkstil vollkommen durchdrungener Herrscher eines europäischen Kleinstaates, vermochte die Berliner Konferenz geschickt für sich zu nutzen. Mit dem Kongo sicherte er sich eine «Privatkolonie», die zwar *de jure* dem Freihandel und der internationalen Kontrolle geöffnet war, die *de facto* jedoch zu einem Gebiet wurde, das der Schriftsteller Joseph Conrad 1899 in einem Roman als «Herz der Finsternis» beschrieb. In ihr wüteten europäische Ausbeutung und «Eingeborenen»-Verachtung um die Jahrhundertwende mit außergewöhnlicher Brutalität. Eine journalistisch unterstützte Menschenrechtsbewegung brachte den Fall erst sehr viel später vor die internationale Öffentlichkeit und beendete das Regime, dem vermutlich Millionen von Kongolesen zum Opfer gefallen waren.[64]

Rechte und Pflichten einer Kolonisation blieben zunächst politische Absichtserklärungen. Sie trugen allenfalls dazu bei, die «Balgerei» der europäischen Mächte um Afrika in halbwegs zivilisierte diplomatische Bahnen zu lenken. Die Länder und Bewohner selbst wurden nicht gefragt, die Einigkeit der Europäer ging eindeutig auf ihre Kosten. Und in der Tat funktionierte das diplomatische Räderwerk der europäischen Mächte bis zum Ausbruch des Ersten Weltkriegs erstaunlich gut. Denn auch dies zeichnete den Imperialismus aus: Die Vorstellung einer gemeinsamen europäischen Erschließung der Welt mäßigte die nationale Konkurrenz und ermöglichte eine Fülle von vergleichsweise friedlich ablaufenden Kompensationsgeschäften zwischen den Kolonialnationen.[65] Zwar gehörten auch Drohgebärden und Säbelrasseln dazu – im 19. Jahrhundert vor allem zwischen dem liberalen England und dem konservativen Rußland –, doch führten diese Antagonismen nur gelegentlich, etwa 1898 zwischen England und Frankreich bei Faschoda oder 1905 und 1911 zwischen Frankreich und Deutschland vor Marokko, an den Rand eines militärischen Konflikts.[66]

Die Gemeinsamkeiten der Kolonialmächte zeigten sich auch in der Vereinbarung der Berliner Konferenz, farbige Truppen nicht auf europäischen Kriegsschauplätzen einzusetzen. Sie wurde erst dreißig Jahre später gebrochen. Doch zeichnet die Vorstellung, Afrika sei an grünen Konferenztischen und ohne Beteiligung der Afrikaner aufgeteilt worden, ein zu einseitiges Bild des Imperialismus. Tatsächlich haben lokale Eliten an der kolonialen *frontier* das Auftauchen der Europäer oft für sich zu nutzen versucht, um interne Streitigkeiten zu entscheiden oder andere, eigene Interessen zu verfolgen. So entstanden koloniale «Sogkräfte» nicht nur durch die ständigen Hinweise der europäischen «Männer vor Ort» auf lohnende Kolonisationsfelder, sondern auch durch konkrete Aufforderungen lokaler Herrscher an die Kolonialmächte, bei Konfliktlagen einzugreifen. Und gerade weil die Deutschen so lange vom praktischen Kolonialismus ausgeschlossen waren, besaßen sie bei vielen Völkern einen Vorschuß an Vertrauen, der sich auf die Erwartung gründete, von dieser Schutzmacht nicht zu stark in die imperialistische Rivalität mit einbezogen zu werden. Für manche Völker war dies ein folgenschwerer Irrtum.

III. Deutsche Kolonial- und Weltpolitik 1884 bis 1918

Deutschland kolonisiert

Um 1884/85 waren Territorien von der vielfachen Größe des Deutschen Reiches unter deutschen Schutz gestellt. Weitere kamen im Laufe der nächsten dreißig Jahre hinzu. Im folgenden wird geschildert, wie der seit langem gedanklich vorbereitete deutsche Kolonisationswille in die Tat umgesetzt wurde. Hatten die kolonialen Lobbyisten nach dem bislang geschilderten Vorlauf erwartet, daß dieser Impuls sich nun energisch in die eroberten Gebiete entladen werde, sahen sie sich enttäuscht. Die Unterstützung der deutschen Reichsbehörden blieb in der ersten Phase sehr halbherzig, und namentlich der Reichstag, der über die kolonialen Budgets verfügte, ließ sich jeden seiner Zuschüsse umständlich abhandeln. Die Kolonien blieben die Zeit des gesamten Kaiserreichs über Zankäpfel innenpolitischer Auseinandersetzungen. Bismarck hatte auf die Initiative der Privatwirtschaft gesetzt und seine Zusagen an die deutschen Kolonisatoren Lüderitz, Peters oder Nachtigal lediglich auf militärischen Schutz und grundlegende Verwaltungsaufgaben bezogen. Die wirtschaftliche Erschließung sollte im wesentlichen von denjenigen deutschen Unternehmen geleistet werden, die sich in den Kolonien engagierten. Hierbei nahm er sich Handelskompanien wie die britische Ostindische Compagnie oder die niederländische West- und Ost-Indische Compagnie zum Vorbild. Daß dies eine Fehlkalkulation war, konnte in Ansätzen als absehbar gelten. Nach dem indischen Sepoy-Aufstand von 1857/58 war die Herrschaft der Ostindischen Compagnie bereits zugunsten des britischen Staates beschnitten worden, denn das Unternehmen erwies sich als überfordert, mit den Folgen seiner Herrschaft umzugehen.

Ähnlich erging es den deutschen Charter- oder Terraingesellschaften. Schon die Anfangsinvestitionen für ein erfolgreiches Wirtschaften wurden häufig unterschätzt. Die Widerstände der indigenen Bevölkerung gegen die Eindringlinge flammten immer wieder auf, und eine dauerhafte «Pazifizierung» – wie der verschleiernde

Terminus für eine gewaltsame Unterdrückung hieß – konnte von privater Seite kaum bewerkstelligt werden. Hinzu kamen Anforderungen an eine «Sanifizierung», also an medizinische Vorsorge, an Ungezieferbekämpfung und ähnliche Maßnahmen, die eine tropische Landschaft für Europäer erst betretbar und schließlich bewohnbar machten. Auch die Verkehrserschließung einer Kolonie erfolgte unter erschwerten Bedingungen; hier mußten echte Pionierarbeiten verrichtet werden, vor allem Erkundungen, Vermessungen und Kartographierungen. Oft sprang zunächst die Schutztruppe ein und verlegte Feldspureisenbahnen, die kaum für einen dauerhaften Verkehrsbetrieb geeignet waren. Einstweilen, berichtete 1890 Carl Falkenhorst über Deutsch-Ostafrika, mußte man sich mit den «einfachen, durch tausendjährigen und hundertjährigen Gebrauch ausgetretenen Fußpfaden» begnügen. «Der Neger», fügte er hinzu, sei «das einzig brauchbare Lasttier. [...] Die Pflugschar, das Rad, der Wegebau, das Segelboot, das Dampfschiff, die Eisenbahn, Wasserleitung in Kanälen», das seien die Neuheiten, mit denen eine deutsche Regierung die Wildnis gleichsam überraschen müsse.[1] Dabei waren sich die europäischen Kolonisatoren einig, daß ohne Verkehrserschließung der südliche Kontinent nahezu wertlos war. Henry Morton Stanley formulierte es noch plastischer: Afrika sei eine kostbare Nuß, deren Schale zu sprengen nur die Eisenbahn imstande wäre.[2] Doch war in keiner Kolonialmacht unstrittig, welche Rolle der Staat beim Aufbau «öffentlicher Dienste» in den Kolonien spielen sollte.

Wie unentschlossen die Kolonisation wegen der ungeklärten Voraussetzungen voranschritt, zeigt das Beispiel der Deutsch-Ostafrikanischen Gesellschaft. Die DOAG wollte zunächst eine Siedlungskolonie anlegen. Auch wegen der mangelnden Nachfrage von Siedlern gab sie dieses Vorhaben schon nach wenigen Jahren wieder auf. Statt dessen errichtete sie Plantagen. Mit dem Aufbau der Infrastruktur sah sie sich jedoch überfordert, fehlten doch in Deutsch-Ostafrika schiffbare Wasserstraßen.[3] Neben Häfen waren also Eisenbahnen notwendig, um eine effektive Ökonomie zu begründen. Tatsächlich begann die DOAG schon 1885 mit Projektierungen, der deutsche – vorwiegend hanseatische – Handel und sein Kapital zogen jedoch nicht mit. Außerdem setzte die Gesellschaft in den ersten Jahren auf territoriale Erweiterungen statt auf effiziente Erschließung und übernahm sich damit zusätzlich. Denn das notwendige Investitionskapital floß überwiegend in die Bewahrung und «Befriedung» der Gebiete.[4]

Da im Usambaragebiet dennoch lukrative Kaffeeplantagen entstanden, gründete die DOAG 1891 eine «Eisenbahn-Gesellschaft für Deutsch-Ostafrika». An tatendurstigen Ingenieuren fehlte es nicht, dennoch gingen die Arbeiten an der «Kaffeebahn» nur schleppend voran. Erst im Oktober 1894 – zehn Jahre nach dem Beginn der deutschen Kolonialzeit – wurde ein erstes Teilstück von vierzehn Kilometern Strecke fertiggestellt. Die Eisenbahnfrage rückte immer stärker in den Mittelpunkt der kolonialen Diskussionen und wurde sogar zu einem symbolischen Prüfstein für die deutsche Entschlossenheit zur Kolonisation überhaupt. Es blieb aber zunächst bei der Diskrepanz zwischen Theorie und Praxis, was die Kolonialbefürworter zunehmend erboste. Den Kolonialkritikern gab dieser Umstand jedoch immer wieder Nahrung für ihre Einwände, sich überhaupt auf das «koloniale Abenteuer» eingelassen zu haben.

Hinzu kam, daß bald eine Reihe von Unregelmäßigkeiten und höchst anfechtbare Verhaltensweisen der deutschen Kolonisatoren bekannt wurden, vor allem Vergehen gegen die einheimische Bevölkerung. Manche der Soldaten und Verwaltungsbeamten, aber auch Siedler oder Unternehmer glaubten den Afrikanern mit einem ausgeprägt «herrischen» Auftreten begegnen zu müssen. Zum bekanntesten Kolonialskandal wurde der «Fall Peters»: Die Symbolfigur der deutschen Koloniallobby, Carl Peters, hatte seine schwarze Geliebte mitsamt ihrem Liebhaber hängen lassen, was Kolonialgegner nicht nur für seine Absetzung nutzten, sondern auch zu einer Generalabrechnung mit den deutschen Kolonialmethoden.[5] Diese Debatten bezogen sich aber stets auf innenpolitische Konfliktlinien, so daß sie die afrikanischen Zustände selten lebensnah erfaßten.[6]

Kolonialdirektor Paul Kayser bilanzierte 1896 diese Spannungen so: «In zahlreichen kolonialen Kreisen herrscht noch immer der Heroenkult. Jeder, der nach Afrika geht – und wenn auch nur als Schreiber beim Gouvernement –, gilt als Held, der bei Abreise und Ankunft gefeiert wird, und wenige sind so bescheiden, um nicht mit einem fertigen Programm zurückzukehren, wie der Kolonie zum Emporblühen geholfen werden kann, und jedes dieser Programme findet seinen Anhang und öffentliche Vertretung, und aller Zorn richtet sich auf die Leitung, wenn sie nicht sofort zur Ausführung solcher Vorschläge schreitet. Wie viel Kräfte müssen für die Prüfung und Zurückweisung verschwendet werden.»[7] Die mit der Kolonisation betrauten Reichsbehörden sahen sich also gegenüber den vielen wohlfeilen Forderungen oft in der Defensive, erhielten jedoch von Reichstag und Reichsführung vorerst nur wenig Unterstützung. Das änderte sich im Laufe der 1890er Jahre, als mit dem Sturz Bismarcks und der Thronbesteigung Wilhelms II. ein Umschwung zu einer aktiveren «Weltpolitik» erfolgte.

Ein Platz an der Sonne

Die Unzufriedenheit vieler Kolonialenthusiasten mit dem Fortgang deutscher Kolonialpolitik verschärfte sich nach Bismarcks – europäischer Gleichgewichtspolitik geschuldetem – Austausch Sansibars gegen Helgoland im Jahr 1890. Die Kritik an diesem «Geschäft» mit den Engländern leitete eine merkliche Kurskorrektur in Kolonialfragen ein, die zunächst die koloniale Lobby stärkte. Auch wenn der 1891 gegründete «Alldeutsche Verband» – und zuvor schon der ab 1886 wirkende «Allgemeine deutsche Verband zur Förderung überseeischer deutsch-nationaler Interessen» – sich für die Details der kolonialen Erschließung nicht wirklich interessierte, so stellte er doch ein kleines, aber lautstarkes Interessenzentrum des deutschen Imperialismus dar. Er war es, der am nachdrücklichsten auf die Diskrepanzen hinwies, die zwischen der Bedeutung Deutschlands und seinem vermeintlich fehlenden «Ellenbogenraum» bestanden. Die nie mehr als 40 000 Mitglieder, vorwiegend aus dem Adel und dem gehobenen Bürgertum, repräsentierten die wilhelminische Wendung zur Weltpolitik exemplarisch, gerade weil sie nicht auf realpolitischer Klugheit, sondern auf einer übersteigerten Prestigepolitik beruhte. Der Verband vertrat eine völkisch-nationale Gesinnung am klarsten, erhob überall, wo es möglich schien, Forderungen und skizzierte in seinen «Alldeutschen Blättern» alle denkbaren Einflußsphären.[8]

Dies war aus der Perspektive des ausgehenden 19. Jahrhunderts weniger abwegig, als es aus heutiger Sicht erscheinen mag. Denn zu der Zeit, als Deutschland seine ersten Kolonien erwarb, war es nicht nur demographisch die am schnellsten wachsende Kontinentalmacht – zwischen 1871 und 1900 nahm die deutsche Bevölkerung um 15 Millionen auf 56 Millionen zu. Auch wirtschaftlich und wissenschaftlich war, wie schon erwähnt, das Deutsche Reich führend.

Das Humboldtsche Schul- und Universitätssystem galt international als vorbildlich.[9] Nicht nur den Alldeutschen schien es der geschichtliche Augenblick Deutschlands zu sein. In industriellen und technischen Bereichen wurden Menschheitsfortschritte darüber hinaus gern in großzügiger Weise der eigenen Nation zugeschrieben, und es schien, als werde nun alles im Weltmaßstab gewichtet. Überhaupt erlebte der Begriff «Welt» nun eine Konjunktur ohnegleichen, mit einem Mal schien in Deutschland alles mit einem globalen Maßstab gemessen zu werden. Gerade in Deutschland etablierte sich ein ausuferndes weltpolitisches Denken, das jedoch nicht kosmopolitisch orientiert war, sondern fast stets einen fordernden oder hegemonialen Unterton besaß.[10] Bernhard von Bülow, zunächst Staatssekretär im Auswärtigen Amt und später Reichskanzler, brachte dieses deutsche Drängen nach Anerkennung immer wieder auf den Begriff. 1896 sprach er vom «Platz an der Sonne», den Deutsche nun beanspruchen könnten, etwas später davon, Deutschland würde auf der internationalen Bühne entweder «Hammer» oder «Amboß» sein.[11]

In diese präpotente Durchdrungenheit von der eigenen Kraft mischte sich immer wieder die Klage über eine vermeintlich mangelnde Anerkennung der Bedeutung des «Deutschtums» in der Welt durch «das Ausland». Die häßliche Kehrseite des nationalen Stolzes auf das Erreichte war die chauvinistische Mutmaßung, die Konkurrenten – das «neidische England», die «revanchelüsternen Franzosen», die «russische Unkultur» – würden Deutschland seine neu errungene Bedeutung nicht gönnen. Im weltpolitischen Schrifttum der Jahrhundertwende ist diese Unterstellung der Mißgunst allgegenwärtig. Die Vermutung des Zuspät- und möglicherweise auch Zukurz-Gekommenen erzeugte eine spezifisch imperialistische Empfindsamkeit in Fragen der nationalen Ehre. Und es war Kaiser Wilhelm II., der dieses Prestigedenken geradezu personifizierte. Es spornte Deutschland zu mancher Leistung an, erschwerte aber letztlich seine diplomatische Position als Kolonialmacht erheblich.

Obwohl das Zeitalter des Imperialismus eine Aufteilung und Neuordnung der Welt anpeilte und damit die internationale Verflechtung auf eine neue Stufe hob, ging es den beteiligten Ländern stets um die Frage, welchen Anteil die eigene Nation, seine Kultur und Wirtschaft an dem nun unvermeidlich erscheinenden «Globalisierungsprozeß» langfristig haben werde. Die Zukunft spielte in dieser Perspektive die entscheidende Rolle; in der dynamisierten Welt des ausgehenden 19. Jahrhunderts schien eine Politik der gegenwärtigen Genügsamkeit, wie sie Bismarck mit seinem Saturiertheits-Standpunkt vertreten hatte, mit einem Zurückbleiben gleichgesetzt zu werden. «Die ersten Vorbedingungen einer Weltmacht», meinte Arthur Dix 1901, seien «Größe an räumlicher Ausdehnung und Volkszahl, verbunden mit dem kraftvollen Streben nach Erweiterung».[12]

Expansion war also das Gebot der Stunde und wurde etwa vom Geographen Friedrich Ratzel «wissenschaftlich» untermauert. Seine politische Erdkunde erhob die «Raumbewältigung» eines Volkes zum zentralen Kriterium. Nach Ratzels Auffassung entspreche beim Menschen ein «Gesetz der wachsenden Räume» dem Kampf ums Dasein im Tier- und Pflanzenreich. Angesichts der «Unvermehrbarkeit» des Raumes strebe ein Staat naturgemäß nach Ausbreitung und Eroberung, was auch auf das Mißverhältnis zwischen der «Tragfähigkeit des Bodens» und dem Bevölkerungswachstum zurückzuführen sei.[13] Die Kunst der Politik bestehe «zu einem sehr großen Teil darin, die politischen Konflikte aus engen Räumen, wo sie sich wie Geschwüre einfressen, herauszuführen. Darin liegt das Heil, das die Erweiterung der Räume der Welt gebracht hat».[14] Sein Buch «Der Lebensraum» von 1901 half, den Begriff in Deutschland zu popularisieren. Er verknüpfte sich mit der Vorstellung von «jungen», in die Welt hinausstrebenden Völkern im Gegensatz zu «alten», die sich, etwa auf dem Bündnis- oder Vertragswege, immer fester in ihren Grenzen einrichteten. Fast selbstverständlich, daß Ratzel Mitglied des Deutschen Flottenvereins und des Alldeutschen Verbandes war, den er jedoch verließ, seit dieser rassistische Begründungen für die Erweiterung des deutschen Kolonialreiches anführte.[15] Denn biologische oder geographische Determinismen lehnte er ab.

Ähnlich dachten in England Halford Mackinder, in den USA Frederick Jackson Turner, in Frankreich Paul Vidal de la Blanche oder auch der russische Geograph Pjotr Semjonow-Tjan-Schanskij.[16] Sie entwickelten Theoreme, die mit Elementen aus der Geographie, der Statistik, der Völkerkunde, der Soziologie, der Historie, der Psychologie sowie der Biologie und dem Sozialdarwinismus ein Engagement für einen vermeintlich ‹gesunden› nationalen Imperialismus begründeten. Die politische Geographie, später die Geopolitik, wurden zu imperialistischen Begleit- und Leitwissenschaften.[17] Ihre Theorien eines dynamischen Lebensraums erzeugten bei den Nationen, die sich zu einer Expansion ihrer Einflußzonen berufen fühlten, eine durchaus irrationale «Torschlußpanik», die dem imperialistischen Ausgreifen eine zusätzliche Triebkraft verlieh.

Vielen Deutschen und namentlich Wilhelm II. erschien es, als müsse Deutschland, das für einen Landkrieg bereits hochgerüstet war und über eine selbstbewußte Militärkaste verfügte, insbesondere seine Präsenz zur See verstärken, um weltpolitisch nicht ins Hintertreffen zu geraten. Ein amerikanischer Geostratege lieferte hierfür die Begründung: Alfred Thayer Mahans Buch von 1890, «The Influence of Sea Power upon History, 1660 to 1783», machte ihn zum Apostel für eine schlagkräftige Handels- und Kriegsflotte. Indem er die Seemacht als das entscheidende Element für den Großmachtstatus einer Nation beschrieb, beeinflußte er den Aufbau einer amerikanischen Flotte im Wandel vom Isolationismus zum Interventionismus um die Jahrhundertwende nachhaltig. Einen seiner stärksten Bewunderer freilich fand er im deutschen Kaiser: «Ich lese gerade, nein: ich verschlinge Captain Mahans Buch», schrieb dieser 1894, «und ich versuche es auswendig zu lernen. Es ist ein erstrangiges Buch und in jeder Hinsicht klassisch. Auf all meinen Schiffen ist ein Exemplar vorhanden und meine Offiziere und Kapitäne machen fleißig davon Gebrauch.»[18] Damit war in erster Linie Alfred von Tirpitz gemeint, der spätere Staatssekretär im Reichsmarineamt und Begründer der deutschen Flottenmacht. Sein Plan zur maritimen Aufrüstung setzte auf technologisch avancierte Schlachtschiffe in einem Umfang und mit einer Ausrüstung, die England ein für allemal das Risiko eines Angriffs auf deutsche Schiffe verleiden sollte. Mit einem relevanten Druckmittel in der Hinterhand wollte Deutschland nun endlich weltpolitisches Selbstvertrauen und «Seegeltung» demonstrieren.

Das Verhältnis von Land- und Seemacht war in der deutschen Politik spätestens seit Friedrich List und der Frankfurter Nationalversammlung von 1848 umstritten: Soll Deutschland sich lediglich als wichtigste kontinentale Macht in Europa etablieren, oder soll es auf die Weltmeere ausgreifen und Kolonialpolitik betreiben? Wie war «Seemacht» überhaupt zu definieren? Trotz seiner Prägung als

Kontinentalpolitiker hatte sich Bismarck zwar auf den Erwerb und Schutz deutscher Kolonien eingelassen, aber dennoch darauf beharrt, daß es sich bei Deutschland vornehmlich um eine Landmacht handle. Der «Navalismus» Wilhelms II. hatte jedoch Weltbewegenderes im Sinn als die konkurrierenden Konzepte der Saturiertheit oder der kontinentalen Hegemonie, die vor allem vom deutschen Heer verfolgt wurden. Als in einer berühmten Karikatur der «Lotse» Bismarck 1890 von Bord ging, war dies ein treffendes Bild für ein Land, das nun auf die turbulente See der Weltpolitik hinausstach, um seinen Platz an der Sonne zu suchen.[19]

Arrondierungen

Exotischer als Afrika und noch abhängiger von einer schützenden Flotte waren die Kolonien, die Deutschland im Südpazifik erwarb. Sie wurden vor allem durch Hamburger Handelshäuser als Stützpunkte genutzt. War das Schutzersuchen für Samoa 1880 noch abgewiesen worden, wurden 1884/85 im Zuge der afrikanischen «Erwerbungen» auch bereits Teile der Südsee unter deutschen Schutz gestellt. «Deutsch-Neuguinea» umfaßte dabei nicht nur den nordöstlichen Teil der namengebenden Insel, die «Kaiser-Wilhelms-Land» genannt wurde, sondern auch weitere Südseeinseln, darunter den «Bismarck-Archipel», der sich wiederum hauptsächlich aus den drei Inseln «Neu-Pommern», «Neu-Mecklenburg» und «Neu-Hannover» sowie den «Admiralitätsinseln» zusammensetzte. Etwas später kamen noch die Salomon-Inseln hinzu. 1899 konnte nach einem Kräftemessen mit den Amerikanern und den Briten schließlich Samoa unter deutschen Schutz gestellt werden. Unter Gouverneur Wilhelm Solf wurde gerade diese Insel zum vielleicht bedeutendsten deutschen Stützpunkt in der Südsee. Von den Spaniern erwarb man ebenfalls kurz vor der Jahrhundertwende die Inselgruppen der Karolinen und Marianen, Palau und einige weitere kleine Inseln. 1906 kamen die Marshall-Inseln hinzu, so daß ein Großteil des heutigen Mikronesiens unter deutscher Verwaltung stand. Auf den insgesamt etwa 250000 Quadratkilometer umfassenden Gebieten lebten keine tausend Weiße bei immerhin rund 420000 «Eingeborenen».[20]

Die Südseeinseln waren wirtschaftlich von geringer Bedeutung. Sie boten Kokospalmen, Kopra und Phosphate, eigneten sich aber kaum zur Anlage größerer Plantagen, schon wegen des Mangels an Arbeitskräften, die von der Neuguinea-Kompagnie zum Teil aus Malaysia und China angeworben wurden. Über die Einwohner wußte man noch weniger als über die Afrikaner, ein bedeutsamer Teil der deutschen Kolonisation lag für diese Gebiete darin, anthropologische Feldforschungen anzustoßen.[21] Der Gründer «Deutsch-Neuguineas», Otto Finsch, war selbst ein Forschungsreisender. Ferne und Exotik der Südsee besaßen zwar einen hohen Phantasiewert für die koloniale Imagination, doch stellten gerade diese Eigenschaften für nüchterner kalkulierende Kolonialpolitiker die Inseln immer wieder zur Disposition. Denn das einigermaßen wahllos und zufällig erworbene deutsche Kolonialreich war nicht nur Objekt geopolitischer Erweiterungswünsche, sondern immer wieder Plänen ausgesetzt, es «sinnvoll» zusammenzufassen. Obwohl die Gefahr groß war, als «vaterländischer» Defätist gebrandmarkt zu werden, gab es nicht wenige Hinweise darauf, daß es lukrativer wäre, sich etwa auf ein zusammenhängendes Kolonialgebiet in Afrika zu konzentrieren.

Das deutsche Südsee-Abenteuer endete 1914 denn auch relativ sang- und klanglos. Auf den Marianen wurden später von Archäologen lediglich noch «drei Treppenstufen und ein paar Bierflaschen» gefunden, die auf die frühere Präsenz von Deutschen schließen ließen.[22] Anders auf der Insel Palau, die einst von Gottfried Benn besungen, von Emil Nolde und Max Pechstein gemalt und von dem Anthropologen Augustin Krämer beschrieben worden war: «Die Deutschen entwickelten vor allem die Infrastruktur», erinnert man sich dort bis heute. Vielleicht noch bezeichnender ist, daß das Wort ‹Amt› einer der wenigen deutschen Begriffe ist, die in der Sprache der Palauaner überdauert haben.[23] Vor allem aber haben die Deutschen der Insel eine Affenplage hinterlassen: Kolonialingenieure hatten zur Überprüfung des Sauerstoffgehalts von Phosphatgruben einige Makakenaffen eingeführt, von denen einige entkamen und den Palauanern zu einem fortgesetzten Ärgernis wurden.[24]

Auch in China weisen bis heute Spuren auf ein vorübergehendes deutsches Engagement hin. Die 1898 von den Deutschen gepachtete Provinz Kiautschou mit der Hafenstadt Tsingtau wurde von der Reichsmarine sogar in kurzer Frist zu einer «Musterkolonie» ausgebaut, die sich als ein «Laboratorium» moderner Verwaltung verstand.[25] Das Gebiet schien, wie Ferdinand von Richthofen dies schon 1882 Bismarck empfohlen hatte, nicht nur zu einem «deutschen Hongkong», sondern zu einer «Eingangspforte» nach China insgesamt werden zu können. Dafür hatten die Deutschen zugleich Bergwerks- und Eisenbahnrechte in Schantung erworben. Den von den Opium-Kriegen und der Auseinandersetzung mit Japan geschwächten und allseits bedrängten Chinesen waren solche Konzessionen vergleichsweise leicht abzuringen. England, Frankreich und Rußland gelang zur gleichen Zeit und auf ähnliche Weise die Etablierung von «Brückenköpfen» im «Reich der Mitte», das zugleich von den USA zu einer «offenen Tür» für industrielle und Kapitalinvestitionen aller Art genötigt wurde.

Das Beispiel Chinas zeigt noch einmal die bisweilen verwirrende Nähe von Gemeinsamkeit und Konkurrenz zwischen den Imperialisten. Beobachtete man die Aktivitäten anderer Kolonialnationen meist mit der ängstlichen Unterstellung eines maßlosen Sendungsbewußtseins, wurden diese Rivalitäten rasch vergessen, sobald sich die europäischen Kolonisatoren von außen herausgefordert und die «weißen Männer» – später hieß es zunehmend: die «weiße Rasse» – insgesamt in Frage gestellt sahen. Dies schien im Jahr 1900 beim «Boxeraufstand» der Fall zu sein. Die Angriffe eines chinesischen Geheimbundes gegen die eindringenden Ausländer veranlaßten diese zu koordinierten «Strafaktionen».[26] Deutschland fühlte sich durch die Ermordung seines Gesandten Klemens von Ketteler besonders herausgefordert. Als am 27. Juli 1900 in Wilhelmshaven ein Kontingent Soldaten nach China eingeschifft wurde, hielt Wilhelm II. eine Ansprache, die als «Hunnenrede» unmittelbar berüchtigt wurde: «Ihr sollt fechten gegen eine gut bewaffnete Macht, aber Ihr sollt auch rächen, nicht nur den Tod des Gesandten, sondern auch vieler Deutscher und Europäer. Kommt Ihr vor den Feind, so wird er geschlagen, Pardon wird nicht gegeben; Gefangene nicht gemacht. Wer Euch in die Hände fällt, sei in Eurer Hand. Wie vor tausend Jahren die Hunnen unter ihrem König Etzel sich einen Namen gemacht, der sie noch jetzt in der Überlieferung gewaltig erscheinen läßt, so möge der Name Deutschland in China in einer solchen Weise bekannt werden, daß niemals wieder ein Chinese es wagt, etwa einen Deutschen auch nur scheel anzusehen.»[27]

Erneut präsentierte sich hier der Kaiser mit weit ausholenden Analogien aus der Geschichte und einem Geltungswillen, der auch

Wohlwollende befremdete. Die vom Presseamt vergeblich abgemilderte Rede wurde den Deutschen noch im Ersten Weltkrieg entgegengehalten, obwohl sie am Ausgang des chinesischen Konfliktes keinen entscheidenden Anteil besaßen. Wie bei der sogenannten Krügerdepesche, mit der der Kaiser 1896 den südafrikanischen Buren seine Sympathie gegenüber den Engländern bekundet hatte, schienen die Deutschen hier ihre nationalen Ambitionen über die Gemeinsamkeit der Imperialmächte zu stellen. Zwar boten diese Ansätze zur Uneinigkeit bis zum Ersten Weltkrieg für die Kolonisierten in der Regel keine Handhabe, unter den Kolonisatoren Zwietracht zu schüren, doch wurde es bis 1914 immer aufwendiger, militärische Konflikte unter den Kolonialmächten zu vermeiden.

Dies zeigte sich insbesondere im Verlauf der beiden Marokko-Krisen, an denen Deutschland beteiligt war. Sie beruhten auf konkurrierenden Versuchen, in dem nordwestafrikanischen Land mehr als nur handelspolitischen Einfluß zu nehmen. Die Deutschen fühlten sich vor allem von Frankreich herausgefordert, verstärkten ihr Engagement – unter anderem besuchte Wilhelm II. im März 1905 den regierenden Sultan in Tanger – und vermochten 1906 auf der Konferenz von Algeciras den selbständigen Status von Marokko vorerst zu wahren. Die Umstände des Abkommens offenbarten aber einmal mehr deutschen Starrsinn, und weil seine Ergebnisse zudem von Frankreich kaum beachtet wurden, begannen deutsche Diplomaten, sich zunehmend «eingekreist» zu fühlen. Die Franzosen hatten in der Zwischenzeit mit den Engländern die sogenannte Entente cordiale gebildet, die sich später zusätzlich auf Rußland erstreckte. Als deutsche Handelsinteressen erneut behindert wurden und Frankreich sich auch militärisch engagierte, kam es 1911 zur zweiten Marokko-Krise. Im Juli 1911 kreuzte vor der marokkanischen Küste demonstrativ das deutsche Kanonenboot «Panther», um die «deutschen Interessen» zu schützen. Hierfür hatten deutsche Geschäftsleute einen Hilferuf fingiert. Dieser berüchtigte «Panthersprung» nach Agadir löste eine heftige alldeutsche Propaganda aus. Sie gipfelte in dem Pamphlet «Westmarokko deutsch!», in dem der Verbandsvorsitzende Heinrich Class allen deutschen Konkurrenten offen versicherte: «Wer uns heute dazu hilft, in Marokko ein Siedlungsgebiet für unseren Bevölkerungs-Überschuß zu bereiten und auszubauen, schafft die sicherste Gewähr dafür, daß in absehbarer Zeit die Welt vom deutschen Volke keinen Angriffskrieg zu befürchten hat.»[28] Die Pressekampagne wurde von der deutschen Regierung offenbar gezielt geschürt, um mit «Säbelrasseln» und dem, was als «Kanonenboot-Politik» zum Synonym für außenpolitische Drohgebärden wurde, möglichst viel Gewinn für Deutschland herauszuschlagen. Als Ergebnis langwieriger Verhandlungen konnte Staatssekretär Alfred von Kiderlen-Wächter von den Franzosen schließlich das Gebiet Neu-Kamerun als Kompensationsobjekt von immerhin 280 000 Quadratkilometern Größe hinzugewinnen. Die Aktion löste in Deutschland erneut Spekulationen über ein zusammenhängendes deutsches Mittelafrika aus, denn der Marokko-Kongo-Vertrag schien die deutschen Kolonien – bislang mindestens 1500 Kilometer voneinander entfernt – einander vor allem verkehrspolitisch näher gebracht zu haben. Weitergehende Erwartungen wurden damit geschürt.

«Kolonisation der Erhaltungsmittel»

Auf dem ersten deutschen Kolonialkongreß 1902 wertete der Bonner Professor Ferdinand Wohltmann die ersten 18 Jahre der deutschen Kolonialzeit «gleichsam als die phantasiereichen sorglosen Flitterwochen, die ein jedes lebensfrische Paar und ein lebensfrohes Volk, das glücklich Kolonien heimführt, durchmachen muß». Nach seiner Auffassung lag die Zukunft der Kolonien «mehr in der Dichte und Kaufkraft der eingeborenen Bevölkerung, als in Pflanzungsanlagen».[29] Hier deutete sich ein Umschwung an, der sich um die Jahrhundertwende bei fast allen Kolonialmächten vollzog: Eine «Inwertsetzung» der Kolonien schien der einzige Weg, um zu verhindern, daß sie auf Dauer ein Zuschußgeschäft bleiben würden.

Die Erwartung, daß sich deutsche Auswanderer in den deutschen Kolonien ansiedelten, um ihre fortwährende «Entdeutschung» zu verhindern, erfüllte sich aber schon deshalb nicht, weil Deutschland ab den 1880er Jahren von einem Auswanderer- zu einem Einwandererland wurde. Somit hielten sich in Deutsch-Südwestafrika vor dem Ersten Weltkrieg nicht mehr als 15 000 «Weiße» auf (nicht alle davon waren Deutsche), in Deutsch-Ostafrika rund 5000, in Kamerun 2000 und in Togo 500. Und dies war nicht eben eine Auslese der Besten. In den Siedlergesellschaften und im Verwaltungspersonal hielten sich oft Rückstände von ansonsten überlebten, spätfeudalen Verhaltensweisen, die sich auch und gerade in der Eingeborenenpolitik niederschlugen.[30] Und gerade die Siedlerfrauen, die nur mit großen Schwierigkeiten angeworben werden konnten – in Deutsch-Südwestafrika waren nie mehr als 3000 Frauen anwesend –, sahen sich oft als strikte Wahrerinnen von Tradition und «Deutschtum».[31]

Die «Eingeborenen» wiederum, über die man anfangs ebensowenig wußte wie über das Territorium, wurden als Eigentümer ihres Landes bestenfalls geringgeschätzt. Die Behauptung, daß sie aus den ihnen anvertrauten Räumen und Ressourcen nichts machten, was auch nur entfernt an die produktive Arbeit und Wertschöpfung der Europäer erinnerte, schien Grund genug, sie zu enteignen. Gegen die meist unfairen und oft gewaltsamen Methoden der Kolonisatoren, sie zurückzudrängen und sie ihrer Lebensgrundlagen zu berauben, hatten die Afrikaner allen Grund, Widerstand zu leisten. Sie taten dies auch fortgesetzt, aber meist erfolglos, denn die Kämpfe wurden gegen die Deutschen, die oft in überaus empfindsamer und aggressiver Weise reagierten, mit ungleichen Waffen geführt. Neben einer Vertreibung blieb als Alternative die langsame Anpassung an europäische Arbeit, Geldwirtschaft und stationäre Lebensweise. Entgegen der Erwartung der Kolonisatoren führte dies jedoch zu einer umfassenden Entwurzelung der traditionellen afrikanischen Gesellschaften. Akademische Gedanken über eine Hebung ihres Kulturniveaus erreichten die «Eingeborenen» im wesentlichen als Arbeitszwang. Ihre eigene Kultur, ihr Wirtschafts- und Ökosystem gerieten durch die Eingriffe der Kolonisatoren nachhaltig aus der Balance, auch wenn die Situation der Afrikaner vor der Ankunft der Kolonisatoren ganz sicher nicht als konfliktfrei beschrieben werden kann. Der Wandel, mit dem sie nun als künftige Subjekte von Markt und Staat entdeckt und einer «Menschenökonomie» unterworfen wurden, übte zusätzlichen Druck auf sie aus. Sie zu einer Arbeit anzuhalten, die dem europäischen Ethos der Produktivität entsprach, schien in den Augen der Kolonialisten jedoch ihre «Proletarisierung» zu verhindern und sie aus ihrem scheinbaren Zustand der «Faulheit» zu erlösen.[32] Umstritten blieb, ob man diese Arbeitsleistung am besten über eine Besteuerung, die Weckung von Bedürfnissen oder durch Zwang erwirken konnte. Die deutschen Kolonien experimentierten mit unterschiedlichen Formen der Arbeitserziehung, zumal sich die Afrikaner selten freiwillig auf regelmäßige Lohnarbeit einließen.[33] Da sich die Erwartungen an eine massenhafte Auswanderung deutscher Siedler in die Kolonien aber nicht erfüllten, blieb man auf die einheimischen Arbeitskräfte angewiesen.

Am 15. Juli 1902 beleuchtete die «Deutsche Zeitung» am Beispiel Deutsch-Ostafrikas den vermuteten Zusammenhang zwischen Steuereinnahmen, Arbeitsleistung, Konsum, Sicherheit und Infrastruktur: «Sobald Eisenbahn-Verbindungen aus dem Innern zur Küste hergestellt sind, kann die Steuererhebung nicht nur räumlich weiter und weiter ausgedehnt werden, sondern die Steuerschraube kann auch fester angezogen werden. Statt drei Rupien Hüttensteuer können ohne jede Schwierigkeit sechs Rupien von der Familie erhoben werden, da mit der Möglichkeit des Absatzes der Wert der Arbeit ins Vielfache steigt, und der Neger die Bedeutung wirtschaftlicher Vorteile außerordentlich schnell erfaßt. Derart werden sich die Einnahmen der Kolonie von Jahr zu Jahr heben und die geringe Garantiesumme für den Bahnbau mit Leichtigkeit decken.» Auch die Schutztruppe profitiere von der Eisenbahn, sie werde dadurch mobiler und könne zugleich reduziert werden. Doch die Bahnbauten kamen nur schleppend voran, erst 1894 wurde ein Teilstück der sogenannten Usambarabahn eröffnet. Die Eisenbahnfrage dominierte während der ganzen zweiten Hälfte der deutschen Kolonialzeit vor 1914 die Debatten über eine notwendige Entwicklung der eroberten Gebiete.

Tatsächlich nahm das Deutsche Reich seit Mitte der 1890er Jahre die deutschen Kolonien schrittweise ernster. Die Berliner Kolonialverwaltung wurde aufgewertet, ein Kolonialdirektor eingesetzt, ein Kolonialrat gebildet, Gouverneure und Verwaltungspersonal an eine kürzere Leine genommen. Um die Jahrhundertwende entstand eine Reihe von Einrichtungen, die sich der Erforschung und Entwicklung der deutschen Kolonien annahmen, darunter das 1896 gegründete «Kolonialwirtschaftliche Komitee», das vor allem agrarische Grundlagenforschung betrieb. Im Mai 1891 wurde in Dahlem eine «Botanische Zentralstelle für die Kolonien» eingerichtet, ab 1899 wurden in der «Deutschen Kolonialschule» bei Witzenhausen «Kulturpioniere» ausgebildet. In Hamburg entstand 1900 das Institut für Schiffs- und Tropenkrankheiten, 1902 folgte das Biologisch-Landwirtschaftliche Institut Amani in Deutsch-Ostafrika, um nur einige zu nennen. Alle Kolonialmächte waren nun davon überzeugt, daß Imperien nicht mehr primär durch Kraft und Willen, sondern vielmehr durch wissenschaftliche Information zu festigen seien.[34]

Die Kenntnisse über die «eingeborenen Subjekte» gingen nun zwar über bloße Stereotypen hinaus, waren aber weiterhin «Herrschaftswissen» im Dienste des kolonisatorischen Projekts. Die Deutschen blickten auf ihre «wissenschaftlichen» Kolonisationsmethoden mit besonderem Stolz, dessen Berechtigung von den kolonialen Konkurrenten vor 1914 durchaus anerkannt wurde. Kritik richtete sich aber darauf, daß noch immer «zu viel in Theorie und zu wenig in Praxis gemacht» werde und man die Erkenntnisse mit einer schematischen Gründlichkeit auf die Schutzgebiete übertrug.[35]

Nach wie vor versandeten viele gutgemeinte Ansätze der kolonialen Behörden im Gewirr unklarer Zuständigkeiten und einer unflexiblen Bürokratie. Der «Assessorismus» mancher Kolonialbeamten wurde in Deutschland geradezu sprichwörtlich. Der «Bureaukratismus», klagte 1906 Wilhelm Hübbe-Schleiden, könne «wohl Beamten-Paradiese schaffen, aber keine Kolonien». Jede kleinste Lappalie in den Kolonien werde vom Berliner Rechnungshof geprüft.[36] Grundsätzliche Auffassungen über das Wesen des Politischen (großzügige *Gestaltung* vs. genaue *Verwaltung*) standen sich hier ebenso gegenüber wie unterschiedliche Temperamente und Persönlichkeitsstrukturen der Handelnden. Schon war in Deutschland von «Kolonialmüdigkeit» die Rede, wurden die afrikanischen Kolonien als unergiebige «Sandbüchsen» verspottet. Nicht wenige wollten «den ganzen Rummel» sogar wieder loswerden.

Der Durchbruch zu einer neuen Kolonialpolitik vollzog sich erst nach einer Reihe blutiger Erhebungen. Wegen der schärferen Gangart bei der Erschließung brachen 1904/05 sowohl in Deutsch-Südwest – als auch in Deutsch-Ostafrika langanhaltende Aufstände der «Eingeborenen» aus. Dabei spielten offenbar nicht eingelöste Zusagen an nomadisierende Völker eine Rolle, ihre Lebensgrundlagen nicht über Gebühr einzuschränken. Die Herero und Nama in Südwestafrika wehrten sich mit strategischem Geschick gegen die deutsche Kolonialmacht, die hierauf – wie auf den nahezu zeitgleichen Maji-Maji-Aufstand in Deutsch-Ostafrika – mit beispielloser Härte reagierte.[37] Das Deutsche Reich sah sich durch die Aufstände fundamental herausgefordert. Die moderaten Stimmen um Gouverneur Theodor Leutwein, die auf dem Erhalt der «schwarzen» Arbeitskraft wie auch der Sachwerte bestanden, konnten sich nicht durchsetzen. General Lothar von Trotha, der die Schutztruppen in Deutsch-Südwestafrika befehligte, spekulierte offenbar auf eine «rein weiße» Kolonie. Sein aggressiver Feldzug enthielt manche Aspekte der späteren Praxis einer Eroberung von «Lebensraum» im europäischen Osten. So wurde er als «Rasse»– und «Vernichtungskrieg» bezeichnet und enthielt bereits das Abschieben in lebensfeindliche Gegenden, die Vernichtung der Nahrungsgrundlagen, die unterschiedslosen Exekutionen oder die bürokratisierte Tötung durch Vernachlässigung in den Lagern. Mit guten Gründen kann also bereits von einem versuchten Genozid gesprochen werden.[38]

Die Kriege bescherten den Kolonien im Deutschen Reich zum ersten Mal wirkliche Aufmerksamkeit. Der entrichtete «Blutzoll» – gemeint waren die getöteten deutschen Siedler und Soldaten – ließ kein Zurück zu einer halbherzigen Kolonialpolitik zu. 1907 wurde zu einem Wendejahr. Nach der sogenannten «Hottentottenwahl», die im Reichstag eine kolonialfreundliche Mehrheit schuf, führte der neue Kolonialstaatssekretär Bernhard Dernburg ein modernisiertes koloniales Management ein. Nicht mehr nur Kritiker wie Matthias Erzberger, der noch 1906 eine vernichtende «Kolonial-Bilanz» vorgelegt hatte, befaßten sich eingehend mit den Kolonien.[39] Auch die Ökonomen Karl Helfferich, Moritz Julius Bonn und Walther Rathenau unterbreiteten Vorschläge für eine «Sanierung» des deutschen Kolonialprojekts. Für kurze Zeit unterstützte das Reich den Infrastrukturausbau, der sich auf Eisenbahnen konzentrierte. Dernburg sprach von einer «Kolonisation der Erhaltungsmittel».[40] Seine Politik einer «Hebung der Eingeborenenkultur» wertete die Afrikaner nun als wirtschaftliches «Aktivum». Die rechtlosen «Wilden» wurden damit zu erziehbaren «Untertanen».

Von diesem Zugeständnis ihrer Entwicklungsfähigkeit setzten sich freilich rassisch-biologische Auffassungen ab, die in den Farbigen das unveränderlich «Andere» erblickten. «Herrenmenschen» wie Carl Peters waren von der schleichenden Aufwertung des «Negers» befremdet, da dieser doch eine «Sklavennatur» sei, der nur ein «männlicher selbstbewußter Wille» imponiere.[41] Die allmähliche Angleichung der zivilisatorischen Niveaus zwischen Schwarzen und Weißen brachte also auch eine immer ausgeprägtere Unterscheidung nach rassistischen Kriterien mit sich. Die Frage, inwieweit sich Weiße überhaupt in den Tropen akklimatisieren können, sowie das sogenannte «Mischehen»-Problem beherrschten nun die medizinischen, ethnologischen und juristischen Debatten.[42] Paul Rohrbach, zeitweise «Ansiedlungskommissar» in Deutsch-Südwest, meinte, unter dem Einfluß farbiger Konkubinen ginge den Ansiedlern «jedes Gefühl für Sitte, Kultur, gesellschaftliche Ordnung und nationale Würde» verloren, sie seien letztlich «verkaffert».[43] Hier schien nur eine strenge rassische Segregation zu helfen. Und der Tropenarzt Ludwig Külz wies sogar auf den «kontraselektorischen Einfluß» hin, den die Weißenherrschaft mit ihren Kultursegnungen in Afrika bewirke.[44]

Immerhin wurden die afrikanischen Arbeitskräfte in der Folge besser behandelt. Um 1913 waren in den deutschen Kolonien ca. 150 000 Afrikaner getauft, und 120 000 lernten bereits in deutschen Schulen. Auch wurden bis 1914 in den deutsch kontrollierten Gebieten etwa 3754 Kilometer Eisenbahngleise gelegt. Gerade deshalb blieb die Kolonialpolitik letztlich ein unrentables Zuschußgeschäft, lediglich Togo und Samoa trugen sich finanziell annähernd selbst. Schätzungen zufolge wurden von der Gründung bis zum Ausbruch des Krieges 646 Millionen Reichsmark für die afrikanischen Kolonien aufgewandt. Die begrenzte Einfuhr an Sisal, Baumwolle, Kaffee, Erdnüssen, Kopra oder Bananen war auf dem Weltmarkt später leicht zu kompensieren. Der Anteil der deutschen Kolonien am deutschen Außenhandel ging kurz vor dem Krieg sogar wieder etwas zurück.[45] Mit Britisch-Indien beispielsweise hatte Deutschland stets mehr gehandelt als mit den eigenen Kolonien.[46] In dieser Bilanz war durchaus ein «Grundmuster» des europäischen Kolonialismus zu erkennen: «Die ‹öffentlichen Hände› übernehmen mehr oder weniger notgedrungen die Infrastrukturkosten, ohne unmittelbar entsprechenden Gewinn aus den Kolonien zu ziehen, das heißt, für die meisten Staatskassen war Kolonialherrschaft defizitär, was die deutschen Sozialdemokraten der Regierung im Reichstag oft genug vorgehalten haben. Hingegen haben ‹private Hände› immer wieder satte Gewinne aus Kolonialgeschäften eingestrichen, so daß bis zuletzt von Regierungsseite immer wieder Anläufe unternommen wurden, um diese eigentlichen Gewinner auch für die Unkosten der Kolonialherrschaft aufkommen zu lassen.»[47]

Die Segnungen der Zivilisation

Die Spannung zwischen privatem und öffentlichem Engagement macht es zusätzlich problematisch, den Imperialismus eindeutig bestimmten Akteuren zuzuordnen. So gehört etwa im Bereich der

Wirtschaft «imperialistisches» Verhalten zum durchaus üblichen Geschäftsgebahren. Die Imperialismuskritik hat deshalb die Suche nach Markt- und Anlagemöglichkeiten und den Kapitalexport der bürgerlichen Privatwirtschaft immer wieder ins Zentrum ihrer Auseinandersetzungen gerückt. Schon 1848 hieß es im Kommunistischen Manifest: «Das Bedürfnis nach einem stets ausgedehnteren Absatz für ihre Produkte jagt die Bourgeoisie über die ganze Erdkugel. Überall muß sie sich einnisten, überall anbauen, überall Verbindungen herstellen.»[48] Lenin sollte später definieren: «Der Imperialismus ist der Kapitalismus auf jener Entwicklungsstufe, wo die Herrschaft der Monopole und des Finanzkapitals sich herausbildet, der Kapitalexport hervorragende Bedeutung gewonnen, die Aufteilung der Welt durch die internationalen Trusts begonnen hat und die Aufteilung des gesamten Territoriums der Erde durch die größten kapitalistischen Länder abgeschlossen ist.»[49]

Dennoch blieb der Imperialismus selbst aus ökonomischer Sicht ambivalent: Die Wirtschaftsgeschichte des 19. Jahrhunderts hat Wellenbewegungen zwischen stärker freihändlerischen und stärker protektionistischen Phasen festgestellt. Bei näherem Betrachten erweist sich jedoch, daß selbst in der Epoche der freihändlerischen Weltwirtschaft in der Mitte des 19. Jahrhunderts immer wieder «Wirtschaftsnationalismen» durchschlugen, die nach staatlicher Protektion verlangten.[50] Zugleich hat die Imperialismusforschung die Vorstellung, daß der Freihandel an imperialistischer Expansion desinteressierter gewesen sei, stark relativiert. Unter dem Deckmantel des freien Zugangs zu Auslandsmärkten wurde, etwa von den Briten, vielmehr weiterhin ein durchaus effizienter «Imperialismus» betrieben: «Auf informelle Weise wenn möglich, durch formelle Annektion wenn nötig, wurde die britische Vorherrschaft beständig aufrechterhalten.»[51] So richtete sich der Blick der Forschung auf ein größeres Spektrum von Erschließungs- und Durchdringungsmethoden, mit denen eine imperiale Abhängigkeit zwischen Wirtschaftsräumen erzeugt wurde. Hierzu zählten vor allem Freihandels- und Freundschaftsverträge, großzügige Investitionen, die Ausnutzung technologischer Vorteile und infrastrukturelle Angebote, namentlich des Eisenbahnbaus, wie dies etwa in China der Fall war. Der «Eisenbahnimperialismus» besaß Entsprechungen in maritimen Stützpunkten, Kanalbauten oder Telegraphenkabeln.[52] «Der Zug ist meine rechte Hand und der Telegraph meine Stimme», hatte etwa der britische Kolonialpionier Cecil Rhodes formuliert, dessen kühner Plan einer durchgehenden afrikanischen Eisenbahnverbindung vom Kap bis nach Kairo die Vorstellungskraft aller «Weltmächte» beflügelte, aber auch deren Nervosität erregte. Die Lokomotive war vom britischen Premierminister Lord Salisbury sogar einmal als das Hauptwerkzeug des Imperialismus bezeichnet worden.[53]

Der Koloniallobbyist Wilhelm Hübbe-Schleiden argumentierte schon 1881, es gelte vor allem, international die eigenen nationalen Standards zu setzen: «Diejenige Macht, von welcher die Volksmassen wirthschaftlich abhängig sind, wird auf die Dauer auch den Nationaltypus derselben beeinflussen und wird schliesslich für deren Lebensanschauungen, Rechtsbegriffe und Sprache entscheidend sein.»[54] Daraus entstand eine ungemein wachsame geostrategische Aufmerksamkeit für die «Hochstraßen des Weltwirtschaftsverkehrs». Unter den Vorzeichen des globalisierten Bewußtseins wurde die Erschließung von Räumen – und damit auch der Zugriff auf Ressourcen – zu einer Angelegenheit des nationalen Interesses, wenn nicht der nationalen Selbstbehauptung. Nach dem Vorbild der großen Heldentaten des Weltverkehrs, den transkontinentalen Eisenbahnlinien der USA oder dem Bau des Suez-Kanals – beide im Jahr 1869 vollendet –, wurde gerade um die Wende ins 20. Jahrhundert über zahlreiche, zum Teil phantastisch anmutende Projekte nachgedacht. Der Publizist Arthur Dix hielt sie jedoch für «wohldurchdachte Pläne», sie bildeten «ein fest gefügtes System, das sich in der Zukunft vielleicht ebenso siegreich erweisen wird wie die erste, so denkwürdige Eisenbahnkarte Friedrich List's für Deutschland [...]. Die sibirische Bahn und die Bagdadbahn machen den bedeutsamen Anfang mit der Erschließung Asiens für den Weltverkehr. Der Karren rollt – kein Menschenarm wird ihn dauernd aufhalten.»[55]

Die sich derart zwingend ausbreitenden «Segnungen der Zivilisation» setzten sich nach und nach an die Stelle des Missionsgebots der christlichen Heilsbotschaft, das in der ersten Phase des europäischen Kolonialismus zwischen dem 15. und 18. Jahrhundert die Rolle der zentralen Legitimation für Expansionen gespielt hatte. Die Missionen blieben auch in dieser Phase wichtige Pioniere und Brückenköpfe der europäischen Kultur, wenn sich auch eine konfessionelle Rivalität zunehmend bemerkbar machte. Missionen verstanden sich meist als Moderatoren zwischen den Einheimischen und den Kolonisatoren sowie als «Anwälte der Eingeborenen».[56] Doch obwohl sie bisweilen heftige Kritik an den Kolonialmethoden übten, stimmten sie letztlich den Zielen der Kolonisatoren, vor allem einer «Erziehung zur Arbeit», durchaus zu. Unter kulturellem Pionierdienst verstanden sie den mit Kreuz, Schulbuch und Bajonett geführten Kampf gegen Branntweinhandel, Polygamie und Fetischismus. Zur Durchsetzung des Schulbesuchs waren sie nicht selten verführt, den weltlichen Arm, also etwa die Prügelstrafe, einzusetzen. Ähnlich zwiespältig war die Rolle der Medizin. Sie verstand die «Negerkultivierung» ebenfalls als eine Heranführung der «eingeborenen» Bevölkerung an kontinuierliche harte Arbeit. Im übrigen war sie davon absorbiert, die von den Kolonialisten importierten Krankheiten, etwa Tuberkulose oder Geschlechtskrankheiten, einzudämmen.[57]

Doch wurde immer weniger von christlicher Bekehrung als vielmehr von den materiellen und kulturellen «Wohltaten» der Europäer gesprochen, welche die Welt unaufhaltsam eroberten. Gerade auf dem Feld der technischen und infrastrukturellen Vernetzung wird deutlich, wie nah sich imperialistische und internationalistische Tendenzen bei der *mission civilisatrice* sein konnten. Der Unterschied lag zum einen in der Auffassung über den Weg: Der Imperialismus ging hier von Kampf statt von Kooperation aus, und das bedeutete im Extremfall: Krieg statt Diplomatie. Zum anderen waren imperialistische Modelle einer zukünftigen Weltordnung solche der Ungleichheit, in denen Nationen, Völker, Rassen oder Großräume Kerne der Dominanz über weniger hochstehende, weniger entwickelte, weniger machtvolle Gebiete und Völker bildeten.[58]

Kulturimperialismus

Dies führt neben der Wirtschaft zu einem weiteren Bereich, der in dieser Weise als «imperialistisch» beschrieben werden *kann*, aber nicht unbedingt *muß*: die Ausbreitung einer nationalen Sprache und Kultur. Den besonderen Leistungen der Deutschen auf kulturellen Gebieten haftete im 19. Jahrhundert etwas Kompensatorisches für die fehlende politische Macht an. Während der langen und verzögerten Nationsbildung hatte sich ein besonderes Kulturstaatsbewußtsein herausgebildet, das nach 1871 die vollzogene Reichseinigung als «Menschheitstat» wertete und den Deutschen nun eine weltgeschichtliche Rolle zusprach – eine im Zeitalter des Nationalismus nicht ungewöhnliche Interpretation.[59] Denn das Sendungs- und Erschließungsbewußtsein, das als «manifest destiny» etwa auch die Amerikaner bei ihrer kontinentalen Westwanderung begleitete, gehörte zur Ideologie des expansionistischen Impulses. In völkischen Kreisen Deutschlands wurde es später sogar anthropologisiert, indem der «arisch-germanischen Rasse» ein besonderes Schöpfertum zugesprochen wurde. Folglich wurde bei zahllosen Gelegenheiten auf die kulturellen und wissenschaftlichen Leistungen Deutscher hingewiesen: auf Gutenberg, auf die nahezu unvermeidlichen Dichterfürsten Goethe und Schiller, auf die Musiker Händel, Bach und Beethoven, auf die Mediziner Theophrast von Hohenheim, Ignaz Semmelweis, Robert Koch und Konrad Röntgen.

Die imperialistische Note dieser Verweise bestand darin, daß ihre Leistungen für die Weltkultur in einem Maße betont wurden, das den berechtigten Nationalstolz weit überstieg und zur Begründung von Ansprüchen diente. Mit ähnlich triumphalem Unterton wurde vermerkt, wenn sich deutsche Lehnwörter, also «Germanismen», in fremden Sprachen etablierten. Umgekehrt wurde die sprachliche Assimilation deutscher Auswanderer als stärkste Gefährdung des Auslandsdeutschtums angesehen. Diesem «Nationalitätsverlust» wollte etwa der Allgemeine Deutsche Schulverein einen «Weltkampf des Deutschtums» entgegensetzen. Er forcierte die These vom kulturbringenden und -schaffenden Deutschen, der fremde Territorien urbar und damit potentiell zu deutschem «Kulturboden» gemacht habe. Nach der Jahrhundertwende sollte er mehr als dreißig Millionen «Volksdeutsche» dazurechnen.[60] Das Konzept der «Kulturnation» hatte die Vorstellung zur Folge, daß ein konzentriertes und organisiertes Auftreten des «Grenz- und Auslandsdeutschtums» gerade dann eine «schleichende Germanisierung» mit sich brächte, wenn es von Leistungen in Wissenschaft, Wirtschaft und Technik begleitet werde. Der deutsche «Kulturimperialismus» verfolgte mit einer Förderung kultureller Aktivitäten in fremden Ländern die Hoffnung, daß sie auf lange Sicht die Bestrebungen der imperialistischen Konkurrenten untergraben und sich daneben materiell oder politisch bezahlt machen würden.[61] Auch die auswärtige Kulturpolitik gehörte dazu, die in ihrem «friedlichen Imperialismus» einmal mehr zwischen defensiver «Behauptung» und aggressiver Kulturoffensive changierte, seine Mission jedoch vor allem darin sah, die reiche Vielfalt an Kulturen im Sinne eines friedlichen Wettbewerbs zu wahren.[62]

Ihre endgültige Form – und eine einprägsame Formel – fand der deutsche Kulturimperialismus der Vorkriegszeit, der sich um einen überzeugenden «Weltgedanken» bemühte, im Buch des Publizisten Paul Rohrbach «Der deutsche Gedanke in der Welt», von dem zwischen 1912 und 1920 über 200 000 Exemplare abgesetzt wurden.[63] Im Anschluß an den Nationalliberalen Friedrich Naumann, der innere Reformen des Kaiserreichs an äußere Expansionserfolge band, wurde darin die Forderung nach einem «größeren Deutschland» erhoben: Aufgrund seiner weit ausgreifenden Handelsaktivitäten, seiner technischen und Ingenieurleistungen sowie seiner kulturellen Hervorbringungen müsse Deutschland notwendig eine imperialistische Politik betreiben. Dabei komme es nicht unbedingt auf «weitere direkte Angliederungen im Westen, Osten oder Süden» an. Vielmehr verstand Rohrbach darunter «einen maßgebenden moralischen und materiellen Anteil Deutschlands an der Weltwirtschaft und Weltkultur», und er forderte, «daß dieser Anteil den Ansprüchen angemessen sein soll, die wir auf Grund unserer ökonomischen und geistigen Leistungen zu erheben berechtigt sind».[64] Die Deutschen seien ein «Weltvolk», dessen Ziel sein müsse, «unter Verzicht auf die kriegerische Unterwerfung fremder Länder und Völker einstweilen die uns zugänglichen Gebiete der Welt mit dem kulturellen Gehalt unseres Volksgedankens zu durchtränken. Vor allem müssen das natürlich diejenigen Teile der Welt sein, die jetzt unter dem Einfluß des modernen Verkehrs in kulturelle Umwandlungsprozesse eintreten. Auf diesem Wege muß sich die deutsche nationale Idee gleich der angelsächsischen zu einer wahrhaft weltgestaltenden Macht entwickeln und auch aus Deutschland in moralischer wie in materieller Beziehung ein Mutterland der zukünftigen Weltkultur machen.»[65] Die Strategie einer «moralischen Eroberung» zielte vornehmlich auf eine Beeinflussung der «Führer» eines Landes, der «Gebildeten». Daher setzte sich Rohrbach verstärkt für die Gründung von Schulen und Hochschulen, etwa in China oder der Türkei, ein. Dieser kooperative «ethische Imperialismus» wurde zu einer bestimmenden Variante des deutschen Expansionsstrebens. Es konnte offensiv, aber zu gegebener Zeit, etwa gegen Ende des Ersten Weltkriegs, auch defensiv als Berufung auf «allgemeine Menschheitsziele» auftreten, um die deutsche Selbstbehauptung in der Niederlage zu begründen.

Bagdadbahnpolitik

Vor dem Ersten Weltkrieg entsprach die «Bagdadbahnpolitik» dem «ethischen Imperialismus» am meisten. Der Bau einer durchgehenden Eisenbahn, die von Berlin bis Bagdad reichen sollte, ist unzweideutig als «imperiale Infrastruktur» geplant und als das «wohl bedeutendste Unternehmen deutscher ‹Weltpolitik› überhaupt» wahrgenommen worden.[66] Der aufwendigste Versuch einer «friedlichen Durchdringung» jenseits einer offenen Kolonisation stellte eine offene deutsche Herausforderung an die Transsahara- und Kap-Kairo-Pläne der Franzosen und Engländer in Afrika dar. Auch der Zusammenhang mit den amerikanischen Transkontinentalbahnen sowie der Transsibirischen Eisenbahn war offensichtlich: Den Deutschen war der Bau einer solchen «Hochstraße des Weltverkehrs» – mit Ausnahme des heimischen Kaiser-Wilhelm-Kanals – bislang nicht gelungen. Die geplante Eisenbahnlinie verlief durch das Gebiet des untergehenden Osmanischen Reiches und stieß damit in ein Machtvakuum vor. Die alldeutsche «Welt am Montag» schrieb daher am 21. November 1898 erwartungsvoll: «Wir helfen den Türken, Eisenbahnen und Häfen anzulegen. Wir suchen, eine Industrie bei ihnen zu erwecken. Wir stützen sie mit unserem Kredit. Wir liefern ihnen Schiffe und Kanonen [...]. Wir leihen ihnen deutsche Beamte und deutsche Militärs, die die höchsten Stellen in der Zivil- und Militärverwaltung besetzen [...]. Der ‹kranke Mann› [am Bosporus, v. L.] wird gesund gemacht, so gründlich kuriert, daß er, wenn er aus dem Gesundheitsschlaf aufwacht, nicht mehr zum Wiedererkennen ist. Man möchte meinen, er sehe ordentlich blond, blauäugig germanisch aus. Durch unsere liebende Umarmung haben wir ihm soviel deutsche Säfte einfiltriert, daß er kaum noch von einem Deutschen zu unterscheiden ist.» So plastisch fand man die Tentakel des Fortschritts, aber auch die Wirkung der Infrastruktur als «trojanisches Pferd» des nationalen Einflusses nur selten beschrieben. Dabei war das Unternehmen zunächst als ein multinationales gedacht. Franzosen, Briten und Russen wurden an den

Planungen anfangs beteiligt, sie zogen sich jedoch auch in Reaktion auf die Marokkokrisen immer stärker aus dem Unternehmen zurück.[67]

Der Bahnbau schloß an die Transbalkanbahn und die Anatolische Bahn an. Auf Initiative von Sultan Abdul Hamid II. setzte ein deutsch-französisches Konsortium die Bahn zunächst bis Angora (Ankara) und bis Konia fort. Dabei versprach das Osmanische Reich nicht nur staatliche Rentabilitätsgarantien, sondern auch Konzessionen für die Nutzung von Bodenschätzen beiderseits der Bahntrasse. Öffentliche Arbeiten wie Bahnhofs-, Hafen-, Straßen-, Krankenhaus- oder Schulbauten sowie für Energie-, Bewässerungs- und Kommunikationseinrichtungen schlossen sich daran an. Nun sollte die Bahn bis Bagdad fortgeführt werden. Deutschland schien dem Sultan zu dieser Zeit noch imperial unbelastet genug und daher besonders geeignet für den Bau. Zudem hatten bereits mehrere deutsche Militärberater ihren Einfluß am Bosporus geltend gemacht, darunter von 1883 bis 1896 Generaloberst Colmar von der Goltz als Leiter des militärischen Erziehungswesens. Doch der Bahnbau entwickelte sich immer mehr zu einem Prestigeprojekt. Die Orientreisen Wilhelms II. im November 1889, mehr noch im Oktober/November 1898, offenbarten die deutschen Interessen in der Türkei unmißverständlich. Denn in der Person des Kaisers bündelten sich «sowohl das religiöse, biblisch-archäologische und wissenschaftliche Interesse seiner Zeit am Heiligen Land als auch die vielfältigen Morgenlandsehnsüchte und alldeutschen Nahostträumereien wie in einem Brennspiegel».[68] Eine ausufernde Publizistik äußerte sich ebenso explizit: «Die ungehinderte Durchführung der Baghdad-Bahn bis ans Persermeer allein wird zeigen, ob Deutschland seinem Cultur-Wollen auch thatsächlich Weltgeltung zu verschaffen weiß, und ob es dieser wahren Kraftprobe seiner Weltmachtstellung gewachsen sein wird, freie Bahn zu schaffen zur Ausübung wohlerworbener deutscher Rechte, für deutschen Unternehmungsgeist und deutsche Arbeit auf jedem Punkte der Erde!»[69]

Dennoch bemühte sich die mit den Verhandlungen beauftragte Deutsche Bank zunächst darum, englische, französische und russische Teilhaber zu gewinnen, denn die Bahn durchzog die imperialen Interessensphären eben dieser Mächte. Auch rechneten die Deutschen mit britischen Postaufträgen für die Bahn, ohne die sie nur eingeschränkt rentabel hätte betrieben werden können. Die beabsichtigte «Internationalisierung» mißlang jedoch. England entwickelte sich vielmehr zum Hauptgegner des Bahnbaus und sah in Deutschland einen gefährlichen Konkurrenten auf dem Weg nach Indien, der die Suezkanal-Zone und den Persischen Golf als «Tor nach Indien» für sich reklamierte. Der Weiterbau stockte mehrfach, fertiggestellt wurde inzwischen jedoch die seit 1900 projektierte und 1908 abgeschlossene Hedschasbahn. Der deutsche Ingenieur Heinrich August Meißner hatte den 1308 Kilometer langen Bahnbau von Damaskus über Medina bis nach Mekka erfolgreich organisiert und überwiegend mit deutschem Material ausgeführt.[70]

Obwohl die Deutschen den Engländern in Aussicht stellten, die Bagdadbahn nicht über Basra hinaus zu bauen, blieb sie eine strategische Herausforderung für die konkurrierenden Mächte. Die deutsche Publizistik erging sich derweil in Spekulationen darüber, welch hochsymbolischer Gewinn der Bahnbau für Deutschland darstellte. Unter dem Schlagwort «Berlin-Bagdad» hofften deutsche Weltpolitiker, das Land unter neuen Vorzeichen zu früherer Größe zurückzuführen.[71] Autoren wie Carl Anton Schaefer versetzten sich geradezu in eine Art Geschichtstrance: «1898, genau 400 Jahre nach der Entdeckung des Seeweges nach Indien, die den Orient in Todesschlaf versetzte, war für Deutschland der Augenblick gekommen, wo es dem Weltgeist näher stand als sonst und eine Frage frei hatte an das Schicksal, eine Frage, die das Suchen nach dem Landweg zum Indischen Ozean und die Möglichkeit der Wiedererweckung des Orients bedeutete.»[72]

Bei diesen Beschwörungen wirkte sich zweifellos der Mythos der archäologischen Entdeckungen Schliemanns, Humanns und Dörpfelds aus.[73] Die Vertreter einer «friedlichen Durchdringung» sahen den Bahnbau unmittelbar gefolgt von deutschen Schulen, der deutschen Sprache und medizinischer Versorgung in der Türkei. Und weil auch die Gewinnaussichten ungleich klarer erschienen, engagierte sich die deutsche Wirtschaft in der Türkei sehr viel stärker als in Afrika. Wilhelm II. sprach von einer «Pforte in die Welt, jenes Ausgangstor für deutsche Arbeit und Industrie, das auf kolonialpolitischem Gebiete vorerst nicht zu erreichen gewesen war».[74] Die Erwartungen erfüllten sich jedoch nicht. Noch vor dem Ersten Weltkrieg zeigten die Briten zunehmendes Interesse für die mesopotamischen Ölvorkommen, wodurch die Region einen verstärkten strategischen Rang einnahm. Damit wurde eine neue Runde im weltweiten Rohstoffkarussell eingeläutet, die während der nächsten Jahrzehnte dem Orient eine überaus prominente Bedeutung verlieh. Mit dem Krieg endete der Bahnbau, der zu seinem Ausbruch seinen Teil beigetragen hatte. 1932 nationalisierte der neugegründete Staat Irak die auf seinem Gebiet liegenden Streckenabschnitte. Ab 1936 wurde die Strecke bis Bagdad fortgeführt und im Juli 1940, 36 Jahre nach Baubeginn, fertiggestellt. Zu dieser Zeit hatte die Bagdadbahn freilich jede strategische, politische und wirtschaftliche Bedeutung bereits weitgehend verloren.

Krieg der Illusionen

Schon vor dem Ersten Weltkrieg war der deutsche Imperialismus von überschießenden Illusionen unterfüttert, die kaum noch auf realistischen Annahmen deutscher Stärke basierten. Bismarcks Warnungen vor den «Fehlern unserer Kolonial-Jingos, deren Begehrlichkeiten viel größer sind als unser Bedürfnis und unsere Verdauungsfähigkeit», schienen nur allzu berechtigt.[75] Von einer «imperialen Überdehnung», die große Imperien in der Geschichte des öfteren heimsucht, konnte im Falle Deutschlands aber allenfalls auf der Phantasie- und Planungsebene die Rede sein.[76] Auch wenn es zu hoch gegriffen sein mag, von einem «Griff nach der Weltmacht» im wörtlichen Sinn zu sprechen, so steht doch fest, daß das «nervöse» Reich im Zentrum Europas maßgeblich zur Unruhe beitrug, die den katastrophalen Krieg auslöste. Zum imperialistischen Denkstil gehörte diese Nervosität und Reizbarkeit dazu, die sich zur Empfindung einer «Einkreisung» durch eine «Welt von Feinden» verdichtete.[77]

Als prominentester Agent der illusionären Überdehnung des deutschen Imperialismus ist vor allem der deutsche Kaiser auszumachen. Wilhelm II. verband preußisch-militärische Gesinnung mit romantischer Phantasterei. Wenn sein tatsächlicher Einfluß auf die Vorgeschichte des Ersten Weltkrieges auch immer wieder überschätzt wurde, so ist das bei seiner symbolischen Bedeutung, die mit ausschlaggebend für das weltweite Image der Deutschen war, schwer möglich. Renommiersucht und nationale Empfindsamkeit spiegelten sich in seinem Wesen, seine bisweilen unbedarfte Geschwätzigkeit und diplomatische Taktlosigkeit brachten die Reichsregierung wiederholt in Verlegenheit. Obwohl er dynastisch europaweit bestens aufgestellt war, um «Pomp und Politik» miteinander zu verbinden und zu deutschem Vorteil ausschlagen zu lassen, schuf er von Mal zu Mal Mißtrauen, namentlich durch seine Flottenbegeisterung und das Ansinnen, es England auf möglichst allen Gebieten gleichzutun.[78] Nach der «Daily Telegraph-Affäre», die sich im Gefolge eines anmaßenden Interviews des Kaisers entwickelte, klagte der Publizist Maximilian Harden am 21. Oktober 1908: «Warum ist Deutschland, das trotz seiner Kraft in dieser Zeit keinem auch nur das winzigste Stück genommen hat, vereinsamt und ringsum verhaßt? Weil es sich von dem unsteten Willen eines Kaisers leiten ließ, der keinen Blutstropfen eines Staatsmannes in sich hat. Neun Zehntel aller Schwierigkeiten, die das Reich hemmen, hat die persönliche Politik dieses Kaisers bewirkt. Sie zu enden, ehe von ihr, wie Bismarcks trüber Blick ahnte, das Reich zerstört ward, ist nationale Pflicht.»[79]

Freilich repräsentierte der Kaiser lediglich nach außen, was die imperialistischen und kolonialistischen Interessenverbände an expansiven Programmen entwarfen. Die Alldeutschen, der Deutsche Flottenverein, der Deutsche Kolonialverein und die Deutsche Kolonialgesellschaft – diese und andere Agitationsinstanzen deutscher «Weltgeltung» sahen ihre Aufgabe zunächst darin, die – bürgerliche – Öffentlichkeit in Deutschland für ihre Anliegen zu gewinnen. Auf ihren Veranstaltungen und in ihren Veröffentlichungen äußerte sich der imperialistische Denkstil gänzlich unverblümt und oft so maßstabsverzerrt, wie man es einer «Agitation» glaubte schuldig zu sein. Die Wirkung auf Kritiker des Imperialismus und auf ausländische Konkurrenten war um so nachhaltiger, als sich zugleich in zahllosen Kriegervereinen eine militaristische Mentalität äußerte, die auch die «kleinen Leute» erfassen konnte.[80] Militärische und wirtschaftliche Exponenten des Deutschen Reiches wiederum dachten weit vor Ausbruch des Krieges in oft fahrlässiger Weise über das Führen von «Präventivkriegen» oder die Strategie eines «kalkulierten Risikos» nach. Der Plan des Generalfeldmarschalls Alfred von Schlieffen aus dem Jahr 1905, der – auf Kosten der belgischen Neutralität – eine rasche Überrumpelung Frankreichs vorsah, um einem Zweifrontenkrieg gegen Rußland zuvorzukommen, spiegelte diese geistige Mobilmachung des Militärs beispielhaft wider.

Darüber hinaus fand sich ein «Bündnis der Eliten» des Kaiserreichs zusammen, das längst überfällige politische und soziale

Reformen zu verhindern suchte. Gerade bei diesen Teilen der reichsdeutschen Gesellschaft – die im bezeichnenden Wort Thomas Manns vom «General Dr. von Staat» eingefangen waren – erschien ein Krieg zunehmend denkbar, führbar und gewinnbar, um aus den Sackgassen herauszukommen, in die sich das Deutsche Kaiserreich außen- wie innenpolitisch hineinmanövriert hatte. Dagegen stand eine moderatere Fraktion «liberaler Imperialisten», die militärische Mittel nach Möglichkeit vermeiden wollte und sich eher als Juniorpartner Englands definierte. Sie setzte weiterhin auf flexible Einflußnahme und imperiale Kompensationsgeschäfte. In einer einflußreichen Schrift mit dem Titel «Deutsche Weltpolitik und kein Krieg!» wurden 1913 die Verhandlungsziele der moderaten Erschließungs-Imperialisten kurz vor Ausbruch des Ersten Weltkriegs beispielhaft skizziert. Eine militärische Intervention wurde darin sowohl für den Orient als auch für Zentralafrika abgelehnt. Die moderne Kolonialpolitik lehre, so der anonyme Autor, ein Redakteur der «Kölnischen Zeitung», daß man sich Interessensphären erst auf diplomatischem Wege sichern müsse, um diese anschließend wirtschaftlich zu durchdringen.[81]

Als der Krieg ausbrach, deutete Arthur Dix ihn unmittelbar als Ausdruck einer ökonomischen Konkurrenz, weil er unter den imperialistischen Großmächten letztlich um Positionen in der Weltwirtschaft und um die Zugänge im Weltverkehr geführt werde: «Imperialismus ist Weltmachtwille, das Streben der Weltmächte, sich auszuwachsen und gemäß den Bedürfnissen ihres Volkstums, ihrer Volkswirtschaft, nach Maßgabe der vorhandenen Kräfte den Anteil an der Weltmacht und am Weltmarkt auszubauen und zu festigen. [...] So sind denn auch die Weltkriege nicht nur Waffenkriege, sondern Weltwirtschaftskriege. [...] Wurden in alten Zeiten Waffenkriege geführt um den Futterplatz im engsten Sinne, so dienen sie heute dem Kampfe um den Weltmarktanteil im weitesten Sinne.»[82] Dies war freilich nur *eine* Stellungnahme im «Krieg der Geister», der den Waffengang unmittelbar zu einer welthistorischen Entscheidung zwischen deutscher «Kultur» und westlicher «Zivilisation» aufwertete. Mäßigende oder vermittelnde Stimmen waren nach dem Ausbruch des Konfliktes immer weniger zu vernehmen – es scheint, als sei mit dem Krieg auch «ausgebrochen», was sich in bürgerlichen Kreisen an Ungewißheiten und Zivilisationskritik seit dem *Fin de Siècle* angestaut hatte.[83]

Selbst das noch vergleichsweise moderate «Septemberprogramm» des deutschen Reichskanzlers Theobald von Bethmann Hollweg atmete den unbedingten Wunsch nach europäisch-kontinentaler Hegemonie der Deutschen und skizzierte damit, was ein Großteil der Deutschen für überfällig hielt. Es beabsichtigte eine dauerhafte Einschränkung der französischen und russischen Großmachtstellung, aber auch territoriale Expansionen auf Kosten Belgiens bis zum Atlantik und zu den nordfranzösischen Erzbecken. Zudem verfolgte es die ökonomische Vorherrschaft Deutschlands in Europa.[84] Zu einer der einflußreichsten – weil schlagwortfähigen – Zielvorgaben in dieser Richtung avancierte 1915 das Buch «Mitteleuropa» von Friedrich Naumann. Darin entwarf er noch einmal den seit langem diskutierten mitteleuropäischen Wirtschaftsverbund, der als Kernstaaten Deutschland sowie Österreich-Ungarn vorsah. In einer zweiten Stufe empfahl Naumann, die Niederlande, Belgien, die Schweiz, Serbien, Montenegro, Bulgarien und Rumänien anzugliedern.[85]

Diese Kriegsziele waren das mindeste, was die meisten Deutschen sich von diesem Krieg erhofften – und sich darüber hinaus wohl auch zutrauten. Im Bewußtsein solcher Möglichkeiten wurde der Krieg mit allen zur Verfügung stehenden oder mobilisierbaren Ressourcen an Technik und Menschen bis zum bitteren Ende geführt. Darüber hinaus gab es eine Fülle weiterer Zielvorgaben, die in Reden, Pamphleten und Denkschriften ausgeführt und weiter ausgestaltet wurden. Manches davon mögen sogenannte Winter-Dossiers gewesen sein, also Planungen als Ausdruck eines leerlaufenden Aktivismus, der um so stärker wurde, je weniger Bewegung sich im Kriegsverlauf niederschlug. Die Eroberungspläne reichten schließlich im Westen bis Nordostfrankreich und im Osten von Finnland bis zur Ukraine und zum Kaukasus. Daneben wurde neben Mittelafrika vornehmlich Südosteuropa bis Kleinasien als ökonomisches und strategisches Einflußgebiet gefordert. Erneut taten sich die Alldeutschen mit ihrem fordernden Ton hervor. Die Ultranationalisten erwarteten vom Krieg nichts weniger als eine «Neuordnung Europas», für sie bedeutete er den endgültigen Durchbruch des Kampfes als Lebensprinzip. Jeglicher «nationalistische Universalismus», der das Zeitalter des Imperialismus geprägt hatte, schien nun in einen «universalistischen Nationalismus» umzuschlagen, der nicht mehr bereit war, auch die Rechte des Gegners anzuerkennen. Alle völkischen, rassischen und lebensräumlichen Begründungen für eine Expansion fügten sich bei den Chauvinisten nicht mehr nur zu Ansprüchen, sondern wurden zum Bestandteil eines «Kampfes ums Dasein» mit einem tödlichen «Feind».

Es brauchen die Kriegsereignisse hier nicht im einzelnen nacherzählt zu werden.[86] Im Westen rannte sich, nach dem Überfall auf Belgien, die Front rasch fest und veränderte sich bis 1918 kaum noch. Doch wurde sie – gerade deshalb – zu einem Experimentierfeld für immer scheußlichere Arten der Kriegführung und der Kriegstechnologie. Mit Gas, Flugzeugen, Artillerie und Tanks wurde versucht, die Patt-Situation zu durchbrechen, im Ergebnis jedoch lediglich ein wechselseitiges Hochrüsten in Gang gesetzt, das zur Indienstnahme aller verfügbaren Ressourcen zwang und so einen annähernd «totalen» Krieg herbeiführte. Demgegenüber schienen die Ereignisse in Afrika und im Pazifik von peripherer Bedeutung zu sein. Seit Bismarck war man in Deutschland überzeugt, daß im Falle eines europäischen Krieges die Kolonien in Europa verteidigt werden müßten. Besondere Vorkehrungen für den Verteidigungsfall waren nicht getroffen worden, und es mochte zudem erstaunen, daß die schlagkräftige deutsche Flotte nichts zum Schutz der Kolonien unternahm. Namentlich die Briten drangen aus strategischen Gründen in die deutschen Schutzgebiete ein, vorrangig zur Absicherung ihrer maritimen Verbindungswege.[87] Für die rasche Eroberung deutscher Kolonialgebiete war letztlich jedoch ein «Subimperialismus» der britischen Dominions in Afrika selbst ausschlaggebend. Sie witterten ihre Chance, durch die Verdrängung eines lästigen Konkurrenten ihre Sicherheitsinteressen auf vergleichsweise leichtem Wege zu befriedigen.[88]

Dennoch waren die Kriegsgegner allgemein erstaunt über den nachhaltigen Widerstand der Deutschen in einigen Kolonien. *Togo* mit seinen anwesenden 350 Deutschen fiel den «Feindtruppen» freilich unmittelbar in die Hände. *Kiautschou* mußte nach einem Monat Belagerung den Japanern preisgegeben werden, ebenso Mikronesien. *Deutsch-Neuguinea* ging zeitgleich in die Verwaltung der Briten, der Australier und der Neuseeländer über, *Südwestafrika* wurde im Frühjahr 1915 von südafrikanischen Truppen unter General Jan-Christian Smuts eingenommen, während *Kamerun* sich mit ca. 700 Mann der Schutztruppe und 7000 afrikanischen Soldaten in Teilen sogar bis 1916 halten konnte. Legendär jedoch und damit zentral für jede weitere deutsche Bezugnahme auf die afrikanischen Kolonien wurde die geschickte Guerillataktik des Schutztruppenführers Paul von Lettow-Vorbeck in *Deutsch-Ostafrika*, der, unterstützt vom letzten Gouverneur Heinrich Schnee, erst unmittelbar nach dem Ende des Krieges 1918 seine Waffen streckte. Zuvor bewegte er sich mit einer etwa 5000 Mann starken Schutztruppenabteilung vorwiegend schwarzer Askari im Zickzackkurs durch Ostafrika, zog dabei von Kenia bis Mozambique und band letztlich nicht weniger als 130 000 feindliche Soldaten.

Mit der Tatsache des Verlustes der Kolonien fanden sich viele Deutsche nicht ab, schon gar nicht die Kolonialen. Sie erwarteten, daß ein Sieg in Europa erneut Spielräume für koloniale Kompensationen eröffnen würde. Parallel zur Vorstellung eines deutsch dominierten Mitteleuropa wurden daher Spekulationen über ein deutsches Mittelafrika genährt. Der Kolonialgeograph Hans Meyer versuchte noch 1916, dem Eindruck entgegenzutreten, daß solche Ziele mit der Zeit immer unwahrscheinlicher wurden: «Es besteht leider in Deutschland, und sogar in nationalen Kreisen, eine starke Strömung gegen ‹den unsicheren Besitz in fremden Erdteilen›, wogegen man die höchsten Erwartungen auf das neu geöffnete mitteleuropäisch-balkanisch-kleinasiatische Wirtschaftsgebiet, den sogenannten kontinentalen Wirtschaftsblock ‹Berlin-Bagdad›, setzt, der die höchsten Möglichkeiten wirtschaftlicher Autarkie in sich trage und von Englands Seegewalt nicht berührt werde. Andere Kreise wollen, daß Deutschland zunächst in diesem Kriege sich einen festen Stand in Europa sichere, von dem aus später die Erwerbung von Kolonien mit stärkeren Machtmitteln durchgeführt werden könne. Beides ein gefährlicher Irrtum, der unserer deutschen Weltgeltung verhängnisvoll werden müßte.» Denn ein mitteleuropäischer Wirtschaftsblock werfe erst nach Jahrzehnten, wenn überhaupt, Gewinne ab und könne Deutschland nicht mit Kolonialwaren beliefern. Selbst Friedrich Naumann, so Meyer weiter, hielte eine deutsche Kolonialpolitik nicht für überflüssig.[89] Doch weil Meyer zugestehen mußte, daß sich der zerstreute deutsche Kolonialbesitz vor der Notwendigkeit zu einer Anspannung aller Kräfte in Europa kaum noch rechtfertigen ließ, gab er mehr oder weniger offen nicht nur die Südseekolonien preis, sondern im Sinne einer Konzentration der kolonisierenden Kräfte implizit auch Togo und Deutsch-Südwestafrika. Dagegen waren in seinen Ausführungen die flandrische Küste sowie Belgisch-Kongo bereits fest als deutsche Besitzungen verbucht.

Wurde bis zur Mitte des Krieges in Deutschland noch eine vergleichsweise moderate Kriegszieldebatte geführt, so bekamen die Befürworter eines umstandslosen Annexionismus seit Mitte 1917, als Bethmann Hollweg aus der Reichsleitung ausgeschieden war, Auftrieb. Nun übernahm die Oberste Heeresleitung praktisch die Regierungsgewalt, leitete einen unbegrenzten U-Boot-Krieg ein und zog so die USA mit in den Krieg. Im letzten Kriegsdrittel wurden in zahlreichen Dossiers gleichzeitig eine deutsche Vorherrschaft in Mitteleuropa, eine Ausweitung in den Osten *und* ein mittelafrikanisches Reich gefordert. Selbst in der SPD gab es bis in den Herbst 1918 hinein Forderungen nach einem erweiterten deutschen Anteil an Afrika.[90] Emil Zimmermann etwa sah im Jahr 1917 «Das deutsche Kaiserreich Mittelafrika als Grundlage einer neuen deutschen Weltpolitik».[91] Mitteleuropa und Mittelafrika erschienen hier als analoge Objekte der Konzentration und «Frontbegradigung», in denen die Idee eines Großwirtschaftsraums enthalten war. In einem jener hochfahrend-pangermanischen Pamphlete, die mit Territorien wie Spielsteinen hantierten, argumentierte der Vorsitzende der «Alldeutschen», Heinrich Class, noch 1917 ganz in wilhelminischer Manier über die beabsichtigte wirtschaftliche Unabhängigkeit Deutschlands: «Um das zu erreichen, werden wir uns von den unterlegenen Feinden die Kolonialgebiete abtreten lassen, die diesen beiden Zwecken dienen – wir werden dabei auf einen Schlag nachholen, was wir bisher bei der Teilung der Erde versäumt haben.»[92]

Ein «deutscher Osten»?

Dieser Rhetorik ging freilich ein fortgeschrittener Realitätsverlust voraus. Selbst die radikalsten unter den Kolonialen spürten, daß mit dem Ersten Weltkrieg die Epoche des Imperialismus an ihren Scheitelpunkt gelangt war und bloße Forderungen nach einem imperialen Anteil keinesfalls mehr genügten, um eine koloniale Betätigung zu begründen. Elemente des künftigen Kolonialrevisionimus zeichneten sich ab: Stellten vor allem die Engländer bereits die kolonisatorischen Fähigkeiten der Deutschen in Frage und bedienten sich hierbei vermeintlich gewichtiger Stimmen aus Deutschland selbst, etwa der Äußerungen von Matthias Erzberger oder Moritz

Julius Bonn aus der Vorkriegszeit, so hielten die Deutschen mit vermeintlich anerkennenden Stimmen Nichtdeutscher über deutsche Kolonisationsleistungen dagegen.[93] Zu den Verkehrungen des Krieges gehörte es denn auch, daß die «Feindpropaganda» Bilder von Kolonial-Greueln auf den jeweiligen Gegner anwandte, um ihn als echten «Barbaren» erscheinen zu lassen.[94]

Die mit der «liberalen» Kolonialpolitik verbundenen Vorstellungen einer ökonomischen Durchdringung, einer friedlichen Koexistenz, eines zivilisatorischen Wettbewerbs und der gegenseitigen Befruchtung schienen demgegenüber «abgewirtschaftet» zu haben. Statt dessen traten zunehmend Raumbilder der Arrondierung und Vereinheitlichung, der gewachsenen und natürlichen Arbeitsteilung und der möglichst weitgehenden Homogenisierung an ihre Stelle. Die in Deutschland gelegentlich sogar offen vorgebrachten Behauptungen eines «Endes des kolonialpolitischen Zeitalters» wollten viele jedoch vorerst nicht gelten lassen.[95] Vielmehr versuchten die moderaten Stimmen auch im Krieg, an die Gemeinsamkeiten der Kolonialnationen zu appellieren: «Die Zukunft gehört der Gemeinschaft der Weltvölker, denn die Starken haben sich in der Regel gut vertragen», hieß es 1918 bei Adolf Grabowsky, der den Imperialismus damit als globale Oligarchie der Besten und Kräftigsten definierte.[96] Wie stark sich dabei weltpolitische Schulmeinungen gegenüberstanden, verdeutlichte der ehemalige Ingenieur bei der Bagdadbahn, Karl Hermann Müller, der einen «Streit zwischen Kolonialpolitik und Kontinentalpolitik, zwischen Überseehandel und Mitteleuropa, [...] zwischen den von Rohrbach und den von Naumann vertretenen politischen Zielen» beklagte, der in Wirklichkeit gar nicht vorhanden sei. Vielmehr handele es sich um eine «Verschiebung des Schwerpunktes der Weltwirtschaft von Westen nach dem Osten».[97]

Tatsächlich hatte sich neben der südlichen Expansionsrichtung nach Afrika und Übersee sowie der südöstlichen Richtung über den Balkan in den Vorderen Orient auch der europäische Osten im ausgehenden 19. Jahrhundert bereits als drittes potentielles Kolonisationsfeld etabliert. Die in Deutschland seit der Jahrhundertwende verstärkt saisonal arbeitenden oder zuwandernden Polen lösten zwar bei manchen Deutschen «Überfremdungs»-Reflexe aus. Gerade deshalb sollten Gebiete, die dereinst von Deutschen besiedelt und «fruchtbar» gemacht worden waren, in den Augen mancher

«Ostlandreiter» erneut als deutscher «Volks- und Kulturboden» deklariert und zurückgewonnen werden. Im Gegensatz zur Westfront wurden ab Herbst 1914 an den Ostgrenzen des Deutschen Reiches auch durchaus territoriale Erfolge erzielt. Weite Teile des Baltikums, Weißrußlands und der Ukraine wurden von deutschen Soldaten besetzt und ansatzweise bereits als künftiger deutscher Siedlungsraum erschlossen. Generalstabschef Erich Ludendorff befürwortete sogar weitere Annexionen bis zum Ural. Die «Kulturmission» über die vermeintlich auf weit niedrigerer Kulturhöhe stehenden Völker des Ostens erstreckte sich zunächst auf infrastrukturelle Maßnahmen und Kulturprogramme, die den Menschen in den besetzten Gebieten die Überlegenheit deutscher Ordnung, Disziplin und Arbeit demonstrieren sollten.

In der deutschen Kriegszielpolitik zeichnete sich für den Osten bereits eine spezifisch «völkische» Komponente ab: Nach den Plänen deutscher Diskutanten sollten Russen, Polen, die polnischen und baltischen Juden deportiert werden, um die östlichen Gebiete erneut deutsch besiedeln zu können. Zugleich prägten die militärischen Erfolge den deutschen Blick auf diese Länder und ihre Bewohner nachhaltig. Der im März 1918 unterzeichnete – und nur wenige Monate gültige – Frieden von Brest-Litowsk brachte den Deutschen zwar letztlich nur vorübergehend Geländegewinne, nährte aber noch einmal die Illusion, daß das Gesetz des Handelns auf ihrer Seite liege. Bei den westlichen Alliierten dagegen steigerte der deutsche Diktatfrieden eher den Willen zur Abwehr. Für die Deutschen besaß der Krieg im Osten jedoch eine Langzeitwirkung: Erstmals seit Jahrhunderten wurde der europäische Ostraum bis nach Rußland hinein wieder als Expansionsgebiet erfahren. Die ersten, noch sehr oberflächlichen und vom imperialistischen Denkstil verzeichneten Eindrücke prägten fortan das deutsche Bild des Ostens als potentiellen deutschen «Lebensraum» – und eine andere, radikalere Art der Kolonisierung. Sie ließen in Deutschland die Vorstellung eines chaotischen Ostens, welcher der «deutschen Arbeit» bedarf, als Vermächtnis zurück.[98] Diese deutsche *frontier* wollten viele Soldaten auch nach 1918 nicht aufgeben und setzten den Krieg im Baltikum als Freikorps auf eigene Faust fort. Wen es dagegen in Deutschland gar nicht mehr hielt, der verdingte sich fortan in der französischen Fremdenlegion – eine Möglichkeit, die Tausende deutscher Männer wahrnahmen.[99]

IV. 1918 bis 1933: Protest und Sammlung

Kriegsfolgen

Es wäre sicher falsch zu glauben, daß die umfassende Niederlage im Ersten Weltkrieg den Deutschen über die illusionären Elemente des Hochimperialismus die Augen geöffnet hätte. Vielmehr existierten sie fort und wandelten in den folgenden Jahren ihre Erscheinungsformen. Bei der folgenden Darstellung ist es erneut wesentlicher, darauf zu achten, wie etwas auf- oder wahrgenommen wurde, als wie es sich bei nüchterner Sichtung der Fakten darstellte: «Mitten im Siegen» erfuhren die Deutschen, daß die Kämpfe verloren waren. So jedenfalls kam es vielen Zeitgenossen vor. Die Führung des Deutschen Reiches hatte die Bevölkerung über den aussichtslosen Stand des Krieges bis Herbst 1918 absichtlich im unklaren gelassen, denn das jahrelange Schüren von Erwartungen ließ einen Verhandlungsfrieden, der den *status quo ante* bekräftigte, unmöglich erscheinen. Und ohne Eroberungen schienen zudem innere Veränderungen am politischen System unabwendbar. So war der deutsche Expansionismus für die harschen Friedensbedingungen der Alliierten letztlich mitverantwortlich, weil er sich nicht rechtzeitig hatte mäßigen können. Das Konzept des «ethischen Imperialismus» und die Berufung auf «allgemeine Menschheitsziele», mit dem der kurzfristige Reichskanzler Max von Baden in einer Denkschrift 1918 auf den vermittelnden Kurs der Alliierten zusteuerte, kam viel zu spät.

In den Augen der Alliierten war die Brechung des deutschen Imperialismus das Gebot des künftigen Friedens in Europa. Ein Großteil der im Frieden von Versailles getroffenen Vorkehrungen zielte darauf, Deutschland dauerhaft einzuhegen und ihm die Möglichkeiten zu einer erneuten Expansion zu nehmen. Schon die Wahl des Ortes war hochsymbolisch. Die Alliierten reagierten damit auf die in Versailles 1871 inszenierte Gründung des Deutschen Reiches, das seinerseits sinnfällig auf Napoleons Siege von 1806 geantwortet hatte. Bei den 21 beteiligten Nationen, die vom 18. Januar bis 28. Juni 1919 dort tagten – Deutschland wurde nicht geladen –, überschnitten sich der Wunsch nach Verrechtlichung und nach Friedenssicherung mit der eher klassischen Abwicklung eines «Siegfriedens». Traumatisiert von dem beispiellos gewaltsamen Verlauf der Kämpfe und des propagandistischen Begleitfeuers war ein sachlicher Abgleich nahezu unmöglich. Die zahlreichen Formelkompromisse stellten schließlich keine Seite wirklich zufrieden. Auch die Idee eines Völkerbundes blieb im Geflecht der Interessen und Emotionen der Nachkriegszeit weitgehend erfolglos.

Deutschland wurde als Hauptverursacher des Ersten Weltkriegs gebrandmarkt, das deutsche Heer auf 100 000 und die Marine auf 15 000 Mann beschränkt, das Rheinland und das Ruhrgebiet wurden entmilitarisiert und besetzt. Der Anschluß Österreichs an das Reich wurde ausdrücklich untersagt, um erneuten «großdeutschen» Ambitionen frühzeitig vorzubeugen. Vielmehr wurde das Deutsche Reich um 13 Prozent seines Territoriums verkleinert. Elsaß-Lothringen fiel an Frankreich zurück, im Osten gingen Posen, Westpreußen und Teile Hinterpommerns an ein vergrößertes Polen, dazu Oberschlesien durch Volksentscheid. Ostpreußen blieb von Deutschland aus nur durch einen Korridor erreichbar, und Danzig wurde eine dem Völkerbund unterstellte Freie Stadt. Eupen-Malmedy kam an Belgien, Nordschleswig an Dänemark, das Memelland unter den Völkerbund und das Saarland für 15 Jahre bis zu einem endgültigen Volksentscheid an Frankreich. Dazu kamen 132 Milliarden Goldmark an Reparationen und die Forderung nach einem Kriegsverbrecherprozeß für den Kaiser. Der entzog sich jedoch seiner Auslieferung durch eine Flucht in die Niederlande und lebte bis zu seinem Tod 1941 unbehelligt im Haus Doorn bei Utrecht. Seine einst so stolze Flotte hinterging ihre Auslieferung an die Engländer, indem sie sich am 21. Juni 1919 bei Scapa Flow in «heroischer» Weise selbst versenkte.

Insgesamt verlor das Deutsche Reich 70 570 Quadratkilometer und über sieben Millionen Einwohner, das entsprach 13 % bzw. 10 % seines Bestandes von 1914, zudem 75 % seiner Eisenerzförderung und 26 % seiner Steinkohleförderung. Mit Hilfe amerikanischer und europäischer Geographen wurde in Versailles nicht nur eine territoriale «Neuordnung» Europas entworfen: «Das Werk, das die Verhandlungsführenden erwartete, war immens und ohne Vorläufer, diesmal mußte die gesamte Weltkarte umgestaltet werden», erinnerte sich 1921 der Franzose André Tardieu.[1] Dabei wurden neun neue souveräne Staaten gebildet und etwa 11 000 Kilometer neue Grenzen gezogen. Bei den ehemaligen «Mittelmächten» Deutschland, Österreich, Ungarn, Bulgarien und Türkei blieb freilich der Eindruck einer gezielten «Zerstückelung» bestehen. Der «Krieg in den Köpfen» konnte daher nicht beendet werden. «Versailles» wurde zum Trauma einer ganzen Generation, die fortan mit großer Energie nach einer «Revision» der Vertragsbedingungen trachtete. Sogar der in Genf ansässige Völkerbund, mit dem die Idee der Welteinheit und der internationalisierten Konfliktlösung festgeschrieben werden sollte, war bei ihnen von Beginn an mit dem Makel eines «Siegerdiktats» behaftet.

Auch für die siegreichen Alliierten waren die außen- und innenpolitischen Wirkungen von Krieg und Friedensvertrag überwiegend negativ: Frankreich blieb dauerhaft geschwächt und instabil. England, nur scheinbar auf der Höhe seiner Herrschaft, hatte längst an allen Fronten gegen den Abstieg als Großmacht zu kämpfen. Die USA beendete ihre progressive Ära, Italien ließ sich auf das Experiment des Faschismus ein. In Ostmitteleuropa und auf dem Balkan wurden die bestehenden Spannungen unterdrückt, aber nicht gelöst. Künstliche Kompromisse zwischen widerstreitenden Lagern und Ethnien ließen potentiell instabile Staaten wie die Tschechoslowakei oder Jugoslawien entstehen, die als Sicherheitsgürtel gegen deutsche Expansionen dienen sollten. Die Erschütterungen gingen aber weit über Europa hinaus: Im indischen Amritsar brachen 1919 blutige Aufstände aus. Durch die Proklamation des «Selbstbestimmungsrechts der Völker» wurde auch der Kolonialismus auf eine veränderte Legitimationsbasis gestellt. Das in Versailles entworfene Treuhandsystem sollte rascher als erwartet in die Entkolonialisierung übergehen. Der Erste Weltkrieg erwies sich als Scheitelpunkt und Peripetie des Kolonialismus. Namentlich die Heranziehung farbiger Soldaten auf europäischen Kriegsschauplätzen, die Kriegsbeiträge der Kolonien und Dominions und die im Krieg sichtbar gewordene Zerstrittenheit unter den europäischen Kolonialmächten ließen die Grundlagen des europäischen Imperialismus nach Versailles in anderem Licht erscheinen. Die europazentrische Ordnung löste sich langsam auf, die beiden Großmächte im Westen und Osten wurden nach und nach zu neuen globalen Gravitationszentren.

Das Ende der deutschen Kolonialmacht

Neben dem Vorwurf der alleinigen Kriegsschuld traf die Deutschen nach 1919 nichts so empfindlich ins Herz wie die Behauptung der Alliierten, daß sie sich kolonisatorisch als unfähig erwiesen hätten. Verstieß diese Unterstellung doch massiv gegen das Ethos «gründlicher», ja «wissenschaftlicher» Organisation, auf das man sich vor Ausbruch des Krieges in den Kolonien so viel zugute gehalten hatte. Tatsächlich hatten sich – trotz des bereits erwähnten Genozidversuchs an den Herero – die deutschen Methoden von denjenigen anderer Kolonialmächte kaum unterschieden. Die Behauptung war offensichtlich vorgeschoben, um in Afrika einen lästigen Konkurrenten loszuwerden. So hatten die Deutschen noch kurz vor dem Krieg mit den Engländern über eine mögliche gemeinsame Aufteilung der portugiesischen Kolonien verhandelt, über die seinerzeit das gleiche Verdikt einer kolonisatorischen Unfähigkeit gesprochen worden war.[2] Vergeblich appellierten die Deutschen an das «Programm des Weltfriedens» des US-Präsidenten Woodrow Wilson, der am 8. Januar 1918 einen gewaltfreien Ausgleich aller kolonialen Ansprüche angemahnt hatte. Im fünften von 14 Punkten hatte er «einen freien, großzügigen und absolut gleichwertigen Abgleich aller kolonialen Forderungen» auf der Basis eines «Selbstbestimmungrechts der Völker» gefordert.[3]

Als die Weimarer Nationalversammlung von den Versailler Vertragsverhandlungen informiert wurde, legte sie am 1. März 1919 mit 414 gegen sieben Stimmen Protest ein und forderte die «Wiedereinsetzung Deutschlands in seine kolonialen Rechte». Doch weder eine Unterschriftenaktion des «Reichsverbandes der Kolonialdeutschen» und der Deutschen Kolonialgesellschaft, die bis Mitte 1919 von fast vier Millionen Deutschen unterstützt wurde, noch Paul von Lettow-Vorbecks Verweis auf die Treue seiner Askari vermochten den Artikel 119 des Versailler Vertrages zu verhindern, in dem es hieß: «Deutschland verzichtet zugunsten der alliierten und assoziierten Hauptmächte auf alle seine Rechte und Ansprüche in bezug auf seine überseeischen Besitzungen.» Elemente der Willkür, die nachträglich durch die Behauptung deutscher «Unfähigkeit» rationalisiert wurden, spielten mit hinein: «Der Verlust der großen afrikanischen Tropenkolonien ergab sich, weil an sich keine Kolonialmacht in dortige Feldzüge investieren wollte, erst aus der unerwartet langen Kriegsdauer. Auf der Pariser Friedenskonferenz beharrten die Regionalmächte, die ihre Ansprüche durch Einsätze auf dem europäischen Kriegsschauplatz unterstützt hatten, so erfolgreich auf ihren Eroberungen, daß sich die Großmächte zur grundsätzlichen Aufhebung des deutschen Kolonialreichs entschlossen.»[4]

In der Konstruktion von Mandaten durch den Völkerbund äußerte sich freilich ein neues Rechtsverständnis. Von der früheren Auffassung, daß sich die Legitimität kolonialen «Eigentums» auf die «effektive Inbesitznahme» gründet, ging es zur Konstruktion einer Treuhänderschaft über, die eine Gleichgerichtetheit von Interessen der «Eingeborenen» und der Treuhänder voraussetzte. Die Erschließung wurde potentiell zu einer internationalen Angelegenheit. Lord Frederick Lugard, der britische Gouverneur von Nigeria, band 1922 das neue Verständnis des Kolonialismus zur These eines «doppelten Mandats» zusammen: Die Europäer besäßen einerseits eine Verantwortung für die zivilisatorische Entwicklung der Menschen in den Kolonien, andererseits jedoch auch die moralische Pflicht, für die Erschließung des Landes und «brachliegender» Kräfte zugunsten der ganzen Menschheit zu sorgen. Die Tropen, so Lugard weiter, seien ein Erbe der Menschheit, und die eingeborenen Rassen hätten kein Recht, ihre Früchte denen zu versagen, die sie benötigen.[5]

Viele Deutsche sahen nicht unmittelbar ein, warum ausgerechnet sie an dieser Ernte nicht mehr beteiligt sein sollten. In der offiziellen deutschen Antwort auf den Entwurf an die Alliierten vom Mai 1919 wurden daher vor allem Leistungen hervorgehoben: «Deutschlands Anspruch auf seine Kolonien gründet sich in erster Linie auf die Tatsache, daß es sie rechtmäßig erworben und in zäher und erfolgreicher Arbeit mit vielen Opfern entwickelt hat. [...] Als ein großes Kulturvolk hat das deutsche Volk das Recht und die Pflicht, an der wissenschaftlichen Erforschung der Welt und an der Erziehung unentwickelter Rassen als einer gemeinsamen Aufgabe der zivilisierten Menschheit mitzuarbeiten. [...] Die deutsche Verwaltung hat die verheerenden und unaufhörlichen Raubkriege der Stämme, die Willkür der Häuptlinge und Zauberer, den [...] Sklavenhandel und die [...] Unsicherheit des Lebens und Eigentums beseitigt. Sie hat dem Land Frieden und Ordnung gebracht. [...] Die Erschließung des Landes durch Straßen und Eisenbahnen für den Weltverkehr und seinen Handel und die Förderung vorhandener und die Einführung neuer Kulturen hat das wirtschaftliche Leben der Eingeborenen auf eine höhere Stufe gehoben.» Außerdem brauche man die Kolonien der Rohstoffe wegen, als Absatzmarkt und als Siedlungsgebiet. Und nicht zuletzt sei man auf Spielräume für die überschüssige Betätigungslust von Jugendlichen und Akademikern angewiesen.[6] Die Kolonien hätten sich, so hieß es fortan stereotyp, als «Schule der Nation» bewährt.

Wenig davon stimmte, doch die kolonialen Lobbyisten glaubten dennoch daran und wiederholten diese Argumentationsmuster des Kolonialrevisionismus fortlaufend. Darüber hinaus organisierten sie den «kolonialen Apparat» neu: 1919 wurde das frühere Reichskolonialamt trotzig in ein «Reichskolonialministerium» umgewandelt. Ihm wurden die Abwicklungsgeschäfte für die ehemaligen deutschen Kolonien übertragen, denn die deutschen Siedler waren in Versailles enteignet und der Mandatsgebiete verwiesen worden. Mit der Auflösung des Ministeriums übernahm 1920 das Reichsministerium für Wiederaufbau die Aufgaben mit dem Ziel, «die Weiterentwicklung der abgetretenen Schutzgebiete, die Entwicklung der kolonialen Frage überhaupt und die Möglichkeit der Wiedererlangung von Kolonialbesitz zu verfolgen».[7] Zahlreiche der früheren Kolonialbeamten wurden hierbei wiederverwendet. 1918 wurden der «Reichsbund der Kolonialdeutschen», 1922 ein «Bund der Kolonialfreunde», 1924 der «Akademische Kolonialbund» und 1926 die «Gesellschaft für Koloniale Erneuerung» gegründet. Fast alle diese Verbände, die sich im Kern aus ehemaligen Siedlern und Beamten in den Kolonien zusammensetzten und in manchem an die Vertriebenenverbände der 1950er Jahre erinnerten, waren ab 1922 in der «Kolonialen Reichsarbeitsgemeinschaft» (KORAG) als Dachverband organisiert. Die Deutsche Kolonialgesellschaft besaß 1926 30 000 Mitglieder in 250 Ortsgruppen. Ihre Vorsitzenden waren die ehemaligen Gouverneure Theodor Seitz (1920–1930) und Heinrich Schnee (1930–1936), unter den Vizepräsidenten befand sich auch Konrad Adenauer. 1924 gab es anläßlich des 40. Jahrestags des Beginns der deutschen Kolonialzeit vielfältige Anlässe, mit verstärkter Agitation den kolonialen Gedanken «wach zu halten».

Doch mußte der koloniale Revisionismus schon bald gegen einen rapiden Bedeutungsverlust der fernen Kolonien im Bewußtsein der deutschen Zeitgenossen ankämpfen. Der deutsche Kolonialismus wurde schrittweise wieder ebenso abstrakt und akademisch, wie er es schon vor 1884 gewesen war. Wie ein Auftakt dieses Trends wirkte das 1920 von Heinrich Schnee herausgegebene «Deutsche Koloniallexikon», ein Projekt der Vorkriegszeit, das jetzt erst in drei Bänden erscheinen konnte. Es legte eine Bilanz deutscher Kolonisationstätigkeit vor und stellte damit eine Art von «Vermächtnis» der deutschen Kolonialzeit dar. Mit einer vom Außenministerium geförderten Schrift über «Die koloniale Schuldlüge» trug Schnee den deutschen Protest darüber hinaus wirkungsvoll ins Ausland und verfehlte seine Wirkung nicht: Politiker wie Winston Churchill standen den deutschen Forderungen nicht rundheraus ablehnend gegenüber.[8] Diese Bereitschaft zu einem «Colonial Appeasement» blieb nicht folgenlos: 1927 wurde Deutschland Mitglied in der Permanenten Mandatskommission des Völkerbundes, was jedoch für die Kolonialforderungen keine praktischen Folgen besaß. Von Gustav Stresemann jedenfalls wurde der Schritt überwiegend als Teil einer «westlichen» Einbindungs- und Verständigungspolitik begriffen.[9]

Die deutsche Kolonialmedizin und Tropentechnik bemühten sich darüber hinaus, auch praktisch auf dem laufenden zu bleiben. Sie verwiesen auf die nationale Konkurrenz bei der Forschung und Entwicklung von Materialien, Verfahren und Maschinen und malten die Gefahr an die Wand, gegenüber den führenden Nationen auf wissenschaftlich-technischem Gebiet ins Hintertreffen zu geraten. Auf den Punkt gebracht hieß das, man werde sehr wahrscheinlich bald «wie die Hottentotten» leben, wenn dieser Trend anhalte. Diese Rückstands-Rhetorik erinnert an die bis heute beschworene Gefahr, man werde demnächst «auf das Niveau eines Entwicklungslandes» zurückfallen. In der Kolonialmedizin konnte man im Gefolge Robert Kochs in der Tat noch einige Erfolge erzielen, vor allem durch das Malaria-Medikament Bayer 205, das mit durchaus politischem Kalkül «Germanin» getauft wurde.[10] Mit ihm besaß man sogar ein Medikament gegen ein Problem, das es in Deutschland kaum noch gab. In der Kolonialtechnik jedoch, die sich 1924 in einer «Arbeitsgemeinschaft für Kolonial- und Tropentechnik» organisierte, blieben die Erfolge weitgehend rhetorischer Art. Obwohl sie zu den rührigsten Zweigen des kolonialen Revisionismus gehörte, beschränkte sich ihre Praxiserfahrung später auf einige Ausrüstungsgegenstände für Erwin Rommels Afrika-Korps.

Rückwirkungen des fehlenden Kolonialreiches

Mit dem Verlust der Kolonien war den Deutschen die Möglichkeit genommen, durch ein verstärktes Engagement in Ausweichräumen Niederlagen zu kompensieren, wie dies etwa die Franzosen nach 1871 in Algerien, Tunesien und Marokko vermochten.[11] Statt dessen wurde die außenpolitische Orientierung auf die flexible und informelle Durchdringung fremder Territorien nach dem Muster der Bagdadbahnpolitik bestärkt. Selbst die Kolonialen schwenkten zeitweise auf diese Strategie um. So gab die Kolonialabteilung im Auswärtigen Amt im Herbst 1924 «Richtlinien unserer Kolonialpolitik» aus, in denen zugestanden wurde, daß ein Rückerwerb der Kolonien in der Südsee und in Südwestafrika gegenwärtig unrealistisch sei. Kamerun, Togo und Ostafrika wären für die Mandatare dagegen wirtschaftlich uninteressant. Daher wurde zunächst auf die Aufnahme Deutschlands in den Völkerbund und anschließend auf wirtschaftliche Gleichberechtigung gedrängt: «Es besteht dann durchaus die Möglichkeit, daß wir auch die uns nicht wieder zurückgegebenen früheren deutschen Schutzgebiete (abgesehen von dem japanischen Mandatsgebiet) wirtschaftlich in nicht zu langer Zeit so durchdringen, daß eine spätere Mandatsübertragung auf Deutschland nicht ausgeschlossen ist.» Eine zielbewußte Politik könne dann vielleicht sogar erreichen, «daß in späteren Zeiten der Süden Afrikas zu einem im wesentlichen deutschen Lande würde».[12]

Wie schon vor 1884, so erreichte die offiziellen Stellen erneut eine Fülle von Denkschriften. Ähnlich wie andere «Weltläufige» unterbreitete etwa ein Justizrat Forkel der sächsischen Regierung im November 1925 seine Überlegungen: «Wir Deutschen haben unsere Kolonien verloren; unsere überschüssige Bevölkerung weiss nicht mehr wohin, viele fortgeschrittene Länder haben sich der Einwanderung verschlossen; aus den Randgebieten rings um Deutschland werden die Deutschen ihrer Habe beraubt und nach Deutschland abgeschoben. Arbeitslosigkeit und Stellenlosigkeit herrscht in allen Berufen; der Export stockt, die Industrie vegetiert nur. Würde es da nicht richtig sein, wenn wir ein neues Arbeitsfeld für Landwirtschaft, Industrie und Handel, also für weite Kreise unseres Volkes in jenem gesegneten Teil Argentiniens am Rio Negro und am Rand der Kordillieren suchen, wo gerade jetzt die Erschliessung des Landes beginnt?»[13]

Tatsächlich stellte das Reichsfinanzministerium für deutschen Landerwerb oder den Rückkauf früherer Ländereien erfolgreich Mittel zur Verfügung. Hatte es vor dem Krieg 73 Kolonialgesellschaften in den deutschen Kolonien gegeben, so stieg ihre Zahl bis 1933 auf 85. Hatten in Südwestafrika 1914 rund 15 000 Deutsche gelebt, so waren es in den 1930er Jahren bereits 30 000. Trotz der vielen Behinderungen lag auch der Umfang des Kolonialhandels schon bald über dem Volumen von 1913. Die deutsche Wirtschaft kompensierte den Verlust eigener Kolonien mit unternehmerischer und strategischer Logik und forcierte die Entwicklung kolonialer Ersatzstoffe wie künstliches Benzin, künstlichen Kautschuk und künstliche Kleiderfasern. In diesen Technologien, die von ausländischen Einfuhren unabhängig machen sollten, wurde Deutschland bald führend. «Ersatz» wurde als Germanismus sogar in andere Sprachen übernommen.[14] Nicht mehr die Extensivierungs-, sondern die Intensivierungstechnologien feierten nun Triumphe. Zudem wirkte sich der Verlust der Kolonien als Experimentierfeld für Wissenschaft und Forschung auch in einer verstärkten Konzentration der Forschungskapazitäten in Deutschland selbst aus. Großforschungseinrichtungen wie die 1911 gegründete «Kaiser-Wilhelm-Gesellschaft» waren Reaktionen auf den Innovationsdruck, dem sich Deutschland in bedrängter Lage ausgesetzt sah.

Weitere Alternativen für den deutschen Expansionsdrang boten sich in überseeischen Gebieten, die als politisch konfliktarm galten. Für Privatunternehmen erschien besonders Lateinamerika attraktiv, es galt insofern sogar als «letzter freier Kontinent», der zwar im Einflußbereich der USA lag, diese aber nicht offen als Imperialmacht auftraten.[15] Deutsche Konzerne rivalisierten dort seit langem mit US-amerikanischen Firmen um Marktanteile. Ihr Einfluß wurde in den USA jedoch überschätzt, das Bild der «deutschen Gefahr» diente dort wohl eher dem Zweck, innenpolitisch einen «Imperialismus des Schutzes» zu mobilisieren.[16] Für eine staatliche Unterstützung fehlten dem Deutschen Reich jedoch bereits vor 1914 die Mittel. Selbst die vergleichsweise erfolgreichen deutschen Auswandererkolonien in Südbrasilien, die sich als «fünfte Kolonne» einer Markterschließung Lateinamerikas anboten, hatten seit der Jahrhundertwende vergeblich eine stärkere deutsche Beteiligung an Infrastrukturprojekten gefordert: «Daß dort 400 000 Deutsche leben, während in unseren ganzen deutschen Kolonien, abgesehen vom Militär, keine 10 000 Deutsche wohnen, dafür hat Deutschland scheinbar kein Verständnis», schrieb 1907 bedauernd der Alldeutsche Karl Alexander Wettstein.[17] Dennoch fanden sich viele Elemente des indirekten deutschen Imperialismus – Militär- und Infrastrukturhilfen, Investitionen privater Unternehmen, Kapitalhilfen, auswärtige Kultur- und Deutschtumspolitik – auch in Lateinamerika wieder, neben Brasilien vor allem in Argentinien und in Venezuela.[18]

Daß Deutschland «über alles in der Welt» gelte, erhielt in den 1920er Jahren eine ganz neue Bedeutung.[19] Die deutsche Technik, durch den Krieg auf hohem Entwicklungsstand, eröffnete sich nach dem Ersten Weltkrieg die dritte Dimension. Die Erschließung des «Ätherreiches» folgte seit den 1920er Jahren dem Muster, das sich in der Ära der europäischen Raumaufteilung herausgebildet hatte: «Ebenso wie die Politik ihre Hand auf ausländische Interessen- und Einflußgebiete legte, wie die Exportwirtschaft auf ausländische Märkte drängte und sie umklammerte, so sollte auch weltweit der politisierte Rundfunk in zumeist von Politik und Wirtschaft vorherbestimmte politisch-geographische Räume einfallen, dort werben oder polemisieren, rühmen oder verunglimpfen, drohen oder gut zureden, angreifen oder verteidigen. Obwohl die Welt bereits aufgeteilt war, begann über den Äther ihre Neuverteilung.»[20] Mehr noch als das Flugzeug war das Radio für den individuellen Hörer ein neuartiges Medium der «Weltaneignung». Schien doch nach dem Verlust der Kolonien der Luftraum für imperialistische Durchdringungen und globale Expansionen als einziger noch verfügbar zu sein. Die Luftschiffe des Grafen Zeppelin etwa wurden als eine neue Qualität in der Fähigkeit zur «Raumbeherrschung» gewertet.[21] Schon begrifflich stellte sich die deutsche Luftfahrt in die Tradition der deutschen Seemacht und sprach vom Luft*meer*, von Flug*häfen* und gründete sogar einen deutschen Luft*flottenverein*.[22] Die 1926 gegründete *Deutsche Lufthansa* wurde zu einem der stetigsten Symbole deutscher Wirtschaftskraft. Populäre Darstellungen suggerierten seit den 1920er Jahren die Präsenz deutscher Flugzeuge auf der ganzen Welt – und zugleich die strategische Erreichbarkeit aller Punkte auf dem Globus. Obwohl die Alliierten den Deutschen den erneuten Aufbau einer Luftwaffe verboten hatten, wurde das Verbot umgangen, erprobten die Deutschen ihre Militärmaschinen heimlich auf dem Gebiet der Sowjetunion, mit der sie im Vertrag von Rapallo einen Status der Koexistenz vereinbart hatten.[23]

Flieger wurden zu nationalen Helden stilisiert, als würde die Entdeckungs- und Erschließungsgeschichte Europas im Zeitraffer noch einmal durchlebt. Bald darauf bezog sich die Begeisterung auch auf die Raketentechnik. Der Aufschwung der Science fiction-Literatur in den Jahren der Weimarer Republik steht mit der Erschließung solch neuer Phantasieräume in engem Zusammenhang. Der globale Konflikte lösende deutsche Ingenieur avancierte in diesen Romanen zu einem wiederkehrenden Topos.[24] Die Diffusion technologischer Neuerungen über soziale und politische Grenzen hinweg war gerade im Zeitalter des Imperialismus ein ambivalenter Vorgang. Denn Nationen vereinnahmten das Prestige einer Erfindung gern für sich, nutzten aber entstehende technologische Gefälle auch machtpolitisch aus. Techniker wiederum, die sich wohl eher als Internationalisten verstanden, stellten sich immer wieder in den Dienst ihrer Nation, wenn die Situation dies zu erfordern oder bei der Durchsetzung einer Innovation zu helfen schien.[25] Der scheinbar unaufhaltsame und vom Ersten Weltkrieg noch einmal beschleunigte Fortgang der weltweiten technologischen Erschließung erschien aus der Warte von Nationalisten noch immer als imperialistische Aufteilung, konnte aber ebensogut als Globalisierungsprozeß gewertet werden, in dem Nationalstaaten eine immer geringere Rolle spielten.

Rasse und Raum

Dennoch wurde in Deutschland auch über die Neuordnung von Raum und Bevölkerung auf der Erde nachgedacht, diesmal jedoch eher in Europa selbst als in Übersee. Das geopolitische Denken nahm in Deutschland jetzt erst seinen eigentlichen Aufschwung.[26] Es gründete in der dynamisierten Raumerfahrung des ausgehenden 19. Jahrhunderts und stellte den Versuch dar, das erschließende Ausgreifen der technisierten Länder und Völker nach vermeintlich wissenschaftlichen Kriterien zu organisieren. Eine ungemein flexibel gewordene Welt sollte hierdurch an Bewegungsgesetze rückgebunden und zugleich das Bedürfnis nach Statusänderung rationalisiert werden. Geopolitik war eine permanent dynamisierte statt statische Erdkunde aus der Erkenntnis heraus, daß es unveränderbare Faktoren der Geographie fast nicht mehr gibt, daß vor allem die Bevölkerungszahlen explodieren und damit Siedlungsgebiete wachsen, daß Verkehrseinrichtungen die Entfernungen relativieren und nivellieren, daß Landesgrenzen willkürlich verschoben werden können und generell die natürlichen Voraussetzungen der menschlichen Lebensräume in ihrer Bedeutung abnehmen.

Die Geopolitik geriet freilich in eine gewisse Rivalität zu völkischen oder rassistischen Denkansätzen, von denen sich viele eine «Gesundung» bzw. Homogenisierung der fragmentierten modernen Gesellschaft versprachen. Damit zielten sie zunächst auf eine innere Neuordnung, der man mit Hilfe der Bevölkerungswissenschaft, der Raumordnung, der Sozialstatistik, der Sozialhygiene und Eugenik etc. glaubte näherkommen zu können. Die auch in der Kolonialpolitik erprobte «Menschenökonomie» rekurrierte auf scheinbar offensichtliche Bestandsaufnahmen, etwa der Statistik, und suchte in einem jeweils gegebenen Raum nach einem «Bevölkerungsoptimum». Dieses wurde als «organisches Volkskapital» gewertet und sollte – möglichst nach dem Kriterium der Effizienz – in eine optimale Beziehung zu den übrigen völkischen Potenzen gesetzt werden. Diese tendenziell totalitären Versuche zur Synthetisierung zuvor zergliederter und in menschliche Verfügungsgewalt übernommener Faktoren waren einer «autoritären Hochmoderne» zugeordnet. In ihr wurden wissenschaftlich und technisch gestützte «Endlösungen» für Problemlagen denkbar, unter denen die Menschheit seit langem zu leiden schien.

In Deutschland war die Hinwendung zur Rationalisierung geographischer und biologischer Ansätze besonders ausgeprägt. Da eine Expansion nach außen – und damit eine Verlagerung von Problemen jenseits der Grenzen – vorerst unmöglich war, richteten sich die Planungen zu einer gesellschaftlichen Integration nun vornehmlich auf das Reich selbst. Gerade das «Volk» bildete in den 1920er Jahren eine scheinbar eigenständige Größe, die ihre «Identität» aus der zunehmenden Verschiebung der «Gleichartigkeit» zur «Artgleichheit» bezog und auf eine echte «Identität» zwischen dem Volk, der Kultur, der Nation und dem Staat abzielte. Als Ideal galt, daß all diese Faktoren übereinstimmten, der geschichtliche Hauptakteur war aber für «völkisch» Denkende eindeutig das Volk. Mit Bezug auf das von US-Präsident Wilson beschworene «Selbstbestimmungsrecht der Völker» standen hier freilich das «Grenz-

und Auslandsdeutschtum» ebenso im Zentrum wie eine Definition von deutschem «Volks- und Kulturboden», der überall entstehen könne, wo deutsche Menschen arbeiteten, sei es in den brasilianischen Urwäldern oder den Wüsten Südwestafrikas.[27]

Mit solchen organischen und – wie es oft hieß – «erdraumlogischen» Argumenten konnte nicht nur die weitere Zugehörigkeit der von den Alliierten beschlagnahmten Territorien zu Deutschland gefordert, sondern später zunehmend auch «deutscher Boden unter fremder Herrschaft» reklamiert werden. Das 1925 begonnene, aber unvollendet gebliebene Großprojekt eines «Handwörterbuchs des Grenz- und Auslandsdeutschtums» brachte diese doppelte Stoßrichtung ebenso exemplarisch zum Ausdruck wie die vielen Kartenwerke, in denen deutsche Ansprüche sichtbar gemacht wurden.[28] So hieß es 1922 auf einer Leipziger Erdkunde-Tagung: «Der Geographentag erklärt es für eine nationale Notwendigkeit und Pflicht, daß bei den dem Deutschen Reich durch den Vertrag von Versailles entrissenen Gebieten, einschließlich der Kolonien, ihr Zusammenhang mit dem Deutschtum in Atlanten und Kartenwerken deutlich erkennbar bleibt und tritt dafür ein, daß nur die Werke, in denen das der Fall ist, im Unterricht aller Stufen Verwendung finden.»[29] In der Weimarer Republik wurden geographische Karten zunehmend von Bevölkerungs- und Rassenkarten abgelöst.[30] Dennoch blieb eine Spannung zwischen «Blut» und «Boden» über die Frage bestehen, welches Element letztlich dominierte und wie stark beides miteinander in Deckung zu bringen sei. Dazu fügte sich ein im Ergebnis des Ersten Weltkrieges noch einmal gesteigertes klaustrophobes Grundgefühl vieler Deutscher. Wenn es darüber hinaus völkisch-rassistische Elemente in sich aufnahm, konnte es in die Vorstellung umschlagen, daß der Volkskörper von fremden bzw. «fremdartigen» Elementen gleichsam zu «reinigen» sei. Elemente des Radikalnationalismus, der sich schon im ausgehenden 19. Jahrhundert gegenüber «westlicher Zivilisation» und «slawischem Asiatentum» glaubte behaupten zu müssen, nahmen nun eine Wende in den offenen Rassismus.[31]

Im Schnittfeld zwischen «Rasse» und «Raum» wurde nach 1918 zunächst weniger über eine «Erschließung» neuer Territorien nachgedacht, als vielmehr über eine «Neuordnung» von bereits erschlossenen und «deutsch» geprägten Gebieten sowie eine «raumpolitisch gesunde Neugliederung» Europas.[32] Bei dieser «Ethnopolitik» handelte es sich um einen völkischen Irredentismus, der Mitteleuropa-Vorstellungen der Vor- und Kriegszeit aufgriff und neue Raumbilder prägte. Hieran fiel vor allem auf, daß die koloniale *frontier*-Situation nun gleichsam ins Gegenteil verkehrt war: Deutsche sahen sich jetzt als Grenzergesellschaft in der Defensive. Die Wohngebiete der «Grenz- und Auslandsdeutschen» waren in der Wahrnehmung deutscher Nationalisten nicht mehr, wie vor 1914, «Brückenköpfe» des deutschen Einflusses in der Fremde, sondern vielmehr gefährdete Inseln des Deutschtums. Das prägende Grundgefühl der Epoche der Zwischenkriegszeit, zusammengesetzt aus Empörung über den Kriegsausgang, Platzangst und unerfüllten Großmachterwartungen, stützte die Überzeugung vieler Deutscher, daß die räumliche und politische Lage nach dem Versailler Vertrag nicht so bleiben könne, wie sie war.

Während der 1920er Jahre eroberte sich die «Volkstumsarbeit» eine Position, die im Kaiserreich die Kolonial- und Flottenpolitik eingenommen hatte. Mit großzügigen Definitionen des «Deutschen», ob Staatsbürger oder nicht, sollte die deutsche «Wesens»- und «Schicksalsgemeinschaft» bewahrt und wenn möglich erneut als «Kampfgemeinschaft» mobilisiert werden. Eine Fülle an Einrichtungen und Verbänden ließ einen Dschungel an Organisationen entstehen, darunter den schon etablierten «Verein für das Volkstum im Ausland» sowie das 1917 gegründete «Deutsche Auslandsinstitut» in Stuttgart.[33] Schon 1922 gründete das Auswärtige Amt einen «Zweckverband freier Deutschtumsarbeit», der Doppelarbeiten dieser Einrichtungen zu verhindern versuchte.[34] Rasch wurde deutlich, daß sich bei den Initiativen auch ein generationeller Unterschied bemerkbar machte. Nach 1920 gegründete Einrichtungen wie das «Institut für Grenz- und Auslandsstudien» in Berlin, die «Stiftung für deutsche Volks- und Kulturbodenforschung» in Leipzig oder das «Südost-Institut» in München waren von jüngeren Jahrgängen als den wilhelminischen getragen.[35] Auf die klassische Kolonial- und Weltpolitik schauten sie eher despektierlich als nicht mehr zeitgemäß herab, sprachen demgegenüber von einem «Recht der jungen Völker» und profilierten sich als Generation der «Sachlichkeit» und des «Unbedingten».[36] Mit der Definition des Volkes als maßgeblicher Kategorie des Politischen konnten bestehende Staatsgrenzen in Frage gestellt und erneut Ansprüche formuliert werden. Schließlich wurde einmal mehr ein weitläufiges deutsches

Interessengebiet abgesteckt: «Das wahre Deutschland ist und bleibt das gesamte in sich zusammenhängende mitteleuropäische Wohngebiet des deutschen Volkes, von der Maas bis an die Memel, von der Etsch bis an den Belt.»[37] Der Weimarer Verfassungsstaat galt freilich keinem der «Volkstumspolitiker» als legitimer Repräsentant dieses «wahren Deutschland».

Die «Reinigung des Volkskörpers»

Eine indirekte Folge des Krieges wirkte für den Aufschwung des Rassismus in Deutschland geradezu katalytisch und verlieh auch dem «Volkstumskampf» Evidenz: Mit Bestürzung reagierte die deutsche Öffentlichkeit darauf, daß nach 1920 im Rheinland als Bestandteil der belgischen und französischen Besatzungstruppen auch farbige Afrikaner auf deutschem Boden standen. Für deutsche Nationalisten und Kolonialisten wurde ihr Land damit sinnfällig als Kolonie behandelt und die Deutschen zu «Parias» herabgewürdigt. Die Deutsche Kolonialgesellschaft wandte sich im Juni 1921 gegen die Rheinlandbesetzung und erblickte in den farbigen Truppen «eine schwere Gefahr für die rheinische Bevölkerung und die ganze weiße Rasse. Die militärische Verwendung Farbiger gegenüber einem hochstehenden Kulturvolk schlägt allen kulturellen und sittlichen Forderungen sowie aller kolonialen Erfahrung ins Gesicht.» Die Gesellschaft erhob daher «im Namen der Menschlichkeit» Protest.[38]

Gerade auf den noch jungen Hitler wirkte dies stark. In seiner Wahrnehmung standen seit 1920 französische «Negerhorden» am Rhein, drohte sogar von Frankreich her «ein gewaltiges, geschlossenes Siedlungsgebiet vom Rhein bis zum Kongo [...], erfüllt von einer aus dauernder Bastardisierung langsam sich bildenden niederen Rasse».[39] Alfred Rosenberg pflichtete dieser Ansicht bei: Frankreich, so schrieb er in seinem «Mythus des 20. Jahrhunderts», stehe «heute an der Spitze der Verköterung Europas durch die Schwarzen» und sei «somit kaum noch als ein europäischer Staat zu betrachten, vielmehr als ein Ausläufer Afrikas, geführt von den Juden».[40] In diesen Bemerkungen kam der grundsätzliche Vorbehalt der völkischen Rassisten gegenüber Afrika und überseeischen Kolonialbesitz insgesamt zum Ausdruck. Für sie verknüpfte sich die koloniale Erfahrung mit der Problematik rassischer Vermischung.

Einer «Weltpolitik», die seit dem ausgehenden 19. Jahrhundert diverse informelle Strategien für eine deutsche Offensive ausgebildet hatte, stand man in der Situation des Nachkriegs erst recht ablehnend gegenüber. Gerade Wirtschaft und Kultur Deutschlands sahen die Völkischen einer «schleichenden Durchdringung» – von «Schwarzen», von «Juden», von «Zigeunern» – ausgesetzt. Immer stärker konstruierte sich ein Zusammenhang zwischen einer «universalistisch-menschheitlichen» Orientierung und dem «Judentum», wurde in der Zwischenkriegszeit das «weltpolitische» mit «jüdischem» Denken überblendet. Das eigene Land drohte nun rassisch unterwandert zu werden, das zuvor Abseitige war räumlich nahegerückt. Statt der Möglichkeit, innere Probleme zu exportieren oder innenpolitische Reformen an außenpolitische Erfolge zu knüpfen, schien das Deutschland der Weimarer Republik auf sich selbst zurückgeworfen zu sein.

Der Antisemitismus war insofern auch eine Stellungnahme zum deutschen Imperialismus: Galten den Völkischen die Deutschen als Kulturbringer und Völkerdünger, so wurden im Angesicht der Erfolglosigkeit des deutschen «Wesens» in der Welt die Juden bzw. Semiten in einer Spiegelung – ähnlich wie bei den Farbigen in der Gegenüberstellung von «fleißigen Deutschen» und «faulen Negern» – zu den «parasitären» Rassen stilisiert, die sich durch die Gabe der fast unmerklichen Aneignung fremden Schöpfertums auszeichneten. Die bereits bei Paul de Lagarde angelegte Synthese von Antisemitismus und Lebensraumfrage formierte sich schrittweise zu den beiden Säulen, auf denen Hitlers Weltanschauung ruhte: Rasse und Raum. Der «deutsche Volkskörper» mußte sich demnach zugleich nach innen «reinigen» und nach außen neuen Lebensraum verschaffen.

Völkisches, rassistisches und eugenisches Denken waren aber keine rein deutschen, sondern internationale Erscheinungen seit dem ausgehenden 19. Jahrhundert. Weil dynamische Entwicklungsvorstellungen mit globalisierten Sozialbeziehungen zusammentrafen und zu Verwerfungen wie der gesellschaftlichen Fragmentierung führten, reagierten sie mit dem Entwurf «homogenisierter» völkischer Einheiten, die sich gegen die negativen Begleiterscheinungen der Moderne abzuschotten versuchten.[41] Nach dem Verlust der Kolonien schlugen diese Gedanken in Deutschland stärker als in den noch verbliebenen Kolonialländern durch. Sie trugen dazu bei, nach

1933 einen «Rassenstaat» zu etablieren, der vorgab, nach außen gegen die rasch anwachsende «farbige Front», nach innen gegen die «Durchmischung» mit «Gemeinschaftsfremden» vorzugehen. Elemente des spezifischen Denkstils der imperialistischen «Herrenvolk»-Ideologie blieben auch im Kolonialismus ohne Kolonien erhalten, schlugen jedoch in die Vorstellung «arischer» Auserwähltheit um. An ihr war bemerkenswert, daß sie sich nicht mehr durch Leistung beweisen mußte; die «nordische» bzw. «germanische» Befähigung zur schöpferischen Kolonisation wurde als ein gegebenes Kriterium definiert, und es wurde tief in die Geschichte zurückgegriffen, um diese völkische Eigenschaft am Beispiel der Hanse, der deutschen Ostkolonisation, ja eines altgermanischen Führertums immer wieder nachzuweisen.

Hitlers Vision eines von Deutschen als Lebensraum erschlossenen Osteuropa war jedoch im Tableau der 1920er Jahre zunächst noch eine vergleichsweise exklusive Minderheitenmeinung. Die NSDAP besaß zur Kolonialfrage in dieser Zeit keine eindeutige Haltung. In Punkt 3 des Parteiprogramms von 1920 hieß es zwar: «Wir fordern Land und Boden (Kolonien) zur Ernährung unseres Volkes und Ansiedelung unseres Bevölkerungsüberschusses.» Für Hitlers Bodenpolitik, vor allem seine Rassenpolitik, waren Kolonien in Übersee aber bestenfalls unattraktiv, sein Verhältnis zu Kolonien blieb frei von jedem Enthusiasmus. In «Mein Kampf» schrieb Hitler: «Wollte man in Europa Grund und Boden, dann konnte dies im großen und ganzen nur auf Kosten Rußlands geschehen, dann mußte sich das neue Reich wieder auf der Straße der einstigen Ordensritter in Marsch setzen, um mit dem deutschen Schwert, dem deutschen Pflug die Scholle, der Nation aber das tägliche Brot zu geben.»[42] Daß sich seine Schlußfolgerung, den «ewigen Germanenzug nach dem Süden» in den Osten umzuleiten schließlich durchsetzen würde, war zunächst nicht abzusehen.[43] Hans Grimms Romantitel «Volk ohne Raum» aus dem Jahr 1926 avancierte zwar zum geflügelten Wort, wurde jedoch aus seinem kolonialen Zusammenhang herausgelöst und, anfänglich durchaus gegen den Widerstand des Autors, zum Schlagwort der territorialen Revisions- und Revanchepolitik der Zwischenkriegszeit.

Die Erkenntnis freilich, daß der Verlust der Kolonien auch eine Reihe von Vorteilen besaß, verbreitete sich nur allmählich. Auch die Alliierten selbst bemerkten viel zu spät, daß der Erste Weltkrieg zu einer Peripetie des europäischen Kolonialismus insgesamt geworden war und sich viele Deutsche insgeheim beglückwünschten, mit den Folgen der nun langsam einsetzenden Dekolonisation nicht mehr belastet zu sein. Denn jenseits der exotischen Faszination für das «Fremde» war diese Entwicklung selbst an deutschen Stammtischen zum Teil ungemein realistisch eingeschätzt worden: «Wenn die deutschen Pioniere ihre Kulturaufgabe in Asien, Afrika usw. erfüllt haben werden», hieß es schon im Februar 1900 in einem Kneipengespräch, «und man hier glauben wird, der Moment sei gekommen, um die erhofften Glücksgüter zu sammeln, da werden die fremden Völkerstämme sich aufraffen und das Sklavenjoch von sich werfen, und der deutsche Michel hat dann das Nachsehen.»[44] Der Kolonialismus blieb von stets prekärer Popularität, eine kohärente und von breiter Zustimmung getragene «imperiale Kultur» war in Deutschland nicht entstanden.[45]

Tatsächlich gerieten die verbliebenen Kolonialmächte schon sehr bald in die Defensive, auf die sie zunächst mit einem verstärkten «colonial development» bzw. einer «mise en valeur», also einer verstärkten «Inwertsetzung» ihrer Kolonien reagierten, die sie letztlich in vielerlei Hinsicht teuer zu stehen kam.[46] Daher mehrten sich seit den 1920er Jahren Stimmen, die aus der «kolonialen Not» Deutschlands eine Tugend machen wollten. Selbst der kolonialagitatorisch so aktive Reichsbankpräsident Hjalmar Schacht meinte, es werde sich möglicherweise «als handels- und kulturpolitisches Aktivum für Deutschland erweisen», daß es nicht mehr zu denjenigen imperialistischen Mächten gehöre, «denen der Kampf mit dem erwachenden Volksbewußtsein der farbigen Rassen bevorstehe».[47] Reichskanzler Hermann Müller glaubte bereits feststellen zu können, daß Deutschland als nichtkoloniale Macht bei den Kolonialvölkern eine besondere Achtung genieße, was sich positiv auf den deutschen Handel ausgewirkt habe.[48] Und Carl von Ossietzky schrieb 1928 in der «Weltbühne» sogar: «Deutschland ist unter allen Ländern des Krieges das einzige, das mit Fug und Recht behaupten kann, der Friedensvertrag habe ihm Nutzen gebracht. Es hat zwar Gebiete verloren, es muß schwere Reparationen leisten, und noch ist ein Stück Rheinufer besetzt. Dafür aber ist es aus der Sphäre des Imperialismus heraus, und es hat kein Deutschland in Übersee zu verteidigen. Es kann ruhig schlafen, wenn in China oder Marokko die Gewehre losgehen.»[49] Der Nationalökonom Moritz Julius Bonn erwies sich als besonders hellsichtig. Er hatte sich schon vor dem Krieg über eine beginnende «Gegenkolonisation» geäußert und prägte 1932 sogar den Begriff «Dekolonisation».[50]

Wie schnell allerdings der Prozeß voranschreiten würde und innerhalb welcher Zeitperspektiven die Kolonialmächte sich folglich aus den Kolonien würden zurückziehen müssen, darüber herrschte im politischen Spektrum Weimars große Uneinigkeit. Während sich die Kommunisten in aller Regel auf die Seite der Kolonialvölker schlugen, gab es bei den Sozialdemokraten eine größere Meinungsvielfalt. Eine nicht unbedeutende Gruppe begrüßte die Kolonisation im Prinzip als «Kulturtat» und betonte die Gemeinsamkeit der «weißen Rasse» als Zivilisationsbringer. Unter Bezugnahme auf das «Recht der jungen Völker» sah dagegen Hitlers «linker» Gegenspieler Otto Strasser Deutschlands Kampf um Souveränität als Teil der ethnischen und kolonialen Befreiungsbewegungen. Für ihn stellte der deutsche Nationalismus die einzige Möglichkeit dar, sich gegenüber dem «Imperialismus» der Westmächte zu behaupten. Die Ablehnung dieser Variante des Kapitalismus, so Strasser, schließe «in sich den *Verzicht auf Kolonien.* Ein großer Teil der Kolonialvölker in Nordafrika und Asien ist durchaus zu selbständigem nationalen Leben fähig. Rohstoffe wie Baumwolle und Gummi können wir aus diesen Ländern beziehen, ohne daß sie der Herrschaft eines anderen Volkes unterworfen sein müssen.»[51] Und der Journalist Rudolf Jardon meinte sogar: «Der Vertrag von Versailles hat Deutschland ungewollt in eine Überlegenheitsstellung gedrängt, die vor dem erwachenden Weltgewissen nicht zu umgehen und zu übersehen ist. Das Vorwegnehmen des Kommenden, das man unserer staatlichen Existenz vorläufig als Strafe auferlegt hat, sichert unserer Stimme einen Widerhall in der oppositionellen Jugend aller imperialistischen Staaten, der uns nicht nur ein Mitdabeisein, sondern eine Führerrolle sichern könnte.»[52]

Als Beispiel dafür, daß für «wirklich menschliche Arbeit» in Afrika kein Kolonialbesitz nötig sei, wurde oft die Person Albert Schweitzers angeführt.[53] Der Elsässer Theologe, Musiker und Arzt hatte eine vielversprechende akademische und Künstlerkarriere abgebrochen, war 1904 unter dem Eindruck des Herero-Krieges auf Afrika aufmerksam geworden und 1913 nach Gabun gegangen. Während der kommenden Jahrzehnte avancierte seine medizinische Station in Lambarene zu einer der größten afrikanischen Attraktionen. Französische und deutsche «Humanisten» stritten zeit seines Lebens darum, ihn und seine Botschaft einer «Ehrfurcht vor dem Leben» für sich vereinnahmen zu dürfen. Schweitzer half zweifellos, den Blick auf die kolonisierten Gebiete zu ändern. Er wurde auch von einer auf neuen Pfaden wandelnden Reiseliteratur eingenommen, deren Autoren nun vor allem mit dem Auto oder mit dem Flugzeug, dem Fotoapparat und der Filmkamera nach Afrika kamen. Als moderne Ethnologen freilich veränderten sie gleichzeitig mit ihrem Eindringen das Befahrene und Gesehene nahezu unwiederbringlich oder legten sogar den Keim zu ihrer Zerstörung. So war es geradezu ein Imperativ, als Pionier das vermeintlich «Authentische» noch erleben und festhalten zu können. Oft wurden dabei sentimentalisierte Blicke auf den Kontinent geworfen, weshalb die Feststellung, daß das alte, zivilisatorisch noch unverbildete Afrika nun sterbe, zu einem festen Topos dieser Darstellungen wurde.[54] Bei dieser Kartographierung und medialen Inbesitznahme, die Analogien zur Terrainerschließung des 19. Jahrhunderts besaß, waren Deutsche wie der Dokumentarfilmer Hans Schomburgk oder der Ethnologe Leo Frobenius wiederum in führender Weise beteiligt.[55] Letzterem wurde später vom Senegalesen Léopold Sédar Senghor sogar attestiert, für das Selbstverständnis Afrikas Erhebliches geleistet zu haben.[56]

Diese Art der Weltaneignung reproduzierte aber auch bekannte Stereotypen der Fremde, besonders wenn es das Unterhaltungsbedürfnis und die Schaulust am Exotischen bediente. Im frühen deutschen Kinofilm bildeten trivialisierte Vorstellungen der Tropen ebenso bestimmende wie beliebte Motive aus, etwa die «weiße» Frau in der Gewalt von «Farbigen».[57] Reiseberichte für den Rundfunk, für Zeitungen oder die neue Gattung der Sachbücher dienten aber auch als ein Surrogat deutscher Weltläufigkeit. Denn anders als die noch bestehenden Kolonialnationen besaß Deutschland nun kein lebendiges koloniales Milieu mehr, aus dem sich die Kenntnisse über weltweite Vorgänge schöpfen ließen. Die wenigen deutschen Auslandsexperten wie Colin Ross, Eugen Diesel, Wilhelm

Filchner, Klaus Mehnert, Erwin Wickert, A. E. Johann, Anton Zischka, aber auch der Richthofen-Schüler Sven Hedin wurden zu Trägern ebenso arkaner wie bedeutsamer Wissensbestände über die Fremde, die auch der praktischen Politik zur Verfügung gestellt wurden. Ihre besondere Aufmerksamkeit richtete sich auf die «jungen Völker», in denen man entweder potentielle Verbündete oder Konkurrenten für Deutschland sah, etwa Japan, Kanada, Italien, die Balkanländer oder Vorderasien. Hier interessierte besonders die Art und Weise, wie die Länder den Modernisierungsprozeß kulturell adaptierten.[58]

Die mentale Weltkarte vieler dieser Autoren faßte 1937 einer ihrer erfolgreichsten, Walther Pahl, so zusammen: «Gärung und Umbruch überall! Im Fernen und im Nahen Osten, in Afrika und Amerika, in der Welt des gelben, des schwarzen und des roten Mannes. Völker, die in die Geschichtslosigkeit versunken schienen, sprechen wieder zur ganzen Welt. Längst verstorben und erstarrt gewähnte Nationen recken sich wieder in die Höhe der Weltgeltung. Übervölkerte Länder drängen in leere Räume. Übersättigte Nationen, die in ihrer Raumfülle ersticken, sprechen von ‹Sicherheit› ... Die rasenden Fortschritte von Technik und Verkehr haben die weiteste Ferne in nächste Nachbarschaft verwandelt.» Folglich wurden die Welträume nach ihren zukünftigen Potentialen bewertet, schon weil sich in den frühen 1930er Jahren erneut die Visionen von einem bevorstehenden weltweiten Kampf um Rohstoffe, vor allem um das immer bedeutsamer werdende Erdöl, mehrten.[59]

Auch «unwirtliche» Gegenden wurden dabei als mögliche Siedlungsräume sondiert: Der Reiseschriftsteller Colin Ross, der sich in Verlagswerbungen anpreisen ließ als «der Deutsche, der am weitesten in der Welt herumgekommen ist», begab sich in den frühen 1930er Jahren «mit Kind und Kegel» sogar in die Arktis und erkundete dort die Möglichkeiten zur Besiedelung des letzten leeren Raumes: «Sicher ist es ein unendlich hartes und entbehrungsreiches Leben, das den Europäer in dem Land des weißen Schweigens» erwarte. Doch werde man dereinst vom «ewigen Eis» wie von der Wildnis sprechen «als eines Gebietes, das die früheren Schrecken für uns verloren hat».[60]

Erschließung Afrikas als Rettung Europas

Den Möglichkeiten zu einer Angleichung unwirtlicher Gegenden an die Erfordernisse einer «weißen» Besiedelung schienen aufgrund der Errungenschaften der Technik kaum noch Hürden gesetzt. Parallel dazu drangen die Amerikaner und Kanadier im frühen 20. Jahrhundert immer weiter nach Norden, die Russen immer tiefer nach Sibirien vor. Auch Deutsche wie Erich von Drygalski und Alfred Wegener beteiligten sich an der Erforschung der polaren Welt.[61] Für die Europäer erschien jedoch nach wie vor der südliche Kontinent als näherliegende *frontier*. Die Vorstellung, daß sich die Leistungskraft Europas in Afrika bewähren müsse, wurde nach dem Ersten Weltkrieg sogar zu einem dauerhaften Faktor der europäischen Gesellschaftspolitik. Gerade unter den Vorzeichen der Wirtschaftskrise häuften sich Projekte, die gemeinsame «öffentliche Arbeiten» in Afrika als einen möglichen Ausweg aus der steigenden Arbeitslosigkeit der – wie es jetzt des öfteren hieß – «weißen Rasse» sahen.[62] Selbst der Direktor des Internationalen Arbeitsamtes in Genf, Albert Thomas, wies 1932 auf die Möglichkeit einer gemeinsamen Erschließung Afrikas hin, wobei auch Prognosen eines künftigen Bedarfs an Energie- und Rohstoffvorräten eine Rolle spielten.[63] Periodisch wurde immer wieder vor deren Erschöpfung gewarnt, aber auch erwartet, daß die «Farbigen» bald selbst den Zugriff darauf beanspruchen würden. Jedenfalls hieß es des öfteren, man könne den Afrikanern nicht durchgehen lassen, daß sie ihr Land «ungenutzt» ließen.[64]

Noch deutlicher drückte diese Sichtweise 1935 der deutsche Architekt Herman Sörgel aus: «Die Jahrhunderte haben uns und unserer Technik Afrika gleichsam wie eine gefüllte, unangetastete Sparkasse aufgehoben.»[65] Wie andere deutsche Autoren suggerierte er mit besonderer Eindringlichkeit, daß eine «Aufarbeitung Afrikas» zugleich die «Errettung Europas» bedeute.[66] In einer Zeit, in der man gerne in kosmischen oder geohistorischen Dimensionen dachte, verfolgte sein gewaltiger «Atlantropa-Plan» der späten 1920er Jahre das Ziel, einen «erdgeschichtlichen Irrtum» wie die Entstehung des Mittelmeers zu «korrigieren».[67] Über eine Absenkung des Mittelmeerspiegels durch den Bau von Dämmen bei Gibraltar und Gallipoli wollte der visionäre «Weltbaumeister» innerhalb von hundert Jahren einen zusammenhängenden und infrastrukturell erschlossenen eurafrikanischen Kontinent schaffen. Damit erhielt die «Paneuropa-Union» Richard N. Coudenhove-Kalergis gleichsam ein technisches Äquivalent. Mit diesem Plan faszinierte Sörgel die technokratische Planungselite Europas bis in die 1950er Jahre.[68]

Als Pionier-Instanz der eurafrikanischen Integration bot sich vor allem die Infrastruktur an. Coudenhove-Kalergi etwa meinte, die politische Technik habe sich der Verkehrstechnik anzugleichen und müsse auch in Europa Staaten-Föderationen schaffen, wie sie in Rußland, Ostasien, Amerika und dem Britischen Empire längst bestünden. Nur unter Einschluß Afrikas jedoch könne Europa autark und autonom werden.[69] «Das Ideal wäre», so auch Colin Ross, «Afrika zu einer gemeinsamen Kolonie eines künftigen Paneuropa zu machen.»[70] Professionelle Politiker teilten die Begeisterung für solche Vorhaben hingegen kaum. Wenn es in den 1920er Jahren diplomatische Bemühungen in Richtung Afrika gab, dann konzentrierten sie sich zunächst auf eine deutsch-französische Zusammenarbeit, denn auch die Franzosen entwickelten eurafrikanische Konzepte.[71] So bemerkte ein französischer Senator 1932 über die mögliche Heranziehung deutscher Techniker zur Erschließung Afrikas: «Das ist genau das, was ich immer sage. Afrika kann auf solche Weise Europa retten. Kommt das rapprochement in Europa nicht zustande, so finden wir uns vielleicht in Afrika.»[72] Reste einer solchen deutsch-französischen Verständigung auf dem Umweg über Afrika fanden sich noch im Schuman-Plan, der Montanunion und der frühen EWG, die in den 1950er Jahren erneut Aussichten auf eine «eurafrikanische» Zusammenarbeit nährten.

Deutsche Großraumwirtschaft

Den expansionsfähigen Teilen der deutschen Wirtschaft der Weimarer Republik waren solche Perspektiven eher suspekt. Sie vermochten sich schon aus der historischen Erfahrung mit den eigenen Kolonien kaum noch für gewaltige Planungen in Übersee zu begeistern. Nicht nur für die deutschen Unternehmen schien alles Fernliegende mit unkalkulierbaren Risiken besetzt. Die Zwischenkriegszeit stand generell nicht im Zeichen von Freihandel und Weltwirtschaft, sondern von Konzentration und Abschließung. Diese Orientierung verstärkte sich besonders nach dem Börsencrash und dem Schwarzen Freitag, die gerade von Nationalisten als Menetekel einer «Weltwirtschaftsdämmerung» und damit als Scheitern des ungeliebten westlichen «Systems» wahrgenommen wurden.[73] Auch deshalb lagen der Weimarer Republik Fortschreibungen der «Mitteleuropa»-Konzeptionen am nächsten. Selbst ein moderater Liberaler wie Erich Koch-Weser argumentierte 1929: «Mitteleuropa liegt Deutschland näher als Paneuropa. Ein wachsendes und zukunftsfrohes Volk wie das deutsche [...] bedarf [...] außerhalb seiner engen Grenzen Lebensraum, in dem es seine Kräfte betätigen kann. Mögen die Verschiebungen des Weltkrieges auch noch so groß gewesen sein, die von Naumann immer betonte Tatsache, daß der Lebensraum Deutschlands in Mitteleuropa liegt und gen Südosten zu erweitern ist, ist unverändert geblieben. Wir denken nicht an eine Annexion dieser Völker. Aber hier im Osten und Südosten von Deutschland ist die deutsche Sprache als Verkehrssprache verwurzelt und ist deutsches Wissen und Können berufen, an der Entwicklung führend mitzuarbeiten. Hier sitzen überall die deutschen Minderheiten, die an Bildung und Besitz ihren Herrenvölkern an manchen Stellen voraus sind und seine wirtschaftliche, ja auch politische Haltung oft maßgebend beeinflussen.»[74]

Dies mußte keineswegs auf den völkischen Irredentismus hinauslaufen, den parallel hierzu die «Ethnopolitik» gezielt schürte. Nachdem 1918 das großdeutsche Revival unter Beschwörung der deutsch-österreichischen Schicksalsgemeinschaft zunächst gescheitert war, sollte es jetzt vornehmlich wirtschaftlich, verkehrs- und handelspolitisch gefüllt werden.[75] Die Vorstellung eines arbeitsteiligen und blockadesicheren Wirtschaftsraums in Europa findet sich durchgängig in allen Mitteleuropa-Konzeptionen seit dem ausgehenden 19. Jahrhundert.[76] Nach dem Ersten Weltkrieg jedoch fügte sich das «Großraum»-Denken tendenziell zu einem geschlossenen Weltbild. Ein Großteil der geopolitischen oder wirtschaftsgeographischen Spekulationen der 1920er Jahre grenzte bestehende oder entstehende Einflußsphären voneinander ab. Erich Obst, einer der Mitherausgeber der in dieser Hinsicht besonders rührigen «Zeitschrift für Geopolitik», benannte 1922 sechs solcher zukünftigen Wirtschaftsreiche. Diese Großräume würden die autarken Sozialformen der Urgesellschaft auf einem höheren Niveau wiederherstellen, indem sie um ein Industriezentrum herum agrarische und Rohstoffländer miteinander zu nahezu autarken Einheiten verschmelzen: «Ohne die politischen Staaten, die Rechts- und Kulturgemeinschaften irgendwie anzutasten, bilden sich überstaatliche Wirtschaftsverbände von kontinentaler Ausdehnung, räumlich zusammenhängende Wirtschaftsreiche, von denen jedes möglichst Länder gemäßigter bis tropischer Breite zu umfassen sucht, um sich tunlichst ganz auf eigene Füße stellen und zu einer gewissen Autarkie gelangen zu können.»[77]

Der Gedanke eines bis in den Südosten reichenden Mitteleuropa bekam vor allem aus Kreisen der Wirtschaft einen neuen Schub. Er wurde befördert vom Rückzug der Franzosen aus dieser Region und zentrierte sich auch um die Idee eines Rhein-Main-Donau-Kanals. Ein «Anschluß» Österreichs an Deutschland lag während der 1920er Jahre nach wie vor in der Luft, wobei der Deutsche Zollverein als Vorstufe zur großdeutschen Einheit im historischen Hintergrund aufschien.[78] Wiederum wurde auf Pläne von Friedrich List verwiesen und wurden gerade die Verkehrsträger als Speerspitzen der politischen Einigung gesehen.[79] Der Technogeograph Karl Krüger, der 1932 bereits eine «Deutsche Großraumwirtschaft» entwarf, sah freilich nicht mehr die Bagdadbahn als deren Rückgrat, sondern eine Auto-Magistrale, die er sinnfällig «Nibelungenstraße» taufen wollte.[80]

Nach dem Beginn der großen Depression hielten selbst Sozialdemokraten wie Max Cohen-Reuss den Autarkiegedanken für prinzipiell richtig, «nämlich als Mittel, die Bildung großer Wirtschaftskörper zu fördern und die national differenzierten Schaffenskräfte imperial zu integrieren».[81] In Analogie zum Ersten Weltkrieg galt es erneut, die offensichtlichen, aber noch divergenten Kraftreserven zu konzentrieren und in einen leistungsfähigen «Organismus» einzufügen. Namentlich der 1904 gegründete «Mitteleuropäische Wirtschaftsverein» und seit 1925 auch die «Mitteleuropäischen Wirtschaftstagungen» verstanden sich als Koordinationsinstanzen einer solchen «Donaukonföderation». Das deutsche Interesse an einer mitteleuropäischen Wirtschaftsgemeinschaft lag vor allem in einem Ersatz «für das verlorene Absatzgebiet im Osten, in den früheren Kolonien und als Ausgleich für die zunehmende Zollabsperrung der großen Wirtschaftsimperien Englands, der USA, sowie der übrigen in Betracht kommenden Länder».[82]

Wiederum lassen sich verschiedene Stufen der Radikalisierung ausmachen: Ging es den einen lediglich um eine Erweiterung der ökonomischen Einflußsphären, erstrebten andere eine föderative Ordnung, die in manchem auf die europäische Gemeinschaft der zweiten Jahrhunderthälfte vorauswies. Davon wiederum setzten sich eindeutig imperialistische Vorstellungen ab, die eine gleichsam natürliche deutsche Hegemonie voraussetzten und auf ein Großgermanisches Reich zusteuerten, das an mittelalterliche Vorbilder des *Sacrum imperium* anzuschließen versuchte.[83] Erneut waren es Historiker, die sich um eine geschichtliche Herleitung solcher «gemeindeutschen» Ansprüche aus der «abendländischen» Geschichte heraus bemühten und die mythische Kraft des «Reiches» beschworen.[84] Und wie im Falle des «Volks ohne Raum» wurde ein Buchtitel gegen den Willen seines Autors, Arthur Moeller van den Bruck, zum Schlagwort dieser Erwartung: «Das Dritte Reich».

V. Revision, gewaltsame Neuordnung und imperiale Überdehnung zwischen 1933 und 1945

Von Potsdam nach München

Üblicherweise wird die Zeit des Nationalsozialismus nicht mit der Geschichte des deutschen Imperialismus verknüpft. Allenfalls gelten die anhaltenden Forderungen nach einer Rückgabe der Kolonien als späte Ausläufer einer Epoche, die zeitgleich mit dem Kaiserreich zu Ende ging. Dabei wird oft übersehen, daß die Vorbereitung und Durchführung des Zweiten Weltkriegs – bei aller Eigenständigkeit – auch eine übersteigerte Neuauflage des Ersten Weltkriegs sowie eine Fortsetzung der imperialistischen Weltaneignung war. Insbesondere symbolisch aufgeladene Orte und Daten besitzen dabei eine herausgehobene Bedeutung: Am 2. März 1919 war die in Deutschland als unbesiegt geltende deutsch-ostafrikanische Armee unter der Leitung Paul von Lettow-Vorbecks und Gouverneur Heinrich Schnees in einem trotzigen Triumph durch das Brandenburger Tor gezogen. Damit wurde die prominente Position der Kolonien für den allgemeinen deutschen Revisionismus der Weimarer Jahre sinnfällig dokumentiert. Als am 30. Januar 1933 SA- und SS-Verbände erneut durch das Brandenburger Tor marschierten, sollte damit demonstriert werden, daß die «Systemzeit» der Weimarer Republik nun der Vergangenheit angehörte. Sie hatte es in den Augen deutscher Nationalisten weder vermocht, den deutschen Großmachtstatus wiederherzustellen, noch die Interessen der deutschen «Volksgemeinschaft» zu wahren.

Obwohl in den Jahren zwischen 1919 und 1933 große Teile der Friedensbedingungen von Versailles bereits überwunden wurden, stand Deutschland zum Zeitpunkt der «Machtergreifung» noch immer unter dem Eindruck eines «Revisions-Syndroms». Der Ort Weimar besaß den Beigeschmack der Schwäche und der Enttäuschung aller weltpolitischen Erwartungen des ausgehenden Kaiserreiches. Versailles und die Völkerbund-Stadt Genf dagegen repräsentierten für viele Deutsche die vom «westlichen Imperialismus» geprägte Nachkriegsordnung.[1] Gegen den «Geist von Weimar» stellte die Symbolpolitik der Nationalsozialisten am 21. März 1933 den «Tag von Potsdam»: Hitler verneigte sich im Invalidendom vor dem Grab Friedrichs des Großen, gab dem greisen Feldmarschall von Hindenburg ostentativ die Hand und stellte sich damit am Jahrestag der Eröffnung des ersten Reichstages im Kaiserreich sinnfällig auf die «großdeutsche» Seite der Geschichte.

Die Erwartungen an eine Revision, vielleicht sogar eine Revanche, waren hoch. Die Rhetorik der Nationalsozialisten schürte nicht nur gezielt die sozialen Hoffnungen, sondern appellierte überaus geschickt an das deutsche Selbstbewußtsein. Zudem verkleidete die Propaganda die Zielperspektiven Deutschlands noch für mehrere Jahre in die Forderung nach einer «Selbstbestimmung» Deutschlands und traf damit im In- und Ausland auf das breite Verständnis derjenigen, die die Versailler Nachkriegsordnung für mißlungen hielten. In kleinem Kreise offenbarte Hitler jedoch seinen Willen, weit darüber hinauszugehen, und konfrontierte schon Anfang Februar 1933 ranghohe Offiziere der Reichswehr mit seiner Absichtserklärung, möglichst bald Lebensraum im Osten zu erobern. Es bleibt unklar, auf welche Bereitschaft er damit stieß. Sicher war die Führung der Reichswehr jedoch überaus willig, an der Wiederherstellung ihrer früheren Größe mitzuwirken und die Rüstungsbeschränkungen möglichst rasch hinter sich zu lassen. Und ebenso sicher trugen die erstaunlichen Erfolge, die in den kommenden Jahren in dieser Hinsicht zu verzeichnen waren, zur engen Bindung der Armee, die 1935 in «Wehrmacht» umgetauft wurde, an Hitler bei. Der wichtigste Schritt war die Wiedereinführung der allgemeinen Wehrpflicht im März desselben Jahres. Die Aufhebung der militärischen Beschränkungen des Versailler Vertrages war ebenso wie der im Oktober 1933 vollzogene Austritt Deutschlands aus dem Völkerbund nur möglich, weil Hitler nicht nur fortgesetzt das «legitime Selbstbestimmungsrecht» der Deutschen betonte, sondern auch seinen Friedenswillen. Eine Reihe von Abkommen schien diesen zu bestätigen, darunter Verträge mit Rußland und Polen, aber auch Großbritannien, dem durch das deutsch-britische Flottenabkommen vom Juni 1935 vorerst seine Furcht genommen wurde, Deutschland ließe sich wie schon vor dem Ersten Weltkrieg erneut auf ein Wettrüsten zur See ein. Die Olympischen Spiele von 1936 täuschten als Fest des Friedens und der Völkerfreundschaft einmal mehr über den eigentlichen, expansiven Charakter des Nationalsozialismus hinweg.

Dabei hatte nicht nur längst die Verfolgung von Juden, politischen Gegnern und «Gemeinschaftsfremden» eingesetzt, die zumindest Teile des In- und Auslands ungemein alarmierte. Auch der schleichende Übergang zu einer großdeutschen Anschlußpolitik vollzog sich bereits. Anfang 1935 wurde das bis dahin unter französischem Mandat stehende Saarland nach einer Volksabstimmung «heim ins Reich» geführt, wie es in charakteristisch camouflierender Sprache genannt wurde. Eine erfolgreiche Agitation in dem industriell nicht unbedeutenden Land ließ über 90 % der Saarländer für einen Weg stimmen, der Hitler einen äußerlich «friedlichen» Prestigeerfolg bescherte und «mehr» zu ermöglichen schien. War die Saarabstimmung noch im Rahmen der Bestimmungen von Versailles erfolgt, erwies sich deren offener Bruch durch den Einmarsch von Teilen der Wehrmacht in das entmilitarisierte Rheinland ein Jahr später bereits als außenpolitisch waghalsig. Die harschen, aber uneinheitlichen und letztlich folgenlosen Reaktionen Frankreichs und Englands stärkten Hitler erneut, zumal sich zugleich eine Annäherung an Italien abzeichnete. Benito Mussolini, der sich in Äthiopien bereits seit 1935 auf koloniale Eroberungsfeldzüge einließ, wurde zu dieser Zeit als Partner einer faschistischen «Achse» umworben, zu der ab Sommer 1936 auch Francisco Franco stieß. Im Spanischen Bürgerkrieg wurden erstmals wieder deutsche Soldaten im Ausland eingesetzt, die hier nicht allein Gelegenheiten zur militärischen Übung bekamen, sondern durch das Bombardement der Stadt Guernica durch die «Legion Condor» bereits Zeichen der späteren brutalen Kriegführung zu setzen verstanden.

Anfang 1937 trat der zweite Vierjahresplan in Kraft. Mit ihm versuchte der zu seiner Umsetzung bevollmächtigte Hermann Göring die deutsche Wehrmacht und die deutsche Wirtschaft binnen vier Jahren kriegsfähig und zugleich blockadefest zu machen. Hatte man sich vor 1914 in Deutschland weltpolitisch selbstbewußt und kämpferisch gegeben, für einen längeren Krieg aber nicht wirklich vorgesorgt, so war es nun umgekehrt: Die Vorbereitungen für Eroberungsfeldzüge liefen seit 1933, nach außen jedoch gab sich Deutschland ausdrücklich friedliebend. Erst im Nachhinein wurde sichtbar, wie stark sich viele Maßnahmen Hitlers in die Absicht einfügten, möglichst rasch Angriffskriege führen zu können. Dazu gehörte die «Wiederwehrhaftmachung des deutschen Volkes», auf deren Konto ein nicht unbedeutender Teil der Beseitigung der Arbeitslosigkeit ging. Kritiker der Nationalsozialisten wiesen zwar früh auf diese Möglichkeit hin. Doch sahen sie sich nicht nur einem steigenden Überschwang vieler Deutscher gegenüber, der sich aus Aufstiegserwartungen und der vermeintlich steigenden Anerkennung der Deutschen im Ausland speiste, sondern auch einer weitgehenden Friedensbereitschaft derjenigen Mächte, die nach 1918 an einer Begrenzung deutscher Macht noch so starkes Interesse gezeigt hatten.

Das Jahr 1938 machte diese Diskrepanz überdeutlich: Als am 12. März nach dem Muster des Saar- und Rheinlandes auch Österreich «angeschlossen» wurde, deutsches Militär dort einmarschierte und eine Volksabstimmung den Vorgang nachträglich sanktionierte, sahen sich Frankreich und England erneut außerstande, angemessen zu reagieren. Erst mit der anschließenden «Heimholung» des Sudetenlandes schien Hitler einen militärischen Konflikt bereits bewußt einkalkuliert zu haben. Das berüchtigte Münchner Abkommen vom 30. September 1938 wendete die Gefahr jedoch erneut ab. Großbritannien, Frankreich und Italien zwangen die Tschechoslowakei zur Räumung der sudetendeutschen Gebiete und verließen sich dabei auf Hitlers Zusicherung, daß Deutschland mit dieser Erfüllung großdeutscher Erwartungen seit der Mitte des 19. Jahrhunderts territorial saturiert sei. Durch die folgenden Ereignisse jedoch wurde wiederum München zu einem der Symbolorte der Zwischenkriegszeit. Es verknüpfte sich mit einer gutgemeinten, gegenüber den Absichten Hitlers aber in fataler Weise unangebrachten Appeasement-Politik des Westens. Nachdem die deutsche Wehrmacht im Frühjahr 1939 auch in Prag einmarschiert war, die sogenannte Rest-Tschechei zerschlug, ein Reichsprotektorat Böhmen und Mähren sowie einen slowakischen Satellitenstaat errichtete, zudem das zuvor unter litauischer Verwaltung stehende Memelgebiet wieder an das Reich anschloß, sahen sich Frankreich und England genötigt, Garantien für das offensichtlich ebenso gefährdete Polen auszusprechen. «München» erwies sich also als Synonym einer gutgläubigen, jedenfalls fahrlässigen Schwäche gegenüber einem «Imperator», der sich in ein rationales System der internationalen Politik nicht einzwängen ließ und Frieden ausschließlich zu deutschen Bedingungen akzeptierte.

Es war kein «Privileg» Nicht-Deutscher, Hitler und seine Absichten zu verkennen. Selbst diejenigen, die in der Tradition des deutschen Imperialismus und der Weltpolitik der Kaiserzeit standen, täuschten sich über den Charakter der expansiven NS-Außenpolitik lange hinweg. Obwohl der Kolonialrevisionismus in den Augen vieler Nationalisten am deutlichsten erkennen ließ, daß Deutschland in Versailles «Unrecht» geschehen und die deutschen Kolonien Opfer eines westlichen «Imperialismus» geworden seien, nahm er im Dritten Reich eine zwiespältige Rolle ein. Weil sie instrumentell für die Forderung nach räumlicher Revision und dem weltpolitischen Anspruch Deutschlands war, wurde die Koloniallobby von den Nationalsozialisten zunächst umworben und anschließend gleichgeschaltet. Die Kolonialforderungen bildeten für Hitler im wesentlichen einen Hebel, um England zu Konzessionen in Europa zu bewegen und Deutschland eine freie Hand für die Errichtung einer kontinentaleuropäischen Hegemonie zu erzwingen. Die Kolonialbefürworter mißverstanden diese Strategie jedoch als echtes Interesse und verstärkten während der 1930er Jahre ihre Agitation für eine der nach wie vor populärsten außenpolitischen Visionen. Die Kolonialliteratur wurde nun wieder entschiedener und schärfer im Ton. Obwohl Kolonialkritiker dies wiederholt als gezielte Propaganda im Sinne einer «psychologischen Kriegsvorbereitung» interpretierten, ergab sich die demonstrative Entschlossenheit wohl auch aus der Beobachtung, daß der Rückerwerb von Kolonien in der Zielhierarchie der NS-Außenpolitik zunehmend an den Rand gedrängt wurde.[2]

Die Kolonialen mußten daher um so überzeugender argumentieren, daß eine Erschließung der Tropen auch für das NS-System sinnvoll sei. Dabei wurde der Aspekt des Siedlungsraums, der schon 1914 kaum noch überzeugt hatte, auch deshalb abgeschwächt, weil der Erwerb von «Lebensraum» immer exklusiver mit dem Osten verknüpft wurde. Der «Reichsbauernführer» und spätere Leiter des Rasse- und Siedlungshauptamtes, Richard Walther Darré, wollte schon im Sommer 1933 die Kolonialschule Witzenhausen zu einer Ausbildungsanstalt für Ostsiedler umgestalten, drang jedoch mit dieser Forderung zunächst nicht durch. Der Konflikt zwischen den Kolonialen und den völkischen Ostraumbefürwortern, die beim Thema «Afrika» vorwiegend die rassische Gefährdung wahrnahmen, schwelte als Konkurrenz zwischen den Anhängern einer «Fahrt über See» mit denen eines «Rittes nach Osten» weiter.[3]

Auch die von den Kolonialen immer wieder betonte Notwendigkeit tropischer Ressourcen konnte letztlich nicht mehr überzeugen. War es doch gerade Deutschland gelungen, auf dem Gebiet der Ersatzstoffindustrie manches zu kompensieren, was eigene Kolonien nicht mehr hergeben konnten. Voller Stolz berichteten zahlreiche «Rohstoffbücher» von den Erfolgen an der Forschungsfront, mit denen der «Weltkampf um Rohstoffe» von der deutschen Industrie unterlaufen wurde.[4] Deren auflagenstärkstes, «Wissenschaft bricht Monopole» von Anton Zischka, schilderte plastisch die frühere deutsche Abhängigkeit von Düngemitteln, Zucker, Holz, Wolle, Leder, Kautschuk und Farben aus den Übersee- und Kolonialgebieten und feierte daher die Siege der Autarkiebestrebungen über die Rohstoffpolitik der kapitalistischen Kolonialnationen.[5] Hierin nun freilich eine genuine «Friedensarbeit» zu sehen, statt eine gezielte Kriegsvorbereitung, war wiederum ein Mißverständnis von Technokraten wie Zischka, die sich für diese autarkisierenden Forschungen begeisterten.

Kolonien wurden nun im wesentlichen als Schule des kulturerschließenden deutschen Pioniers und als trotz alledem notwendige Ergänzung zum großdeutschen Wirtschaftsraum dargestellt. Als Integrationsfigur der Kolonialforderungen diente Franz Ritter von Epp. Der spätere «Bundesführer» des Reichskolonialbundes hatte während des Boxeraufstandes in Ostasien gedient und anschließend als Kompaniechef in der kaiserlichen Schutztruppe in Deutsch-Südwestafrika an den Herero-Kriegen teilgenommen. Nach dem Ersten Weltkrieg führte er in München und im Ruhrgebiet Einheiten des Freikorps. Seit 1928 Mitglied der NSDAP, wurde er im September 1932 zum Leiter des wehrpolitischen Amtes und im Mai 1934 zum Leiter des kolonialpolitischen Amtes der NSDAP berufen. Im Juni 1936 beauftragte Hitler ihn damit, die Kolonialbewegung gleichzuschalten. Die hauptsächliche Argumentationslinie für die Kolonialforderungen zielte nach Epp auf die besondere deutsche Befähigung zur Kolonisation: «Die kurze wirtschaftliche Aufschließungsarbeit Deutschlands in seinen Kolonien beweist ein planmäßiges deutsches Vorgehen und eine von keiner Kolonialmacht übertroffene Entwicklung. Deutschland ging nicht den

Weg einer Ausbeutungs- oder Raubbau-Politik. Deutschland wirtschaftete planvoll. Das erklären: Art der Kapitalanlagen, Einrichtung von Eisenbahnen, Telegraphen und sonstigen Verkehrslinien, Errichtung von Bauten und kulturellen und sozialen Institutionen.»[6]

Gerade auf technischem Gebiet wurden die deutschen Kolonialpioniere dabei vom Beispiel Italiens angeregt, das 1935/36 Abessinien besetzt und binnen kurzem – nach dem Muster der antikrömischen Kolonisation – infrastrukturell erschlossen hatte. Das Vorgehen der Italiener bestärkte all diejenigen, die seit 1918 gefordert hatten, daß Deutschland seine kolonisatorischen Fähigkeiten und Kenntnisse auf dem laufenden halten müsse.[7] In vielen Publikationen wurden die Deutschen nun als weltweite Kulturpioniere gefeiert, ihre Taten und ihre baulichen Hinterlassenschaften in aller Welt gepriesen und als «Vorposten des Deutschtums» gewürdigt – wie um die Hitlersche Konstruktion von den Ariern als einzige «Kulturschöpfer» bzw. als «Kulturdünger» zu belegen und damit einer NS-Variante des «Deutschen Gedankens in der Welt» Nahrung zu geben.[8] «Das große Heldenbuch des deutschen Ingenieurs», hieß es 1939, «der in allen Ländern die erstaunlichsten Leistungen – wenn auch gar zu oft unter fremder Flagge und unter fremdem Firmennamen – unter Einsatz seines Könnens und Wollens hervorbrachte, ist noch nicht geschrieben.»[9] Letztlich war sich diese völkische Leistungsideologie sicher: «Aber das eine kann mit aller Bestimmtheit behauptet werden, daß der Deutsche überall, aber auch wirklich überall sich als der großartigste Kolonisator bewiesen hat, den es überhaupt auf der Welt gibt.»[10]

Die deutsche Kolonialepoche wurde entsprechend der deutschen «Kulturträger»-Ideologie gereinigt und die Rückschläge den Juden oder Sozialdemokraten wie August Bebel, Ludwig Bamberger oder Bernhard Dernburg zugeschrieben, die den deutschen Kolonialhelden wie Carl Peters, analog zum «Dolchstoß» im Ersten Weltkrieg, vermeintlich in den Rücken gefallen seien. Die rasante Wiedergewinnung deutscher Handlungsmacht seit Mitte der 1930er Jahre ließ viele der Ehemaligen nun in eine geradezu fiebrige Naherwartung verfallen. Manche unter ihnen fühlten sich dazu berufen, aus den Schätzen ihrer persönlichen Erfahrungen zu berichten: «Nachdem uns der Führer die Wehrhoheit, die Rheinlandbesetzung und das Großdeutsche Reich geschenkt hat, glaube ich zuversichtlich, daß er uns auch die Kolonien wiederverschaffen wird. Alsdann wird sich ein Strom junger Menschen über sie ergießen», meinte etwa der Kolonialveteran Otto Schloifer, der auf seine alten Tage noch einmal unternehmungslustig wurde: «Wenn dieser Zeitpunkt gekommen sein wird und uns die Rückkehr nach dem geliebten Afrika freisteht, dann werden auch die alten Pioniere noch einmal zeigen, was sie können, und ich werde wieder unter den ersten sein, die hinausziehen, um an der Erschließung des neuen großen deutschen Kolonialreichs mitzuhelfen.»[11]

Es waren die Techniker, die als erste auf praktische Vorbereitung drängten. Schon bald waren instruktive Handbücher für den Kolonialpionier wieder erhältlich.[12] Von Epp beauftragte 1938 den Breslauer Geographen Erich Obst, mit einem Stab an Mitarbeitern die einschlägige Weltliteratur zur Kolonialpolitik zusammenzustellen, sie auszuwerten und in einem Handbuch das verfügbare Wissen über Afrika – auch zur Orientierung für den zukünftigen Praktiker – aufzubereiten: «Das Afrika-Handbuch», umschrieb Obst seine Aufgabe, «soll der Welt beweisen, daß selbst eine Versailles-Politik die leidenschaftliche Hingabe der deutschen Kolonialwissenschaftler an die Afrika-Forschung nicht zu unterbinden vermochte.»[13]

Spätestens seit 1938 bildete sich auch für diesen Bereich die für das Dritte Reich so charakteristische Pluralität von Planungen heraus. Eine koloniale Währung, ein koloniales Beamten- und Polizeigesetz waren ebenso rasch fertig wie Gesetze zum Schutz des «deutschen Blutes», mit denen die Koloniallobby zu erkennen gab, daß sie die Zeichen der NS-Zeit erkannt hatte. Hjalmar Schacht, der koloniale Ansichten in die höchste Führungsriege des Dritten Reiches trug, nutzte seine internationalen Beziehungen auch in den 1930er Jahren zu einer Nebendiplomatie, indem er sich unter anderem erneut um das «Erbe» der portugiesischen Kolonien bemühte.[14] Besonders für die Engländer wurden «Weltpolitiker» wie Schacht zu wichtigen Ansprechpartnern des diplomatischen Ziels, Deutschland durch koloniale Zugeständnisse vielleicht doch saturieren zu können. In ähnlicher Weise, wie dies bereits vor dem Ersten Weltkrieg unter den «moderaten» Imperialisten versucht worden war, sollten auf dem Wege eines «economic appeasement» die gemäßigten deutschen Kolonialbefürworter durch Konzessionen gestärkt werden, damit Deutschland auf die absehbare Erweiterung europäischen Lebensraumes verzichtete.[15] Das selbst im

Hochimperialismus bewährte Räderwerk wechselseitiger Kompensationen lief jedoch in diesem Fall ins Leere.

Vordenker der Expansion

Die deutschen Kolonialplanungen besaßen den längsten Vorlauf und auch ansatzweise bereits eine «Praxis». Das machte sie nach dem Ersten Weltkrieg zu prominenten Vorkämpfern des deutschen Revisionismus. Dabei blieben die dem Kolonialismus zuarbeitenden Wissenschaften der Sprache, der Geographie oder der Technik den internationalen Standards der zivilisatorischen «Sendung» verhaftet. Die Versuche der Kolonialen, sich in den späten 1930er Jahren den Kriterien der völkischen Lebensraumplaner und radikalen Rassisten anzunähern, trafen in den führenden Kreisen der NSDAP auf wenig Resonanz. Vor allem lagen sie quer zu den Zielen Hitlers. Dennoch hatten die Kolonialwissenschaften ein Muster geprägt, an dem sich die Vordenker eines arrondierten und erweiterten deutschen Lebensraums in Europa orientierten.

Dem überwiegend akademischen Charakter des deutschen Imperialismus nach 1918 entsprach, daß sich zahlreiche Wissenschaften in die patriotische Pflicht genommen sahen, sich immer stärker als politische, ja kämpferische Wissenschaften verstanden und zudem nach Anwendung drängten. Die «Volkstumspolitik» der 1930er Jahre, die schon vor Ausbruch des Krieges die vermeintlich gefährdeten völkischen «Brückenköpfe» zu Sprengsätzen der staatlichen Souveränität ihrer «Gastgesellschaften» umcodierte, wurde zunächst wissenschaftlich vorbereitet.[16] Die «Westforschung» und die «Ostforschung» banden im Laufe der 1930er Jahre immer mehr an wissenschaftlichen Ressourcen. Ihnen war gemeinsam, daß sie, ohne ihr Thema oder ihre Methode wechseln zu müssen, sowohl zur Abwehr als auch zur Aggression gebraucht werden konnten. Dabei wurde der «Raum» zur Leitvokabel ihrer Untersuchungen.[17]

Ein durch Synthese, Autarkie, Rohstoffbewirtschaftung und Blockadefestigkeit geprägter «Großraum» in Mittel- und Südosteuropa schien mit fortschreitender Etablierung des Dritten Reiches lediglich noch eine Frage der praktischen Umsetzung zu sein.[18] Hinzu trat der Lebensraumgedanke, der nicht von vornherein expansiv gedacht werden mußte, sondern auch kooperativ verstanden werden konnte. Eine Großraumwirtschaft bildete sich demnach «durch den Zusammenschluß einer in ihrem Bestand möglichst unveränderlich bleibenden Zahl von Staaten, deren politische und wirtschaftliche Selbständigkeit weitestgehend bestehen bleiben soll. Dieser Zusammenschluß erfolgt in der Form einer alle ökonomischen Bereiche umfassenden ‹zwischenstaatlichen Wirtschaftsplanung› auf der Grundlage von ‹Wirtschaftsverträgen› mit dem Ziel der Organisierung aller produktiven Kräfte zum Zwecke der gegenseitigen ‹Abstimmung› und ‹Ergänzung› und möglichster Wahrung autarkischer Zielsetzung; dabei hat die dazu gehörige tropische Zone der Großraumwirtschaft (Afrika) als ‹Ergänzungsraum› zu dienen.»[19] Daß dem leistungsstärksten Volk die Führung zukäme und im mitteleuropäischen Raum hierauf nur Deutschland einen Anspruch besaß, daran zweifelte kein Großraum-Theoretiker.

Die Radikalen unter den Großraum-Theoretikern strebten freilich eine grundlegende europäische Neuordnung mit dem Ziel einer räumlichen wie rassischen Homogenität an. Die Sprengkraft des Nationalsozialismus lag gerade darin, die etablierten Formen der internationalen Politik mit ihren Kompromissen, Kompensationen und Übereinkünften grundsätzlich in Frage zu stellen. Statt dessen wurden das Leben und Überleben des «organischen Volkskörpers» und eine am Gemeinwohl der «Volksgemeinschaft» orientierte Logik in den Mittelpunkt gerückt. Dafür wurden alle Einhegungen des Politischen negiert. Von einer so kämpferisch und essentiell verstandenen Machtpolitik ging fast notwendig ein Wettbewerb um möglichst radikale Lösungen aus. Die dahinterstehende *ethische* Orientierung setzte sich klar von der universalistischen und humanistischen Moral des bürgerlich-liberalen Zeitalters ab. Die übernationale Orientierung an inner- und überstaatlichem Recht wurde nun ausdrücklich als «jüdisch» qualifiziert und als «volksschädigend» abgelehnt. Insofern er die möglichst vorteilhafte Behauptung des deutschen Volkes und der «arischen Rasse» gegenüber Andersartigen betonte, war der Nationalsozialismus folglich grundlegend expansiv. Weltwirtschaft, Freihandel und universale Menschenrechte waren keine denkbaren Alternativen mehr, sondern wurden vielmehr als «feindliche Prinzipien» behandelt.

Hauptgegner des Großraum-Gedankens war nach wie vor das von England und den USA geprägte kapitalistische Weltwirtschaftssystem. Im Gegensatz zwischen einer «kontinentalen» und einer «maritimen» Großraumwirtschaft kehrten zum Teil die seit der

Jahrhundertwende geführten deutschen Debatten über die grundsätzliche Orientierung Deutschlands als Agrar- oder Industriestaat, als Kontinental- oder Seemacht wieder. Das flächige Raumdenken der Deutschen stand hier gegen ein völkerrechtliches Straßen- und Wegedenken der Engländer. Kern des in dieser Hinsicht elaboriertesten Raum-Entwurfes von Carl Schmitt war die Aktualisierung der Monroe-Doktrin von 1823, die ein Interventionsverbot für «raumfremde» Mächte postulierte.[20] Der deutsch-englische Dualismus wurde von Schmitt, nicht eben originell, aber effektvoll, schließlich zu einem metaphysischen Gegensatz zwischen «Land» und «Meer» stilisiert.[21]

Der zweite Griff nach der Weltmacht

Während die Beziehung zu England selbst bei Hitler stets zwischen Bewunderung und Feindschaft pendelte, weil die Briten in der Perspektive der Rassisten großgermanische Bündnispartner darstellten, schritt die Dissimilation des «Fremden» im eigenen Land zunehmend voran. Die Judenpolitik des Dritten Reiches «befremdete» denn auch alle diejenigen im In- und Ausland, die eine völkisch-rassistische Sichtweise auf eine vermeintlich notwendige «Artgleichheit» nicht nachvollziehen konnten. Da die Fülle der politischen und völkischen «Gegner» trotz der 1933 einsetzenden Auswanderungswellen nicht in klassischer Weise exportiert werden konnten, wurde ein im kolonialen Zusammenhang erprobtes Disziplinierungselement gleichsam importiert: das Konzentrationslager. Der sich dort herausbildenden «Ordnung des Terrors» wurden seit 1933/34 vermeintlich «Gemeinschaftsfremde» im eigenen Land unterworfen.[22] Später wurden hier auch Menschenversuche praktiziert, wie es sie in kolonialen Lagern bereits gegeben hatte.[23]

Darüber hinaus war für Hitler die «Wehrhaftmachung» des deutschen Volkes eng mit dem Projekt der politischen und völkischen Homogenisierung verknüpft. Es bleibt erstaunlich, wie weit sich viele Deutsche hiermit in Übereinstimmung befanden und sich von den vermeintlichen Erfolgen der neuen Politik anstecken – oder auch korrumpieren – ließen. Unpopulär waren lediglich offene Verstöße gegen die Mitmenschlichkeit, so daß etwa nach dem Pogrom vom November 1938 die Judenpolitik darauf ausging, öffentlich immer weniger sichtbar zu werden. Eine ähnliche Mischung aus ambivalenter Voreinstellung, Verblüffung durch Überraschungserfolge und offener Zustimmung wird man wohl für die Mehrzahl der Deutschen in bezug auf die NS-Außenpolitik annehmen können. Wiewohl die Begeisterung bei Ausbruch des Krieges am 1. September 1939 weder in der Bevölkerung noch bei den deutschen Eliten besonders ausgeprägt war und sich kaum mit der Stimmung vom August 1914 vergleichen ließ, wandelte sich die Skepsis der ersten Kriegstage nach den Überraschungserfolgen der ersten deutschen Feldzüge gegen Polen, Dänemark, Norwegen, Belgien, Luxemburg und die Niederlande in ein fast allgemeines Triumphgefühl. Als am 22. Juni 1940 der Waffenstillstand mit Frankreich bei Compiègne demonstrativ im selben Salonwagen inszeniert wurde, in dem 1918 die Deutschen ihre Kapitulation hatten signieren müssen, war die Zustimmung der Deutschen zu Hitler vielleicht am größten. Ebensolche Höhen freilich erklomm auch die Ergriffenheit des «Führers» über sich selbst: Als er sich im Sommer 1940 demonstrativ vor Napoleons Sarg im Pariser Invalidendom verneigte, schrieb er sich nicht nur dessen «Feldherrengenie» zu, sondern übernahm wohl auch dessen Autosuggestion der Unfehlbarkeit.

Dennoch – oder gerade deswegen – gab es bei weiten Teilen der traditionellen Eliten nun eine ausgeprägte Bereitschaft, für Deutschland einen Status der Saturiertheit anzunehmen. Obwohl der Angriff auf England im Sommer/Herbst 1940 scheiterte und Hitler durch die Mobilisierung des britischen Widerstands mittelfristig eine starke Allianz gegen sich und seine Eroberungspläne aufbrachte, war Deutschland zu dieser Zeit in der Position, viele der alldeutschen und pangermanischen Großmachtträume des ausgehenden 19. Jahrhunderts bereits verwirklicht zu haben. Schon 1939 wurde daher der «Alldeutsche Verband» aufgelöst, seine Aufgabe galt als erfüllt. Nachdem die kontinentale Vorherrschaft Deutschlands durch den Hitler-Stalin-Pakt vorerst auch nach Osten hin abgesichert und Deutschland unzweifelhaft eine «Weltmacht» zu sein schien, hätte sich dieser Zustand einer deutschen Hegemonie in Mitteleuropa, die tatsächlich «von der Maas bis an die Memel, von der Etsch bis an den Belt» und darüber hinaus bis nach Norwegen reichte, möglicherweise tatsächlich eine Zeitlang stabilisieren lassen. Dazu hätte es freilich einer Rückführung der aggressiven Expansion auf diplomatische Gleise bedurft. Hierzu war Außenminister Joachim von Ribbentrop offenbar ebenso bereit wie die meisten der traditionellen «Weltmachtpolitiker» im Heer, in der Seekriegsleitung, in der Koloniallobby sowie im bürokratischen und diplomatischen Apparat.[24]

Auch die deutsche Propaganda in den besetzten Ländern zielte darauf, die Eroberungen als europäische «Neuordnung» im Sinne eines deutsch dominierten Kontinentaleuropa erscheinen zu lassen. Die Bereitschaft zur Kollaboration, gerade in den «arisch-germanischen Brudervölkern» in Nord- und Westeuropa, stützte sich auf die Erwartung einer privilegierten Teilhabe an der Macht und Leistungsstärke eines solchen «Großgermanischen Reiches». Die Besatzungspolitik in den nördlichen und westlichen Ländern war daher zunächst vergleichsweise traditionell und auf Mitarbeit angelegt und bemühte sich wenigstens anfangs darum, der jeweiligen Bevölkerung den «freiwilligen» Anschluß an das «Reich» zu ermöglichen. Zu Irritationen führten jedoch die Judenpolitik und die Deportationen, der härter werdende Kurs gegen Widerstandsbewegungen und die Zwangsrekrutierung von Arbeitern für die deutsche Kriegswirtschaft.

Dennoch erschien in dieser Phase vor dem Angriff auf die Sowjetunion vielen Deutschen alles möglich, ein expansiver Überschwang ergriff weite Teile der deutschen Bevölkerung. Ohne daß man dies quantifizieren könnte, langte der deutsche Imperialismus, was etwa die Weitläufigkeit seiner Planungen betraf, aber auch die Breite seiner Unterstützung, zweifellos auf seinem Höhepunkt an. Charakteristisch hierfür waren großformatige Wandkarten, in denen zahllose deutsche Fähnchen steckten und zu großzügigsten Spekulationen animierten. Sollte Deutschland nicht vielleicht doch noch «über alles in der Welt» gelten, wie 1941 ein Kinofilm des Regisseurs Karl Ritter suggerierte? Die Diskussion über mögliche Kriegsziele ließ nahezu alle Optionen noch einmal aufleben, die seit der Jahrhundertwende und namentlich im Ersten Weltkrieg ventiliert worden waren. Allerdings war die deutsche Hegemonie nun nicht mehr nur kulturell oder ökonomisch begründet, sondern glaubte, sich auf eine arisch-rassische Höherwertigkeit berufen zu können.

Wegen ihres langen Vorlaufs waren die Kolonialplanungen am weitesten fortgeschritten. Zahllose Freiwillige waren für den Fall registriert, daß Deutschland in Afrika wieder einmarschiert. Manche Krankenschwester, mancher Polizei- oder Verwaltungsbeamte phantasierte sich bereits in ein privilegiertes Leben unter südlicher Sonne. Auch mancher Funktionär hoffte auf einen Gouverneursposten in Afrika. Zahlreiche Instanzen rivalisierten miteinander um die Planungshoheit und bemühten sich darum, mit möglichst ausgearbeiteten «Sofortprogrammen» Zeichen zu setzen, darunter das Arbeitswissenschaftliche Institut der Deutschen Arbeitsfront.[25] Diese Planungen operierten in einem merkwürdigen Zwiespalt aus echter Popularität und peripherer Bedeutung und liefen letztlich ins Leere. Denn von Ausnahmen abgesehen, war das maßgebliche Führungspersonal des Dritten Reiches längst auf ein kontinentaleuropäisches deutsches Großreich geeicht. Die Hellsichtigeren ahnten längst, daß Afrika in der Zielhierarchie Hitlers eine marginale Rolle spielte. Charakteristisch war der Versuch Erich Obsts, die «Ostbewegung und afrikanische Kolonisation als Teilaufgaben einer abendländischen Großraumpolitik» darzustellen.[26] Denn schon 1927 hatte er festgestellt: «Unter all den Kräften, die zu einer wirtschaftlichen Expansion über das Gebiet der eigenen Volkswirtschaft hinaus drängen, steht die Sehnsucht nach den Tropen an erster Stelle.»[27]

Wie zur Bestätigung dieser Äußerung legten auch die ehemals in den Kolonien tätigen Firmen, die sich 1936 als «Gruppe Deutscher Kolonialwirtschaftlicher Unternehmen» zusammengefunden hatten, Ende 1940 eine Kolonialwirtschaftliche Denkschrift vor.[28] Ihr Autor Kurt Weigelt, Vorstandsmitglied der Deutschen Bank und Leiter des Referats «Wirtschaft» im Kolonialpolitischen Amt der NSDAP, wurde bisweilen sogar zum Hauptgewährsmann der imperialistischen Kontinuität des deutschen «Finanzkapitals» stilisiert.[29] Spätestens an dieser Stelle muß auf die sozialistische Imperialismustheorie im Gefolge Lenins eingegangen werden, die den Faschismus als letztes Behauptungsstadium der Monopolbourgeoisie wertete: Zweifellos war die deutsche Industrie und waren Kapitalunternehmen planend, unterstützend und fördernd an der deutschen Expansion beteiligt.[30] Sie waren aber für den Expansionismus nicht ursächlich. Von der anfänglichen Deutung Hitlers als Handlanger der Industrie ist daher selbst die sozialistische Deutung immer stärker abgerückt und hat, wenn auch sehr langsam, die Eigenständigkeit des Antisemitismus und der rassistischen NS-Ideologie anerkennen müssen. Es bleibt aber das Verdienst, sehr früh auf Übereinstimmungen hingewiesen zu haben, während in der westlichen Forschung noch exkulpierend von der «Wirtschaft unter Zwang» gesprochen wurde.[31] Der unternehmerisch-kapitalistischen Logik kamen die durch Abwicklungen oder «Arisierungen» vollzogenen «Marktbereinigungen» der Wirtschaft im Reich und den besetzten Gebieten wie auch die Expansionen meist durchaus entgegen. Von dieser teilweisen Identität der Interessenlagen auf einen «staatsmonopolistischen Imperialismus» zu schlußfolgern, findet in den detaillierten Forschungen zu Krieg und Besatzung keine Bestätigung, wohl aber die These einer im einzelnen – vor allem menschlich – kaum nachvollziehbaren Komplizenschaft in der Ausbeutung von Arbeitskräften, der Akquisition von Ressourcen und der Aneignung von fremdem Besitz. Sicher hat in der Situation des Zweiten Weltkrieges «der Kapitalismus» sein häßlichstes Gesicht gezeigt, aber eben in der Form eines politischen Opportunismus, der sich neuen Gegebenheiten überaus flexibel anzupassen verstand.[32]

Gerade für den Angriff auf die Sowjetunion waren ökonomische Gründe nicht ausschlaggebend – und auch nicht der Wunsch «reaktionärer Teile» aus Staat und Wirtschaft, mit der Sowjetunion den «ersten sozialistischen Staat» zu zerschlagen. Vielmehr hatte Hitler von seinen selbstgestellten «historischen Missionen» 1940/41 nur erst die Rückgewinnung von Handlungsfreiheit auf dem Kontinent erreicht. Weder die «Judenfrage» noch die Erweiterung deutschen «Lebensraums nach Osten» waren für ihn zufriedenstellend gelöst.[33] Zudem ließ sich die Dynamik der geradezu atemberaubenden Revision, die Deutschland zwischen 1920 und 1940 gelungen war, nicht einfach auf einen Stand der Saturiertheit einfrieren. Dies hieße vor allem, den «Daseinszweck des Nationalsozialismus» mißzuverstehen, der auf fortgesetzten Erfolgen und Eroberungen basierte.[34] Auch hätte schon eine Stabilisierung des Status quo von 1940 Ressourcen erfordert, die nur jenseits des «Großdeutschen Reiches» zu erwerben waren. Und besonders durch die begonnene «rassische» Neuordnung Europas entstanden schon im Herbst 1940 allenthalben Zustände, die nicht mehr mit «klassischen» Mitteln aufgelöst werden konnten. Das betraf vor allem die Zusammenlegung von mittlerweile nach Millionen zählenden Juden in Ghettos und Lagern, in denen die Zustände täglich unhaltbarer wurden.[35]

Für die «völkischen Rassisten» kam Afrika in dieser Situation ein letztes Mal ins Spiel: Im sogenannten Madagaskar-Plan, der im

Sommer 1940 von verschiedenen Stellen ausgearbeitet wurde und der die Aussiedlung der europäischen Juden auf die ostafrikanische Insel vorsah, wurde Afrika kurzzeitig vom Asyl deutscher Siedler zum rassischen Exil umcodiert. Mit der Selbstbehauptung Englands wurde der schon logistisch kaum lösbare Plan vollends unmöglich, denn der Transport hätte durch britische Einzugsgebiete geführt.[36] Der Anfang 1941 begonnene Afrika-Feldzug unter Erwin Rommel konnte nach anfänglichen Erfolgen hieran nichts mehr ändern. Das Aufeinandertreffen der deutschen und britischen Armeen erinnerte vielmehr an ein spätkoloniales Kräftemessen nach dem Muster eines Duells, und Rommel blieb die militärische Ehrenbezeugung durch seine britischen Gegner nicht versagt.

Die Expansion und der kurzfristige Zugriff auf Rohstoffvorkommen waren ein wesentlicher Antrieb, den Krieg überhaupt zu beginnen und ihn nach dem Scheitern der Blitzkrieg-Taktik in den späteren Feldzügen gegen jedes militärstrategische Maß fortzuführen. 1939/40 wurde ein kurzatmiger *circulus vitiosus* von Raubbauwirtschaft, Improvisation, Versorgungsengpässen und militärischer Aggressivität in Gang gesetzt.[37] Später sollte der Vorgriff auf den Zugang zu den Ressourcen des Ostens mitverantwortlich für die katastrophale Zuspitzung der Ernährungslage in den besetzten Ostgebieten werden.[38] In *diesem* Sinn waren tatsächlich ökonomische Gründe mit ausschlaggebend.

Lebensraum im Osten

Was immer Josef Stalin bewogen haben mag, am 23. August 1939 einen Nichtangriffspakt mit Deutschland einzugehen – das Abkommen, das in den ideologischen Lagern beider Seiten für starke Irritationen sorgte, konnte eine Konfrontation ihrer Systeme letztlich nur verzögern. Die expansiven Tendenzen der beiden Diktatoren wurden durch das «Geheime Zusatzprotokoll» vorerst auf Kosten Polens, Finnlands und des Baltikums befriedigt. Mit Hitlers Entschluß, am 22. Juni 1941 die Sowjetunion anzugreifen, erwies sich der Pakt jedoch als ein taktisches Manöver. Bis heute ist unklar, wie es zu einer solchen Verkennung seiner Absichten hatte kommen können. Nicht nur drängte sich unmittelbar der Vergleich mit Napoleons Feldzug von 1812 auf. Auch die deutschen Vorerfahrungen mit der «Eroberung deutschen Lebensraums» im Ersten Weltkrieg sowie Hitlers mehr oder weniger offene Ankündigung eines zweiten Versuchs, aber auch die offene rassische Abwertung der Slawen, die bei den Polen längst praktiziert wurde, hätte das Kommende erahnen lassen müssen. Wahrscheinlich ist, daß Stalin sich allein beim Zeitpunkt der bevorstehenden Konfrontation verschätzte. Jedenfalls traf die Sowjetunion der Angriff – fast drei Millionen deutsche Soldaten und Verbände aus Finnland, Ungarn, der Slowakei, Rumäniens und Italiens waren beteiligt – weitgehend unvorbereitet. Zunächst sah es für die Deutschen nach einer Wiederholbarkeit der Blitzkriegsstrategie der Jahre 1939/40 aus. Die deutschen Truppen stießen auf breiter Front und überraschend schnell in russisches Kernland vor und trafen dabei zunächst auf geringen Widerstand. Das deutsche Ziel war es, sich gegenüber dem zwar insgesamt unterschätzten, dennoch für mächtig gehaltenen Feind möglichst rasch in eine strategisch überlegene Position zu versetzen, seine industriellen Kapazitäten zu zerschlagen und sich selbst in den Besitz von Rohstoffvorkommen zu bringen, die für die weitere Kriegführung unerläßlich waren.

Als neues Element der Kriegführung im Rußlandfeldzug erwies sich jedoch, daß im Gefolge der vorstoßenden Wehrmacht Einsatzgruppen operierten, die nach den bisherigen, bei der Judenverfolgung gemachten Erfahrungen schrittweise zu einer unmittelbaren Vernichtung «feindlicher Elemente», und das hieß vor allem der jüdischen Bevölkerung, übergingen. Der berüchtigte «Kommissarbefehl» vom 6. Juni 1941 bildete hierfür die Grundlage. Ihn begleitete eine Feindpropaganda, die sich im Konstrukt des «jüdischen Bolschewismus» und der Figur des «Partisanen» weit auslegbare Gegnerstereotypen schuf, die zu einer vollkommenen Entgrenzung der Kriegführung überleiteten.[39] Einzelne Wehrmachtsführer waren darüber informiert, und vielen deutschen Soldaten blieben die Vorgänge nicht verborgen, so daß sich aufmerksame Wehrmachtsangehörige über den Charakter des Krieges als «rassischer Neuordnungskrieg» immer weniger Illusionen zu machen vermochten. Letztlich bleibt es schwer nachvollziehbar, wie es zur Beteiligung der Wehrmacht und «ganz normaler Männer» an den monströsen Verbrechen gegen die Menschlichkeit hat kommen können. Hier muß sicher ein Ursachenbündel aus ideologischer Verblendung, falschem Pflichtgefühl, Gruppendruck und kollektiver Enthemmung angenommen werden.[40]

Zeitgleich wurden die in Deutschland vorangetriebenen Planungen für einen deutschen Lebensraum im Osten immer konkreter. Schon im Oktober 1939 hatte Hitler eine «neue Ordnung der ethnographischen Verhältnisse» in Europa proklamiert und Heinrich Himmler, den Leiter des Reichssicherheitshauptamtes, mit ihrer Umsetzung beauftragt. Als «Reichskommissar für die Festigung des deutschen Volkstums» führte Himmler bald einen großen Einsatzstab, der den «deutschen Neuaufbau» im Osten integral plante und dabei Rassen-, Bevölkerungs- und Strukturpolitik miteinander verknüpfte.[41] Es handelte sich um ein umfassendes Vorhaben der Enteignung, Umverteilung und Neuordnung von Raum, Ressourcen und Menschen, das in dieser – schon im Planungsstadium entschieden «rücksichtslosen» – Form ohne historisches Beispiel war. Himmler, Alfred Rosenbergs «Reichsministerium für die besetzten Ostgebiete» und das «Rassenpolitische Amt» der NSDAP wurden Ende 1941 damit beauftragt, einen «Generalplan Ost» auszuarbeiten, der von einer «germanisierten» Großraumordnung für Weißrußland, die Ukraine und den europäischen Teil Rußlands ausging. Nach Konrad Meyer, Raumplaner und «Architekt» des «Generalplans», erstrebte dieser «über die totale Ordnung von Raum und Wirtschaft die Schaffung eines gesunden Volksgefüges».[42] Die damit verbundene Politik der «Umvolkung», also die Vertreibung der Einheimischen und die anschließende «Eindeutschung» der besetzten Gebiete, hatte nur noch indirekte Beziehungen zur klassischen Besatzungs- und Kolonialpolitik. Für die Planer, die damit zu «Vordenkern der Vernichtung» wurden, war die Bevölkerungsverschiebung selbst eine notwendige Voraussetzung, um den Ostraum überhaupt gestalten und aufbauen zu können. Dazu bedurfte es eines Planungsgebietes, das nicht mehr in bevölkerungsarmen Regionen in Übersee aufgespürt wurde, sondern gleichsam in eine «tabula rasa» überführt werden mußte. Die hierfür notwendigen Operationen – von den ansässigen rund 45 Millionen Menschen sollten rund 37 Millionen hinter den Ural deportiert, der Rest, sofern «eindeutschungsfähig», sollte als Arbeitskräfte «umgevolkt» werden – wurden euphemistisch als «Flurbereinigung» bezeichnet. An dem Plan, der zunächst innerhalb von dreißig, später sogar von zwanzig Jahren verwirklicht werden sollte, waren nicht nur Wissenschaftler beteiligt, die hier eine Chance sahen, mit Modellen der Raumordnung zu experimentieren und die «organischen» Defizite und «Strukturschwächen» des Ostraums zu überwinden. Auch für die deutsche Industrie «war die bevölkerungspolitische ‹Bereinigung› der Schwellenländer des Großraums eine Art infrastrukturelle Voraussetzung für ihr weiteres Engagement».[43]

Ein Großteil der «völkischen Flurbereinigung» wurde umgesetzt, was den Rußlandfeldzug zu einem Vernichtungskrieg ohne historisches Beispiel machte. Der «Neuaufbau im Osten» dagegen erfolgte nur ansatzweise. Zum Mustergebiet und «Ersten Siedlungsbereich» wurde Ende 1942 das Gebiet um die Stadt Zamość im «Generalgouvernement für die besetzten polnischen Gebiete» erklärt. Über 300 Dörfer wurden unter erheblichen menschlichen Verlusten «evakuiert», ein Teil der Kinder zwangsadoptiert oder zur «Eindeutschung» ins Deutsche Reich verschleppt. Die Grundzüge von «Planung und Aufbau im Osten» wurden hier bereits sichtbar; sie erinnerten an die Ansätze im Ersten Weltkrieg. Der Osten galt nun als primäre *frontier*, als rückständige Wildnis, die der deutschen Hege und Pflege bedürfe. Dessen Raum wurde nach «Blut und Boden»-Kriterien in «Ergänzungs»-, «Umbau»- und «Neubauzonen» eingeteilt. Dabei wurden jedoch Begrenzungen offenbar: Deutsche Siedler standen nämlich keineswegs in ausreichender Anzahl bereit, um sich im Osten als «Neubauern» an der Etablierung einer großdeutschen Kornkammer zu beteiligen – sosehr sich die Raum-, Ortschafts- und Gehöftplaner auch darum bemühten, den umgewandelten Gebieten ein «deutsches Gepräge» zu geben, das es den Neusiedlern erlaubte, sich unmittelbar «heimatlich» zu fühlen. Im März 1943, nach Stalingrad, wurde das «Experiment Zamość» eingestellt. Parallel dazu erging das offizielle Ende jeglicher Tätigkeit auf kolonialem Gebiet, und dies zu einem Zeitpunkt, als auch das deutsche Kolonialreich auf dem Reißbrett fast fertiggestellt und perfekt organisiert zu sein schien.[44]

An dieser Stelle offenbaren sich Kontinuitäten, aber auch Unterschiede zwischen den Kolonial- und den Ostraumkonzepten: Bei allem Rassismus, der sich in den Kolonialplanungen des Dritten Reiches als Frühform eines Apartheid-Regimes ausdrückte, war doch trotz der genozidalen Vorerfahrungen in den deutschen Kolonien die Vorstellung einer umfassenden völkischen «Flurbereinigung», wie sie die Ostraumplanungen voraussetzten, hier keine wirkliche Alternative mehr. Waren humanitäre Rücksichten beim «Generalplan Ost» tendenziell nicht mehr vorgesehen, so hatten sie im Verlauf des europäischen Kolonialismus seit der Jahrhundertwende zunehmend an Bedeutung gewonnen. Die Kolonialen blieben mehrheitlich den Gedankenkreisen des klassischen eurozentrischen Völkerrechts und der Diplomatie verhaftet. Die Vorstellung eines rassischen Endkampfes stand nicht dahinter. Der völkische Umbau der Ostraumplaner wurde seit Kriegsbeginn eher vom Ethnos als vom Nomos her gedacht und basierte insofern auf einer unterschiedlichen Vorstellung von Homogenität. Die Konzeptionen Hitlerscher und Himmlerscher Prägung übertrafen letztlich in ihrer sozialdarwinistischen und rassebiologischen Orientierung an Radikalität selbst alldeutsche Vorstellungen bei weitem.[45] Von heute aus gesehen nimmt sich die Politik der «völkischen Flurbereinigung» eher wie ein atavistischer Rückfall in die Frühzeit des europäischen Kolonialismus aus.[46]

Für Hitler bedeutete «Kolonialismus» grundsätzlich eine Besiedlung von zuvor «gesäuberten» oder versklavten Territorien. Für Heinrich Schnee, Hjalmar Schacht und andere Vertreter des «klassischen» Kolonialismus jedoch waren die dichtbevölkerten Gebiete im Osten als Siedlungsraum ebenso undenkbar wie deren «Umvolkung» oder gar «Entvölkerung».[47] Die «Rassenfrage» war Hitlers zentrales Kriterium, eine koloniale Assimilationspolitik, wie sie etwa die Franzosen praktizierten, war ihm zutiefst suspekt. Den Kolonialmächten warf er vor, sie würden die Vorherrschaft der weißen Rasse gefährden und einen «Kolonialbolschewismus» befördern. Auch für die deutschen Kolonialisten brachte er wenig Verständnis auf: «Wir kommen kaum in eine Kolonie», beklagte er sich im Februar 1942 in einer bemerkenswerten Inversion des kolonialen Leistungspathos deutscher Techniker, «und haben schon Kindergärten angelegt und Krankenhäuser für die Eingeborenen. Da kann ich die Wut kriegen! Jede weiße Frau wird zum Dienstmädchen degradiert für Schwarze.»[48] In einem seiner Monologe im Führerhauptquartier äußerte er im Oktober 1941: «Ich würde, bloß um eine Kolonie zu kriegen, nicht einen Tag länger Krieg führen. Kolonialpolitik kann man treiben, wenn man Europa einmal hat. Nur unser Kamerun möchte ich wiederhaben, sonst nichts.»[49] Statt dessen meinte er im selben Zusammenhang: «Die Wolga muß unser Mississippi sein.»[50] So beiseite gedrängt, wurde der südliche Kontinent von den Deutschen nur im Kino wieder in Besitz genommen – das Sujet «Afrika» hielt sich im deutschen Film noch bis 1945.

Das Scheitern des gegen England gerichteten Unternehmens «Seelöwe» im Sommer 1940 bedeutete das Ende der deutschen Expansion nach Westen. Fortan wurden die Grenzen mit dem West- und dem Atlantikwall buchstäblich zementiert. Mit dem Ort «Stalingrad» verknüpft sich weitaus mehr: nicht nur der traumatische Scheitelpunkt der Eroberung deutschen Lebensraums im Osten, sondern die Ära des deutschen Imperialismus überhaupt. Ohne daß Hitler dies hätte anerkennen können, wurde Anfang 1943 unübersehbar, daß man die Stärke der Roten Armee unterschätzt, die eigenen Kräfte überschätzt und das imperiale Ausgreifen Deutschlands damit endgültig «überdehnt» hatte. Schon im Winter 1941 war der deutsche Vormarsch ins Stocken geraten, wurden vorgefaßte Zeitpläne nicht mehr eingehalten, machten sich Versorgungsengpässe für die Wehrmacht bemerkbar. Die Fronten rannten sich fest und wurden zu Grenzverläufen, an denen nicht nur Armeen miteinander Kräfte maßen, sondern auch gegen Raum und Zeit, Nachschubwege und das Wetter angekämpft werden mußte. Offensiven wechselten sich mit Gegenoffensiven, Kesselschlachten mit strategischen Rückzügen ab, dazwischen mischten sich Partisanenkämpfe und der Versuch der Deutschen, die angeblich «vom Sowjetjoch befreiten» Völker auf die eigene Seite zu ziehen.

Der Winter 1941/42 muß als entscheidender Umschlagpunkt des Zweiten Weltkriegs gelten. Der Kriegseintritt der USA nach dem überraschenden Angriff der Japaner auf Pearl Harbor Anfang Dezember 1941 setzte auch die Deutschen unter Zeitdruck, weil sich nun ein Mehrfrontenkrieg abzeichnete. In diesen Wochen wurde der Entschluß gefaßt und am 20. Januar 1942 auf der berüchtigten Wannsee-Konferenz verkündet, daß die Juden im deutschen Einzugsgebiet nun einer systematischen Vernichtung zugeführt werden sollten. Die «Endlösung der Judenfrage» erreichte ihr letztes Stadium. Spätestens jetzt war der Zweite Weltkrieg nicht nur in seinen Dimensionen historisch beispiellos, sondern auch in seinen weltanschaulichen Begründungen und in seinen Methoden. Es dauerte freilich Jahrzehnte, bis die Mehrheit der Deutschen den engen Zusammenhang zwischen Krieg und Judenvernichtung anerkannte und die Vorgänge hinter der Front und in den Lagern nicht als «unliebsame Begleiterscheinungen» einer – womöglich auf beiden Seiten – «enthemmten» Kriegführung wertete.[51]

Die Schlacht von Stalingrad löste die militärisch unentschiedene Situation und leitete den Rückzug der Wehrmacht aus Osteuropa ein. Von einem Neuaufbau war in dieser Situation keine Rede mehr, statt dessen von gnadenloser Zerstörung. Der weitaus überwiegende Teil an menschlichen und materiellen Verlusten auf allen Seiten fiel in die letzten beiden Kriegsjahre. Während die deutsche Armee an fast allen Fronten zurückwich und die Propaganda dies der deutschen Öffentlichkeit – wie schon im Ersten Weltkrieg – als «Frontbegradigung» und «Kräftesammeln» darzustellen versuchte, wurde in einzelnen Konzentrationslagern der besetzten Gebiete ein systematisches Vernichtungsprogramm in Gang gesetzt, dem Millionen Menschen, überwiegend Juden, zum Opfer fielen. Was von diesen Taten in die Öffentlichkeit drang und «gewußt» wurde, ist bis heute nicht abschließend geklärt. Sicher ist, daß an diesen Vorgängen, die jeder Vorerfahrung in Kriegführung und Menschenbehandlung fundamental widersprachen, Hunderttausende von Deutschen und Kollaborateuren beteiligt waren.

Der im Februar 1943 propagierte «totale Krieg» zielte auf die Mobilisierung aller Kräfte, wie dies schon im Ersten Weltkrieg der Fall gewesen war. Er übersteigerte diesen Vorläufer insofern, als nun auch Millionen Fremd- und Zwangsarbeiter die deutsche Kriegswirtschaft tragen mußten. Zugleich wurde die «Heimatfront», soweit dies möglich war, durch Kriegserträge «bei Laune» gehalten. Dennoch schlug der Krieg in weitaus heftigerer Form auf Deutschland zurück, als dies zwischen 1914 und 1918 der Fall gewesen war. Die Alliierten flogen gezielte Bombereinsätze auf deutsche Städte, auf Rüstungseinrichtungen und die strategische Infrastruktur. Parallel zu Stalingrad verkündeten sie auf der Konferenz von Casablanca, daß der Krieg nur durch eine «bedingungslose Kapitulation» Deutschlands beendet werden könne. Vor dem Hintergrund dieser Lage war es für die bedrängte deutsche Bevölkerung vielleicht noch halbwegs verständlich, für die politische und militärische Führung des Deutschen Reiches jedoch zunehmend abstrus, in Hoffnungen auf «Wunderwaffen» auszuweichen und sich weiterhin ausschweifenden Planungen über einen «Endsieg» hinzugeben. Hitler und sein Architekt Albert Speer, der zugleich überaus effizient die deutsche Rüstungswirtschaft koordinierte, flohen jedenfalls aus den bedrückenden Realitäten in phantastische Entwürfe einer baulich vollkommen umstrukturierten Hauptstadt namens «Germania». Sie war am Vorbild des antiken Rom orientiert und versuchte dieses in seinen Dimensionen noch zu übertreffen.[52]

Statt des «universalen Imperiums», das in dieser Referenz auf Rom enthalten war, reduzierte sich der deutsche Herrschaftsbereich spätestens seit dem 6. Juni 1944, dem Tag der alliierten Invasion an der nordfranzösischen Küste, immer rasanter. Die Optionen der «großdeutschen Imperialisten», die alle unterworfenen Gebiete auf ein deutsches «Germania» hin orientierten und nach dem Muster des «Generalplans Ost» bereits durchorganisierten, wurden vollends illusionär. Außer Zerstörungen brachten sie wenig mehr hervor als die Stärkung des Widerstandswillens der überfallenen Völker, auch wenn sie – wie im Osten – teilweise zwischen zwei diktatorischen Regimen zu wählen hatten und für das nackte, wenngleich auch unter Stalin ungewisse Überleben votierten.

Mit dem Ende der außenpolitischen Erfolgsserie, die zwischen 1933 und 1941 die meiste Kritik an Hitler abgedämpft hatte, brachen alternative Kriegs- und Nachkriegsplanungen wieder hervor – für eine Zeit nach Hitler, die, wenn auch zu spät, mit dem Attentat vom 22. Juli 1944 forciert werden sollte. Innerhalb der nationalsozialistischen Führungsriege wurden nun mehr oder weniger offene Varianten zu Hitlers rassischem Eroberungskrieg diskutiert. Am ehesten erfolgversprechend schien dabei die an traditionelle Stereotypen angelehnte Propagandastrategie, den Krieg als «Abwehrkampf» gegen den «jüdischen Bolschewismus» und den «slawischen Untermenschen» zu werten. Diese Behauptung verstand sich als Interpretationsangebot an die Kriegsverbündeten und die westlichen Alliierten gleichermaßen, gemeinsam mit dem Deutschen Reich gegen die Sowjetunion vorzugehen. Obwohl sich hierin bereits Konstellationen des Kalten Krieges abzeichneten, gelang es den Vertretern dieser Alternative bis 1945 nicht, die Anti-Hitler-Koalition zu sprengen. Die vollständige Kapitulation Deutschlands war nicht mehr verhandelbar.

Eine weitere, in den letzten beiden Kriegsjahren wieder verstärkt propagierte Option knüpfte an die Diskussionen an, die seit Versailles über eine «raumpolitisch gesunde Neugliederung» Europas geführt wurden.[53] Sie lehnte sich am Vorbild des «Heiligen Römischen Reiches Deutscher Nation» an, war ansatzweise schon in den «Ideen von 1914» enthalten gewesen und in den Südostplänen seit der Weimarer Republik inklusive der mitteleuropäischen Zollunion bereits durchbuchstabiert worden. Viele ihrer Vertreter hatten in den Nationalsozialisten lediglich «Steigbügelhalter» für die Umsetzung einer solchen «germanischen» Föderation gesehen. Die Vorstellung bot sich zur rassischen Aufladung geradezu an und wurde später oft von Mitgliedern der Waffen-SS, auch ihren ausländischen Angehörigen, getragen.[54] Ob mit den Europa-Vorstellungen der SS während der letzten Kriegstage diese Neuordnungsdebatten endeten oder sie vielmehr in den Europadiskurs der Nachkriegszeit hinüberspielten, bleibt weiter zu untersuchen.[55]

Bilanz des «Endkampfes»

Der Zweite Weltkrieg zog nicht nur über 55 Millionen Tote nach sich, darunter die Opfer weit vorangetriebener Völkermorde, sondern auch Millionen verschleppter Zwangsarbeiter, unermeßliche Schäden an Mensch und Material sowie eine Umgestaltung der politischen Weltkarte. Damit schrieb sich Deutschland nachhaltig in die Geschichte des nationalen Expansionismus, des Imperialismus und der aggressiven «Weltaneignung» ein. In der Folge verdichteten sich «die Deutschen» international zu einem historischen Stereotyp – nicht nur mit der notorischen Figur des «Nazi», die sich weltweit als Synonym für den organisierten Wahnsinn und das metaphysikfreie «Böse» durchsetzte, sondern auch mit dem Bewußtsein, als Deutsche mit Krieg und Holocaust einen «Zivilisationsbruch» herbeigeführt zu haben, nach dem jeglicher Optimismus in den Fortschritt des Menschengeschlechts einen merklichen Dämpfer erhielt. Als zweifelhaften Beitrag zur «Moderne» steuerte Deutschland die Erkenntnis bei, daß selbst und gerade in vermeintlich hochzivilisierten Ländern Genozide und andere Unmenschlichkeiten weiterhin als ständige Möglichkeit lauern.[56]

Aus der zeitlichen Distanz wird der enge Zusammenhang zwischen Erstem und Zweitem Weltkrieg immer deutlicher. Daher macht es Sinn, vom «Zeitalter der Weltkriege» zwischen 1914 und 1945 zu sprechen. In vielerlei Hinsicht war der zweite eine radikalere Wiederholung des ersten Krieges und in weitaus stärkerem Maße ein «Weltkrieg». Der deutsche Wille, eine «Weltmacht» zu werden, kam zwischen 1939 und 1945 in Kriegführung und Kriegszielen in unverstellter Weise zum Ausdruck. Sämtliche Begründungen, die seit dem 19. Jahrhundert für eine imperialistische Expansion vorgebracht worden waren, gingen im deutschen Feldzug für mehr Lebensraum eine Verbindung ein. Und dennoch war der «rassische Neuordnungskrieg» etwas Neuartiges und Eigenständiges. In den Vorstellungen völkischer Rassisten, die in Hitler einen «Imperator» besaßen, der eine bis dahin unvergleichliche Machtfülle an sich gezogen hatte, radikalisierte sich der Krieg zu einem «Endkampf» der Völker und Rassen auf Leben und Tod. Daß dies eine mehr als nur vorgeschobene Begründung war, zeigte sich allerorten in der letzten Kriegsphase, in der die Vernichtungsmaschinerie gegen den «Feind im Innern», vor allem Juden, auf einem kriegslogisch geradezu widersinnigen Niveau fortgeführt wurde. Hitlers resignative Haltung der allerletzten Kriegstage äußerte sich nicht nur im «Verbrannte-Erde-Befehl», sondern auch in seiner testamentarischen Bemerkung, das deutsche Volk habe sich durch seine Niederlage als das schwächere erwiesen und sei folglich zum Untergang verdammt.[57] Diese zynische Logik war mehr als nur der extremste und fatalste Ausdruck eines imperialistischen Denkstils. Er deutete die Weltgeschichte vielmehr als Kampf um räumliche *und* rassische Anteile und empfand Ordnungsmodelle einer stabilen Koexistenz grundsätzlich als bedrohlich. Selbst alldeutsche Vorstellungen wurden hierdurch an Radikalität weit übertroffen.

Von heute aus ist erkennbar, daß sich im Verlauf des Dritten Reiches die jeweils extremsten Prägungen des expansiven und imperialistischen Denkens in Deutschland durchgesetzt haben und von der Anlage der nationalsozialistischen Herrschaft her auch haben durchsetzen müssen. Denn die frappierenden Erfolge erst bei der Revision, dann bei der Expansion der deutschen «Lageverhältnisse» beruhten auf der Überrumpelung jeder vermittelnden Politik. Dennoch wäre es im Rückblick verkehrt, neben den Optionen, die der charismatische Führer Hitler sanktionierte, den tatsächlich jederzeit bestehenden Pluralismus der Konzeptionen zu verkennen. Dabei würde untergehen, daß sich etwa Teile der Wehrmacht, der Großindustrie und des Auswärtigen Amtes in die Tradition der Revisionspolitik der Weimarer Zeit stellten, sich durch den Hitler-Stalin-Pakt in ihrer Orientierung bestätigt fühlten und es bei den Erfolgen der Jahre 1939 bis 1941 gerne belassen hätten. Das traf zwar nicht für die Koloniallobby zu, die gern zusätzlich ihre älteren mittelafrikanischen Pläne verwirklicht hätte, doch blieb auch sie in den Gedankenkreisen des klassischen europazentrischen Völkerrechts und der Diplomatie verhaftet. Der Nationalsozialismus bedeutete tendenziell die Besinnung einer «Bewegung» auf sich selbst und seine vermeintlichen Stärken – am Fremden waren die ideologisierten Deutschen in dieser Zeit überwiegend nur interessiert, um sich aufzuwerten oder um – selbst in den florierenden Auslandswissenschaften – «Gegnerforschung» zu betreiben. Ein derart übersteigerter Nationalismus, der in einen überaus aggressiven Imperialismus umschlug, war jedenfalls in Deutschland seither grundlegend diskreditiert.

VI. Nach 1945: Vom «nehmenden» zum «gebenden» Imperialismus

Prekärer Frieden

Es mag überraschen, eine Darstellung des deutschen Imperialismus über die Zäsur von 1945 hinaus zu verlängern. Doch wie schon nach 1918 kann bei den zeitgenössischen Akteuren nicht unmittelbar von einer Auflösung der geistigen Horizonte ausgegangen werden, die ihr Handeln zuvor bestimmte. Es dauerte Jahrzehnte, bis sich die vollkommen gewandelte weltpolitische Situation bei Deutschen und Nichtdeutschen niederschlug und in einen anderen gedanklichen Zusammenhang einordnete. Nach dem Ende des Zweiten Weltkrieges reagierten die alliierten Siegermächte zunächst auf die Vorerfahrung einer weitgehend mißglückten Friedensordnung der Zwischenkriegszeit. Auch darin zeigte sich noch einmal die Einheit der Epoche. Wenngleich geo- und ethnopolitische Betrachtungsweisen als nationalsozialistische «Legitimationswissenschaften» gebrandmarkt wurden, waren fast alle Probleme, die das imperialistische Zeitalter und seine Weltsicht geprägt hatten, auch nach 1945 noch präsent.[1] Doch standen sie unter der Vorerfahrung der eruptiven Kriegs- und Vernichtungsgewalt, die jederzeit reaktivierbar erschien. Die Gefahr, einen «Dritten Weltkrieg» heraufzubeschwören, war im Bewußtsein der Nachkriegszeit tief verankert. Nach der Demonstration der Wirksamkeit von Atombomben im Sommer 1945 und im anschließenden Rüstungswettlauf setzte diese Furcht sich über Jahrzehnte hinweg fort. Atomwaffen zu besitzen wurde zum ultimativen Ausweis von Unabhängigkeit und Großmachtstatus.[2] Territoriale Eroberungen freilich waren im Schatten der Bomben mit unkalkulierbaren Risiken behaftet. Um so aufmerksamer wurde in der Epoche des Kalten Krieges alles mit dem Verdacht des «Imperialismus» belegt, was an expansiven Methoden auch diesseits militärischer Eroberungen lag.

Die Deutschen freilich hatten hieran keinen Anteil und – was fast überrascht – auf außenpolitischem Gebiet auch keine Ambitionen mehr. Vielmehr schien nach 1945 das Bild der imperialistischen Teutonen geradezu in sein Gegenteil umzuschlagen: Trotz des ökonomischen und politischen Wiederaufstiegs blieben die Deutschen in West und Ost auf weltpolitischer Bühne zurückhaltend und agierten im Windschatten der alliierten Besatzer. Die Problematiken territorialer Verkleinerung, ungefestigter Grenzen und wandernder Bevölkerungen stellten sich in den Nachkriegsjahren drängender denn je; dennoch verließen die Deutschen auch gedanklich die Bahnen, in denen seit dem 19. Jahrhundert über die Lösung dieser Konfliktlagen nachgedacht worden war. Die Vorgänge zwischen 1933 und 1945 und die Wirkung zweier Kriege hatten deutsches Großmachtstreben auch in der Bevölkerung so grundsätzlich in Verruf gebracht, daß selbst die Wiederbewaffnung in den 1950er Jahren gegen eine militärmüde Bevölkerungsmehrheit durchgedrückt werden mußte. Das konnte nur gelingen, indem der Nationalen Volksarmee wie der Bundeswehr ein integrierter, überwiegend ziviler und defensiver Charakter verliehen wurde.

Mehr noch: Vor dem Hintergrund der vollständigen Niederlage erschien es ungewiß, ob sich deutsche Staatlichkeit überhaupt würde erhalten lassen. Die Furcht vor «Zerstückelungsplänen» brachte diese Sorge zum Ausdruck und machte besonders den Morgenthauplan, so unerheblich er realpolitisch war, zum Synonym für die Perspektive eines fragmentierten Deutschland, wie es vor der Reichseinigung im Jahr 1871 bestanden hatte.[3] Ähnliche Befürchtungen weckten die Äußerungen, die Lord Robert Vansittart in England und Ilja Ehrenburg in der Sowjetunion über die Deutschen hatten fallen lassen.[4] Und auch Stalin ließ effektvoll verlauten, daß «die Hitlers» kämen und gingen, das deutsche Volk jedoch bestehen bleibe. Das darin geäußerte Mißtrauen gegenüber einem vermeintlich obrigkeitshörigen, hurrapatriotischen und zutiefst undemokratischen «deutschen Wesen», an dem einst die Welt hatte genesen sollen, saß nach zwei Weltkriegen tief.

Tatsächlich waren die Deutungen der jüngeren deutschen Geschichte prägend für die Nachkriegspolitik der Alliierten. Vor allem die Rolle Preußens als Hort reaktionärer Junker sowie als Kernstaat eines verhängnisvollen deutschen Expansionismus seit Friedrich dem Großen wurde von den Alliierten als so zentral eingestuft, daß sie das nur noch in historischer Hülle existente Land am 25. Februar 1947 mit der Feststellung auflösten: «Der Staat Preußen, der seit jeher Träger des Militarismus und der Reaktion in Deutschland gewesen ist, hat in der Wirklichkeit zu bestehen aufgehört.»[5] Auf der Potsdamer Konferenz waren sich die Alliierten noch weitgehend darüber einig, daß Deutschland tiefgreifend umstrukturiert werden müsse, um «niemals mehr seine Nachbarn oder die Erhaltung des Friedens in der Welt bedrohen» zu können, wie es im abschließenden Abkommen hieß. Dazu sollten die «reaktionären» deutschen Führungsschichten zerschlagen und die «Verbrecher gegen den Frieden» und «Vorbereiter eines Angriffskrieges» juristisch zur Verantwortung gezogen werden. Im Nürnberger Prozeß äußerte sich der gemeinsame Versuch, eine völkerrechtliche Grundlage zu schaffen, um jegliche aggressive Expansions- und Lebensraumpolitik zu ächten.

Als erste praktische Konsequenz blieben die alliierten Armeen vorerst präsent, das besiegte Deutschland wurde in Besatzungszonen eingeteilt. Die Grenzziehungen waren freilich zu einem Gutteil von Willkür und der Erwartung ihrer Vorläufigkeit getragen. Daher gaben die Amerikaner 1945 sogar einen Teil des von ihnen besetzten Thüringen wieder preis. Die Sowjetunion hielt freilich an den Gebieten fest, die sie 1939 im Gefolge des Hitler-Stalin-Paktes von Polen erobert hatte. Sie verstand es erfolgreich, den westlichen Alliierten die Oder-Neiße-Linie als Westgrenze Polens, diesmal auf Kosten der deutschen Gebiete, abzuhandeln. Gerade dieser Grenzverlauf blieb in Deutschland über Jahrzehnte hinweg umstritten, wurde zwar von der DDR später anerkannt, von Gesamtdeutschland jedoch letztlich erst 1990 akzeptiert. Andere Demarkationslinien waren ebenfalls instabil, kleinere Korrekturen gab es an der belgischen und dänischen Grenze, wenn auch nicht immer zu Ungunsten der Bundesrepublik; in einem Ausgleichsvertrag mit den Niederlanden kehrten 1963 kleinere Landstriche mit rund 10000 Einwohnern nach Deutschland zurück. Helgoland wurde 1952 von den Briten geräumt. Ebenso erging es dem Saarland, das 1945 zunächst noch einmal unter französische Verwaltung gestellt wurde und – ähnlich wie 1935 – am 1. Januar 1957 nach einer Volksabstimmung nach Deutschland zurückkehrte. Dabei gab es im Sinne eines Anschlusses nach Artikel 23 des Grundgesetzes ein Muster vor, das sich die Revisionisten der zweiten Nachkriegszeit wohl auch für die ehemaligen deutschen Ostgebiete, aber vor allem für das symbolträchtig «Mitteldeutschland» genannte Gebiet der sowjetisch besetzten Zone vorstellten. Im Falle der DDR wurde ein solcher Anschluß 1990 tatsächlich vollzogen. Bis dahin sollte die sich in einen «Eisernen Vorhang» einfügende Grenze zwischen den westlichen Besatzungszonen und der SBZ/DDR die Deutschen nachhaltig beschäftigen. Sie wurde zum Sinnbild für die Existenz oder Nichtexistenz des Nationalen und zugleich zur politischen Spiegelachse des jeweils Eigenen und Fremden.

Unter denjenigen, die eine deutsche Politik möglichst rasch wieder handlungsfähig zu machen versuchten, bildeten sich zwei Hauptströmungen heraus, die sich jedoch beide von Großmachtvorstellungen verabschiedeten: Die eine setzte auf die Eigenständigkeit einer deutschen Rolle in Mitteleuropa und skizzierte für ein einheitliches, meist ausdrücklich neutral definiertes Land eine Art von Brückenfunktion. Sie sollte in der Zeit des entstehenden Kalten Krieges die evidente Aufgabe einer Vermittlung zwischen den Blöcken ausfüllen und nahm politisch-kulturelle Elemente der «Mitteleuropa»-Vorstellungen der Zwischenkriegszeit in sich auf. Die andere setzte auf die möglichst rasche Einbindung Deutschlands – und sei es auch nur eines Teilstaats – in sich bildende internationale Bündnisse, um so, nach dem Muster der Verständigungspolitik Gustav Stresemanns, möglichst rasch die Reputation Deutschlands als verläßlichen Partner wiederherzustellen. Daß dies mit einer – vorläufigen – Teilung der deutschen Nation verbunden war, wurde oft als ein zwar bedauerliches, aber letztlich nachvollziehbares Ergebnis der deutschen expansionistischen Vorgeschichte interpretiert. Deutschland war zwar nach wie vor ein prominenter Schauplatz, aber kein Akteur mehr von «Weltpolitik».

Die Anhänger einer dritten Position bildeten in der Nachkriegszeit zunächst die Mehrheit: der Haltung derjenigen, die überhaupt nicht mehr in «großer Politik» dachten, sondern von staatlichen Instanzen nicht viel mehr erwarteten als Hilfe bei der Bewältigung der Folgelasten des Krieges. Und die waren nicht nur im Innern des untergegangenen Reiches enorm. Daß die Deutschen auf sich selbst zurückgeworfen wurden, war in einem sehr konkreten Sinn zu verstehen: Die in Ostmitteleuropa beheimateten Deutschen wurden schon seit 1944 mehr oder weniger systematisch und unter erheblichen Verlusten nach Westen vertrieben. Traf dies zunächst nur sogenannte «Illoyale» und «Lebensraum»-Siedler, wurde später immer unterschiedsloser und rücksichtsloser alles «Deutsche» aus Ostpreußen, Pommern, Schlesien, Ostbrandenburg, dem Sudetengebiet, aber auch aus Rumänien, Ungarn, Jugoslawien und dem Baltikum vertrieben. Der Exodus wurde zu einer der größten Bevölkerungsverschiebungen der jüngeren Geschichte. Die demographische Landkarte Europas veränderte sich durch die über zwölf Millionen Flüchtlinge und Vertriebenen stark, zumal zeitgleich nach Deutschland verschleppte Kriegsgefangene, Zwangsarbeiter und Displaced Persons in ihre Heimat zurückströmten. Die westlichen Alliierten tolerierten die Vertreibung als «Entzerrung» der mitteleuropäischen Bevölkerungsvermischung und damit als Friedensgarantie; weniger explizit werteten sie sie wohl auch als «Wiedergutmachung» an die zuvor überfallenen Länder. Vorstellungen einer «gerechten Strafe» milderten die Proteste gegen einen Vorgang, dem man auf der Potsdamer Konferenz unter der Bezeichnung «Überführung» grundsätzlich zugestimmt hatte. Die deutschen Ziele der Zwischenkriegszeit für eine Ausweitung des «Lebensraums» schlugen damit letztlich in ihr Gegenteil um, so daß Deutschland seit 1945 nicht nur auf den kleinsten Raum seiner nationalen Existenz zusammengeschrumpft war, sondern zusätzlich noch geteilt und besetzt.

Von den Heimatvertriebenen selbst war kaum eine Anerkennung einer wie auch immer gearteten «historischen Schuld» Deutschlands an den Verbrechen des Zweiten Weltkriegs zu erwarten. Daher wurden die sich organisierenden Landsmannschaften der Flüchtlinge und Vertriebenen in der Nachkriegszeit durchaus zu Trägern «revisionistischer» Haltungen. Auch forschten manche der «volkstumspolitischen» Experten der Zwischenkriegszeit nahezu ungebrochen weiter – diesmal als Fachleute für Flüchtlingsfragen.[6] Dennoch war es erstaunlich, wie eingebunden ihre Forderungen nach einem «Recht auf Heimat» und wie wenig aggressiv ihre Erwartungen an eine Rückgabe der ehemaligen deutschen Gebiete letztlich blieben, gerade im Vergleich mit dem «Revisions-Syndrom» der Weimarer Zeit. In der «Charta der Heimatvertriebenen» vom 5. August 1950 hieß es: «Wir Heimatvertriebenen verzichten auf Rache und Vergeltung. [...] Gott hat die Menschen in ihre Heimat hineingestellt. Den Menschen mit Zwang von seiner Heimat trennen, bedeutet ihn im Geiste töten. [...] Darum fordern wir heute wie gestern: 1. Gleiches Recht als Staatsbürger, nicht nur vor dem Gesetz, sondern auch in der Wirklichkeit des Alltags. 2. Gerechte und sinnvolle Verteilung der Lasten des letzten Krieges auf das ganze deutsche Volk und eine ehrliche Durchführung dieses Grundsatzes. 3. Sinnvollen Einbau aller Berufsgruppen der Heimatvertriebenen in das Leben des deutschen Volkes. 4. Tätige Einschaltung der deutschen Heimatvertriebenen in den Wiederaufbau Europas.»[7] Hierin waren zwar die kulturelle Verhaftung, nicht aber ein räumlicher Anspruch formuliert worden, und zugleich wurde der Gewalt abgeschworen. Die Forderungen zielten im wesentlichen auf einen Lastenausgleich sowie eine rechtliche und soziale Gleichstellung, die schrittweise in den folgenden Jahrzehnten auch vollzogen wurden. Die Integration von rund vier Millionen «Heimatvertriebenen» in der DDR sowie rund acht Millionen in der Bundesrepublik stellten zweifellos beeindruckende sozialpolitische Leistungen dar. Der latent durchaus vorhandene Revisionismus verlor dadurch weiter an Boden.[8] Bis in die 1970er Jahre gab es aber rhetorische Anklänge – «Schlesien bleibt unser» – und kartographische Widerspiegelungen der «verlorenen» Gebiete. Und es dauerte weitere Jahrzehnte, um ihnen den politischen Zündstoff zu nehmen, wobei die Auseinandersetzungen über die Ostverträge der Regierung Brandt/Scheel im Rückblick sicher eine wesentliche Bewußtseinsschwelle bilden. Doch zeigte man sich außerhalb Deutschlands auch weiterhin immer dann alarmiert, wenn von einer «Offenhaltung der deutschen Frage» oder den deutschen «Grenzen von 1937» die Rede war. Das galt auch für die offiziell geächteten ersten beiden Strophen des «Liedes der Deutschen» und namentlich die Zeile «Deutschland, Deutschland über alles …», die jedoch als Subtext präsent blieb, wann immer die westdeutsche Nationalhymne intoniert wurde.

Die innerdeutsche Geschichtsgrenze

Obwohl Kriegsverbrecherprozesse und Entnazifizierung in West- und Ostdeutschland letztlich mit vergleichbarer Inkonsequenz durchgeführt wurden, bezog Ostdeutschland einen nicht unerheblichen Teil seiner selbst zugeschriebenen Legitimität aus der Behauptung, mit der verhängnisvollen Vergangenheit des aggressiven Faschismus weitaus konsequenter gebrochen und als sozialistische Gesellschaft die Epoche des bürgerlichen Imperialismus endgültig überwunden zu haben. Die linke Kapitalismuskritik seit Karl Marx bot für die weltpolitische Situation ein wohlfeiles Raster, in dem der «Imperialismus» zur zentralen Kennzeichnung des bürgerlichen

Lagers wurde, gegen den es sich zu behaupten galt.[9] In der Konsequenz hieß dies für Deutschland, daß die Scheidelinie zwischen Westzonen und Ostzone zu einer System-, ja zu einer Geschichtsgrenze aufgewertet wurde. Aus der Konzentration politisch belasteter Personen, die in Westdeutschland tatsächlich auffällig tolerant in das gesellschaftliche und funktionale Leben rückgegliedert wurden, vor allem aber aus dem vermeintlichen Ausbleiben von Strukturveränderungen wie etwa einer Bodenreform oder einer Sozialisierung der Produktionsmittel schlossen ostdeutsche Deuter umstandslos auf eine Kontinuität zwischen Faschismus und Bundesrepublik. In der subjektiven Überzeugung führender Sozialisten und SED-Propagandisten befand sich die DDR somit in einer permanenten Situation der Bedrohung durch den «imperialistischen Klassenfeind», während man sich selbst als ein «Bollwerk» der Demokratie und des Friedens verstand.

Dieses Bild mag viel Autosuggestion enthalten haben. Dennoch setzte es das vorangegangene Zeitalter der Expansion insofern fort, als es Politik als Auseinandersetzung zwischen ideologischen Großentwürfen und Geschichtsprozessen verstand, in der es um die Ausweitungen des eigenen Einflusses und die Abwehr fremder «Durchdringung» ging. Das rhetorische Instrumentarium des imperialistischen Zeitalters fand sich daher in bezug auf die innerdeutsche Spaltung fast vollständig wieder. In Westdeutschland sprach man noch eine ganze Zeitlang von der kommunistischen, «roten» oder gar «bolschewistischen» Gefahr, wenngleich sich dies im Zuge von Entspannungs- und neuer Ostpolitik zunehmend verlor.[10] In Ostdeutschland dagegen blieb die Rede vom westlichen «Imperialismus» als letztem Stadium des Kapitalismus gängige Terminologie bis 1989. Auch in der Bildersprache des Kalten Krieges wurde oft umstandslos an Feindstereotypen der Zwischen- und der Kriegszeit angeknüpft, die der Formierung des eigenen Lagers dienten: Wer sich als Sozialist verhandlungsbereit mit den «Bürgerlichen» gab, setzte sich dem Vorwurf des «Kosmopolitismus» aus, so wie dies umgekehrt den Vorwurf des «Kommunismus» nach sich zog.

Für die SED-Führung blieb unverständlich, daß sich trotz der historischen Besserstellung des sozialistischen Lagers auch in den 1950er Jahren immer mehr Menschen aufmachten, über die innerdeutsche Grenze zum historisch überlebten «Klassenfeind» überzulaufen. Erneut wiederholte sich eine Konstellation des imperialistischen Zeitalters und wirkte auf Deutschland selbst zurück: Gut ausgebildete Personen wanderten oder flohen jährlich zu Hunderttausenden von Ost- nach Westdeutschland, um dort dem ideologischen und ökonomischen Gegner zugute zu kommen. Walter Ulbricht wertete schon 1957 jede Flucht oder Übersiedlung nach Westdeutschland als «eine Hilfe für die westdeutsche Militärbasis der NATO mit Arbeitskräften und einen Verlust von Arbeitskräften für die DDR. Eine Republikflucht ist Verrat an den friedlichen Interessen des Volkes.»[11] Es blieb eine kunstvolle, wenngleich konsequente Operation der ostdeutschen Propaganda, die Betonblockade für diese Massenflucht am 13. August 1961 zu einem «antiimperialistischen Schutzwall» umzudeuten. Denn den deutschen «Drang nach Osten», vor dem sich die Slawen schon Mitte des 19. Jahrhunderts gefürchtet hatten, bezogen die Ostdeutschen nun auf die westdeutschen «Faschisten».

Die beiden deutschen Staaten verorteten sich in der politischen Landschaft der Nachkriegszeit durch ihre Zugehörigkeit zum westlichen «Abendland» auf der einen, dem «sozialistischen Lager» auf der anderen Seite. Die Blockkonfrontation des Kalten Krieges erlaubte den Deutschen politische und ökonomische Aufstiege, ging jedoch auf Kosten der deutschen Einheit und ließ zunehmend auch ein einheitliches deutsches Nationalgefühl schwinden. Die beiden deutschen Teilstaaten wurden vielmehr zu Mustervertretern ihrer politischen Lager, setzten sich damit jedoch dem Vorwurf aus, zu einer «Kolonie» der jeweiligen Vormacht geworden zu sein. Gerade bei den früheren Trägern großdeutscher Ambitionen waren daher seit den 1950er Jahren Befürchtungen über die weitreichenden Folgen einer «Amerikanisierung» bzw. «Sowjetisierung» besonders ausgeprägt. In ihren Reihen wurde immer wieder ein «Ausverkauf» nationaler Interessen beklagt. Die von ihnen besonders heftig bekämpfte neue Ostpolitik bestand zu einem großen Teil darin, die Mechanismen der jeweiligen Blockeinbindung, vor allem den ausdrücklichen Gewaltverzicht und die Zusicherung einer «Unverletzlichkeit» der Grenzen, nun auf den «eisernen Vorhang» anzuwenden und damit die wechselseitigen Befürchtungen eines erneuten «Imperialismus» zu nehmen. Erst nach 1989/90 wurde an die bestehenden Grenzen Europas wieder gerührt, weil ihre Verläufe letztlich kaum weniger willkürlich gezogen worden waren als nach dem Ersten Weltkrieg.[12] Noch immer jedoch saß die Furcht deutscher

Nachbarn tief, daß ein einheitliches Deutschland sich mit den bestehenden Grenzen nicht zufriedengeben würde.

Der Vorwurf des «Neokolonialismus»

Auch jenseits der deutschen Grenzen wirkte sich der Kalte Krieg in einer ökonomisch-ideologischen Lagerbildung aus, die viele Staaten – und namentlich die sich dekolonisierenden Neuländer – zu einer politischen Entscheidung nötigte. Deutschland war hier nur ein Vorläufer gewesen; es gab andere geteilte Länder wie Korea und später Vietnam, in denen die Auseinandersetzungen sogar in heiße Kriege umschlugen. Ein Teil der entstehenden «Dritten Welt» versuchte, sich als «Blockfreie» unabhängig zu halten, andere Länder bemühten sich, die «Pokerdividenden» des Kalten Krieges einzufahren. Beides gleichzeitig wollte in den 1950er Jahren beispielsweise Ägypten: Für das Großprojekt eines neuen Staudamms bei Assuan bat es erst westliche, dann östliche Länder um Hilfe. Auch west- und ostdeutsche Angebote wurden eingeholt. Als das Land 1956 den Suez-Kanal verstaatlichte, fühlten sich England und Frankreich zu einer Strafaktion provoziert. Diese – letztlich gescheiterte – spätkoloniale Intervention während der «Suez-Krise» reihte sich ein in die globalen Machtverschiebungen, die zwar nach wie vor zu geostrategischen Spekulationen über «Stützpunkte» und «Einflußsphären» führten, doch ein unwiderrufliches Ende der Kolonialepoche signalisierten. Die USA und die UdSSR verblieben als letzte «imperiale» Großmächte, die zwar mit den Kolonialimperien des 19. Jahrhunderts wenig gemeinsam hatten, aber weiterhin zu Drohgebärden und Stellvertreterkriegen neigten, da beide aus wechselseitiger Expansionsfurcht allenthalben feindliche Eroberungen witterten.

An den Versuchen zur Einflußnahme waren auch die beiden deutschen Staaten beteiligt, die an der Schnittstelle des ideologischen Imperialismus der beiden Großmächte lagen. Mit der Hallstein-Doktrin schuf die Bundesrepublik im Mai 1955 ein Instrument der außenpolitischen Polarisation. Es beeinflußte das Verhältnis zu den unabhängig gewordenen Ländern maßgeblich und verschärfte das außenpolitische Werben um deren ideologische Orientierung.[13] Ansonsten verfolgte sie einen Kurs, der sich ausdrücklich von einer «neokolonialen» Politik abzusetzen bemühte. Dabei kam ihr der frühe Verlust der deutschen Kolonien durchaus zugute,

Deutschland galt inzwischen in vielen Ländern als «kolonial unbelastet». Nach dem Muster des eigenen Wiederaufbaus und der ökonomischen Integrationspolitik des Marshallplans konnte die Bundesrepublik im Windschatten der Weltpolitik und ausgestattet mit dem Nimbus eines «Wirtschaftswunderlandes» in Ländern der «Dritten Welt» eine erfolgreiche außenwirtschaftliche Angebotspolitik verfolgen. Sie dienten auch als Kompensation für die abgeschnittenen Märkte des Ostens.

Selbst befreundete Länder empfanden die raschen Erfolge des späteren «Exportweltmeisters» gelegentlich als eine subtile Widergängerei früherer Expansionsstrategien: Die «Berlin-Bagdad-Ambitionen» und der «Drang nach Osten», hieß es etwa 1959 in einem Artikel der amerikanischen Zeitschrift «Time», hätten unter dem Kaiser und dem «Führer» zwar zu nichts geführt. Mit ihren soliden Geschäftsbeziehungen, ihren Musterkoffern und den Hermesbürgschaften trete die westdeutsche Wirtschaft in der Welt aber nun um so erfolgreicher auf. In kolonialer Hinsicht hätten die Deutschen saubere Hände, und selbst dort, wo sie nicht sauber seien, etwa in der Beziehung zu Israel, schlügen sie nun zu ihrem Vorteil aus. Denn Deutschland habe zwar Israel mit deutschen Gütern beliefert, besäße zugleich aber bei den Arabern noch einen guten anti-israelischen Ruf und hätte auch aus diesem Grunde als erstes den Assuan-Damm projektieren dürfen. Bisweilen, so stellte die «Time» fest, würden die Westdeutschen allerdings noch von den politischen Angeboten der Ostdeutschen ausgebremst.[14]

Die DDR war jedoch in einer strukturell schlechteren Lage als die Bundesrepublik. Das vielbeschworene «Weltniveau» erreichte sie allenfalls im hochsubventionierten Leistungssport. Auch ihre Ansätze zu einer «Entwicklungspolitik» standen ökonomisch unter den Vorzeichen begrenzter Möglichkeiten, wenngleich viele «Neuländer» sich zunächst von «sozialistischer» Hilfe stärker angesprochen fühlten als von westlichem Kapital. Diese «antiimperialistische» Hilfe gab freilich auch ein sowjetisch inspiriertes Entwicklungsmodell vor, das letztlich wegen meist überstürzt betriebener Industrialisierungen zu zahllosen «weißen Elefanten», also zu Fehlinvestitionen in gewaltige Prestigeprojekte führte.[15] Die konkurrierende Modernisierungstheorie des Westens war hier mit ihren schematischen Modellen der Entwicklungsökonomie letztlich nur wenig erfolgreicher.[16] Generell brachte der Versuch, in den Zeiten rasanter Dekolonialisierung den Kolonialimperialismus durch eine beherzte Entwicklungspolitik zu ersetzen und die ökonomischen und zivilisatorischen Funktionen der «technischen Hilfe» von den Herrschaftsformen des Imperialismus zu lösen, das Problem der Schaffung von Abhängigkeiten nicht aus der Welt. Der Terminus «Unterentwicklung» verhieß zwar jedem Land und jedem Volk letztlich eine Möglichkeit zur «Entwicklung». Noch immer wurde dabei jedoch das eigene europäische, amerikanische oder sowjetische Niveau als Maßstab zugrunde gelegt. Auch nach dem weitgehenden Ende des klassischen Kolonialismus wurde eine anhaltende Dependenz konstatiert, wuchs die Sensibilität für die unterschiedlichen Formen «informeller» Durchdringungen. Der Begriff «Imperialismus» selbst wandelte sich zu einer emotional aufgeladenen Kennzeichnung für alle Arten der subtilen Einflußnahme sowie der kulturellen, ökonomischen und politischen Dominanz.[17] Der russisch-französische Sozialphilosoph Alexandre Kojève deutete diesen Kurswechsel der außenpolitischen Orientierung 1957 als Übergang von einem «nehmenden» zu einem «gebenden» Kolonialismus. Dahinter verstand er eine antirevolutionäre Strategie der «Integration», die aus der Erfahrung mit Proletarisierungstendenzen seit der Jahrhundertwende erwachsen war und vornehmlich über wirtschaftliche und infrastrukturelle Angebote erfolgte.[18] Analog war dies auf den Imperialismus insgesamt zu übertragen.

Die DDR begleitete diese Schwerpunktverlagerung äußerst kritisch. Sie leistete sich eine gut ausgebaute Kolonialgeschichtsforschung, um bei Einrichtungen der «Monopole» bzw. den «alt- und neokolonialistischen Propagandaorganisationen» sowie den «Interessenverbänden des deutschen Imperialismus» die Kontinuitäten zwischen Kaiserreich und Bundesrepublik nachzuweisen. Und hier wurde sie in der Regel schnell fündig: Nicht nur der «Verein für das Deutschtum im Ausland» oder Gesellschaften wie der 1934 gegründete «Afrika-Verein Hamburg-Bremen» bestanden auch in der Nachkriegszeit fort. Auch der «Übersee-Club. Gesellschaft für Weltwirtschaft e. V.», seit 1922/23 etabliert, erneuerte nach 1948 sein Vereinsleben. In Berlin wurde 1952/53 eine «Gesellschaft der Freunde Afrikas» ins Leben gerufen, die 1958 in der «Deutschen Afrika-Gesellschaft» aufging.[19] Dessen Vorsitzender, Bundestagspräsident Eugen Gerstenmaier, meinte 1960: «Wir haben, ohne viel dazu zu tun, erlebt, daß aus dem frühen Verlust unserer Kolonien eine späte Tugend geworden ist.» Deutsche und besonders Ludwig Erhard, so Gerstenmaier weiter, gälten bis in den Urwald hinein als Zauberer des Wohlstands.[20] Die DDR sah dies freilich umgekehrt: «Ebensowenig wie ein Wolf sich in ein friedliches Lamm verwandeln kann», hieß es in einer Publikation aus demselben Jahr, «können die Imperialisten zu friedlichen, selbstlosen Partnern der afrikanischen Völker werden.» Geändert hätten sich lediglich die äußeren Formen des Verkehrs und die Begriffe: «Die anrüchigen Termini ‹Kolonie›, ‹Protektorat›, ‹Kolonialwirtschaft› werden ersetzt durch ‹Entwicklungsland›, ‹wirtschaftliche Hilfe›, ‹Partnerschaft›, ‹Eurafrika›.»[21]

Tatsächlich gab es personell und institutionell in der Bundesrepublik eine Reihe von Kontinuitäten, die in der Tradition der kolonialen Lobby, aber auch der eurafrikanischen Planungen der Zwischenkriegszeit standen. Sie knüpften an die These von der gemeinsamen europäischen Verantwortung für die Entwicklung Afrikas an und konnten dabei von der Beobachtung ausgehen, daß die dort verbliebenen Kolonialmächte mit dem Aufbau einer funktionsfähigen Ökonomie meist überfordert waren. Vielmehr entwickelten sich parallel zu den spätkolonialen Entwicklungsplänen der Briten und Franzosen fast überall bereits Unabhängigkeitsbestrebungen, die in Asien und in Afrika teilweise in gewaltsame Erhebungen umschlugen. Namentlich die Franzosen bemühten sich darum, die Westdeutschen in die Entwicklungsprogramme einzubeziehen, und im Schuman-Plan von 1950 wurde die Erschließung Afrikas erneut als eine koordinierte europäische Aufgabe beschrieben. Die anschließenden Schritte von der Montanunion zur Europäischen Wirtschaftsgemeinschaft besaßen daher eine afrikanische Option, die sich darin äußerte, den (ehemals) französischen Kolonialgebieten den Status «assoziierter Gebiete» der Europäischen Gemeinschaft zuzuschreiben.

Deutsche «Afrikaexperten» sahen in diesen Bemühungen die Bekräftigung einer seit langem genährten Erwartung, daß der südliche Kontinent noch immer als «Europas Gemeinschaftsaufgabe Nr. 1» zu verstehen sei. Über dessen technische Erschließung werde das politisch geteilte Europa zu einer Einheit zurückfinden.[22] «Man darf sogar behaupten, daß die politischen und sozialen Spannungen in Afrika erst dann sich vermindern lassen, wenn auch der ‹schwarze Kontinent› technisiert wird. [...] Es ist Ingenieurarbeit, die mit dem Rechenschieber die Möglichkeiten der Rentabilität in bestmöglichem Grade herauszuholen sucht.»[23] Auch Stellungnahmen im Stil des geopolitischen Zeitalters waren in den 1950er Jahren noch zu vernehmen: «Die Welt ist längst noch nicht weggegeben. Im Gegenteil! Die Welt wird gerade wieder in einem ganz neuen Sinne ganz neu verteilt. Für Europa und gerade auch für uns Deutsche bietet das schäumend schnell sich entfaltende Afrika noch ganz unabsehbare Möglichkeiten. Aber wir müssen sie erkennen, müssen begreifen, daß es großartigere und wichtigere Perspektiven gibt als die einer nur innerdeutschen Politik. Afrika bleibt nach wie vor eine gesamteuropäische Aufgabe, also gerade auch eine deutsche. Und das gilt von Ägypten bis Kapstadt und von Dakar bis Sansibar und Madagaskar.»[24]

Von der Offensive zur Defensive

Den Afrikanern selbst erschienen solche Pläne durchaus «neokolonial». Der Senegalese Léopold Sédar Senghor räumte 1951 zwar ein, der Kontinent brauche Europa wegen seiner Technik, aber man wolle nicht, «daß Afrika als Morgengabe für eine Ehe zwischen Frankreich und Deutschland» diene.[25] Auch in Deutschland selbst wurde die Vermutung geäußert, daß die Franzosen auf dem Wege der Assoziation möglicherweise elegant versuchten, ihr koloniales Erbe in eine neue Ära hinüberzuretten.[26] Zudem klagte Deutschland darüber, daß es seine Mitwirkung am 1958 gegründeten «Europäischen Entwicklungsfonds» offenbar mit einer überdurchschnittlichen Beitragssumme «erkaufen» mußte.[27] Für die DDR bestätigte sich damit ihre neokoloniale Vermutung. Die von Westdeutschland bereitgestellten Beträge interpretierte sie erneut als «das Eintrittsgeld Bonns», damit «es sich an der Ausplünderung der Kolonien seiner EWG-Partner beteiligen darf!»[28]

Es war aber nur zum Teil die Kritik aus den – ehemaligen – Kolonialländern und aus der DDR, die das offizielle westdeutsche Engagement in «Übersee» weiter reduzierte. Für privatwirtschaftliches Engagement schien es weitaus erfolgversprechender, sich von der Ära des Imperialismus ausdrücklich abzusetzen. Die deutsche Kolonialepoche wurde daher aktiv verdrängt und als vorübergehendes Intermezzo abgetan, zumal die abschreckenden Beispiele des Korea-, Indochina-, Algerien- und Vietnam-Krieges zeigten, wie rasch man sich hierbei «verzetteln» konnte. Längst gerieten koloniale Ambitionen auch in den noch verbliebenen Kolonialländern in eine Minderheitenposition und mußten sich gegenüber ansteigenden Sympathien für die Befreiungsbewegungen der «Verdammten dieser Erde» rechtfertigen.[29] Mit der Renaissance der Linken in der Bundesrepublik kehrte der «antiimperialistische Kampf» sogar in deutsche Metropolen zurück, konnte aber nicht genau angeben, wer eigentlich sein Gegner war. Der Ökonomismus im Gefolge der leninistischen Imperialismustheorie überblendete weiterhin das transnationale Marktgeschehen mit den unvermeidlich expansiven Zügen der spätkapitalistischen Gesellschaft.

Doch westdeutsche Unternehmen bedurften der staatlichen Förderung kaum noch, sondern wurden in ihrem erschließenden Ausgreifen immer selbständiger. Viele Firmen bemühten sich bei ihrem Vorgehen auf den Exportmärkten ausdrücklich um Diskretion. Im weltweiten Wirtschaftskampf um «Niederlassungen», dem geopolitischen Kampf um «Stützpunkte» ähnlich, wurden nationale Interessen zunehmend durch «multinationale» Konzernstrukturen abgelöst.[30] Und auch die Rohstoffrage, die den Imperialismus mitgeprägt hatte, verlor im Laufe der 1950er Jahre an Brisanz. Die friedliche Nutzung der Atomenergie und, in Reaktion darauf, die Schwemme an billigem Erdöl legte für die Problematik begrenzter Ressourcen marktwirtschaftliche Lösungen nahe, die zudem einzelnen Ländern der «Dritten Welt» zu rasantem Wohlstand verhalfen. Exotische Territorien wie die Sahara oder pazifische Atolle wurden allenfalls noch als Testgebiete für Atomwaffen benötigt. Hieran war Deutschland aber ebenfalls nicht mehr beteiligt.

Seit der überwiegenden politischen Selbständigkeit Asiens, Afrikas und Lateinamerikas wurde der räumliche Erschließungsimpuls noch eine Weile auf den Meeresboden und in den Weltraum umgelenkt. Charakteristische Elemente der imperialistischen Epoche – das Menschheitspathos, die *frontiers*, die Inbesitznahmen fremder Territorien und der nationale Wettbewerb – fanden sich in den Weltraumprogrammen der USA, der UdSSR und Europas noch einmal wieder. Zum Prototyp des «Anderen» wurde zugleich der «Außerirdische»; in die «unendlichen Weiten» des Weltraums wurde hineinprojiziert, was auf der Erde keinen Ort mehr besaß.[31] Der Blick vom Mond zurück auf die Erde freilich beschleunigte ein globales Umdenken: Militärische Vernichtungspotentiale und weltweite Umweltprobleme legten eine «Weltinnenpolitik» nahe, die von territorialen Eroberungen endgültig Abschied nahm. Statt dessen wurden die ideologischen Systeme zunehmend auf sich selbst zurückgeworfen. Der Soziologe Helmut Schelsky meinte 1961: «Mit Recht nehmen daher unter dem politischen Gesichtspunkt die Entwicklungspläne für Wissenschaft und Technologie in den Großstaaten heute den ersten Platz ein; das ‹imperialistische› Wettrennen zur Beherrschung der wissenschaftlichen Zivilisation ist längst im Gange, es ist im Gegensatz zum nationalstaatlichen Imperialismus nicht raumextensiv, sondern entscheidet sich in der wissenschaftlich-technischen Leistungsintensität.»[32]

Die Folgen des imperialistischen Zeitalters und seiner Beiträge zur Globalisierung nahmen zeitgleich mit dem förmlichen Ende der Kolonialepoche überhand und wirkten auf die früheren Imperialmächte zurück. In Frage stand nun eher, wie man mit den Auswirkungen von Migrationsströmen, zunehmender Freizügigkeit und Völkervermischung umgehen soll. In Westdeutschland waren dies weniger die Zu- und Rückwanderungen aus den Kolonien als vielmehr die Asylsuchenden, die Wirtschaftsflüchtlinge und die Spätaussiedler sowie – zahlenmäßig am stärksten – die «Gastarbeiter», die sich entgegen dem ursprünglichen Kalkül der Anwerber, hierin einen vorübergehenden Ausgleich für den seit 1961 ausbleibenden Flüchtlingsstrom aus Ostdeutschland zu schaffen, auf dauerhafte Aufenthalte in Deutschland einrichteten. Es war nicht ohne Ironie, daß mit den türkischen Arbeitsmigranten ausgerechnet Vertreter derjenigen Macht Beiträge zu einer «Entnationalisierung» und ethnischen Enthomogenisierung der Westdeutschen leisteten, deren Land im 19. Jahrhundert von Deutschen als eines der ersten für eine imperialistische Durchdringung ausgemacht worden war.

Der Eindruck, mit dem Ende des imperialistischen Zeitalters werde man wie Zauberlehrlinge seiner Folgen nicht mehr Herr, bezog sich aber auch auf die «Dritte Welt»: Seit den 1950er Jahren wurde die Entwicklungshilfe der «Ersten» und «Zweiten Welt» fortlaufend durch die Beobachtung frustriert, daß die bescheidenen ökonomischen und zivilisatorischen Fortschritte meist unmittelbar wieder aufgezehrt wurden – nicht nur durch Mißmanagement und Korruption, sondern vor allem durch eine Explosion der Bevölkerungszahlen. Beobachter sahen hierin einen Teufelskreis der Unterentwicklung und eine Wiederkehr von europäischen Klassenkampf-Formationen des 19. Jahrhunderts, die von Pauperismus und Auswanderung begleitet gewesen war.[33] Die Entwicklungshilfe wurde fortan immer bescheidener und defensiver. Einerseits wollte sie Voraussetzungen für private Investitionen schaffen, andererseits revolutionäre Proletarisierungen verhindern. Sie bekam dadurch den spezifischen Trend zur Fürsorge und Gefahrenprävention, der bis in die Gegenwart anhält. Heute läuft Entwicklungshilfe vor allem darauf hinaus, die schlimmsten Folgen des vom Kolonialismus ins Wanken gebrachten Gleichgewichts zu beseitigen – oder doch wenigstens eine Völkerwanderung in die «entwickelten» Länder zu verhindern. Die europäischen Auswanderergesellschaften des ausgehenden 19. Jahrhunderts mutierten im ausgehenden 20. Jahrhundert zur «Festung Europa».[34]

Die andere, gegenteilige Seite dieses Trends zur Abschottung von Wohlstandssphären war die rasante Zunahme des individuellen und massenhaften Tourismus. Die NS-Zeit hatte zur Kenntnis der Deutschen über die außerdeutsche Welt wenig beigetragen, und der mit Kraft-durch-Freude-Schiffen begonnene Massentourismus war allenfalls bis nach Norwegen vorgedrungen. Erst der Krieg hatte vielen deutschen Soldaten, wenn auch verzeichnet durch die aggressive Propaganda und den Blick des Eroberers, zum ersten Mal sinnliche Anschauung von der Fremde geboten. In der Nachkriegszeit dagegen wurde es den Bundesbürgern durch das Radio, das Fernsehen, die Illustrierten und die Fernreisen möglich, sich noch der entlegensten Regionen, Völker und Ereignisse zu bemächtigen. Ferien im Ausland erlaubten nicht nur eine teilnehmende Beobachtung des Anderen, sondern auch eine Aneignung des Exotischen, seinen Rückimport nach Deutschland sowie eine umfassende Erweiterung der Horizonte. Die Deutschen wurden – auch hierbei extrem – bald zu Reiseweltmeistern. Schon 1968 überschritten die westdeutschen Auslands- die Inlandsreisen, um sich bis heute bei zwei Dritteln zu halten.[35] Nicht immer ist dabei die Bereitschaft, sich auf das Fremde einzulassen, besonders ausgeprägt: Wie die Eroberer und Kolonisatoren bringen natürlich auch Urlauber ihre Vorstellungen und Voreinstellungen mit. Bisweilen suchen sie auf Reisen, auch hier manchen Kolonialisten ähnlich, gar nicht das Fremde, sondern einen Platz an der Sonne, der Deutschland dennoch möglichst gleicht; der entspannte Alltag wird lediglich weiter südwärts verlagert. Deutsche Enklaven auf Mallorca, die sich vom spanischen Ambiente nur wenig beeindrucken lassen, sind daher sehr viel typischere Ziele als etwa Helgoland geworden. Ein anderer Typus des Reisenden sucht in der Fremde auf individuellere Weise seine Sehnsüchte auszuleben, begeistert sich für einen einfacheren, authentischeren oder ästhetischeren Lebensstil – etwa in der Toskana oder der Provence – oder sucht in «unverbildeten» Naturregionen den europäischen Zwängen zu entkommen. Ein dritter Typus ist wiederum bei Deutschen wohl besonders ausgeprägt: Er möchte im Urlaub am liebsten seinesgleichen, also anderen Deutschen, entkommen – was sich bei den inzwischen omnipräsenten deutschen Touristen zunehmend als echte Herausforderung erweist.

Infolgedessen sind die Westdeutschen – und seit 1989/90 in eingeschränkterem Maße auch die Ostdeutschen – zu buchstäblich weltläufigen Menschen geworden, so provinziell sie sich im Ausland auch immer benehmen mögen. Die Wettbewerbsvorteile der klassischen Kolonialnationen zur Aneignung von Welt – eingespielte Außenkontakte, diplomatische Erfahrungen, eine traditionelle Orientierung nach Übersee, ein koloniales Milieu etc. – vermochten die Deutschen ökonomisch, wissenschaftlich und touristisch weitgehend zu kompensieren. Anders sah es nach Ansicht eines nicht unwesentlichen Teils der westdeutschen Öffentlichkeit lange Zeit bei der außenpolitischen Präsenz der Bundesrepublik aus. Das unter den Vorzeichen ihrer expansiven Geschichte ausdrücklich bescheidene Auftreten Deutschlands auf weltpolitischen Ebenen, aber auch die ökonomischen Erfolge politischer Zurückhaltung haben nationalstaatlich orientierte Beobachter immer wieder befremdet. Sie beklagten einen gleichsam negativen Nationalismus der Deutschen, der sich in einer «Angst vor der Macht» bzw. mangelndem «Willen zur Weltmacht» äußere. Ihre Forderungen nach einem «Ende der Nachkriegszeit» und nach nationaler «Normalität» zeigen sich freilich oft den Kategorien einer vergehenden Epoche verhaftet. In einem vereinten Europa und einer sich globalisierenden Welt bilden gleichwohl genuin «nationale Interessen» weiterhin wichtige Referenzpunkte der Orientierung und «Identifizierung», solange das Bewußtsein der Menschen mit den Möglichkeiten menschlicher Begegnung, die eine moderne Welt mit sich bringt, noch nicht übereinstimmt.

Deutscher Imperialismus im 21. Jahrhundert?

Nach dem welthistorischen Umbruch von 1989/90 ließ sich erneut eine Renaissance der Geopolitik verzeichnen. Nachdem sich die Konservierung der bipolaren Weltordnung durch den Kalten Krieg auflöste, stand abermals eine «Neuordnung» Europas an. Dabei gab es nicht nur Wiedervereinigungen von getrennten Gebieten, wie im deutschen Fall, sondern auch Trennungen von künstlichen Einheiten wie im Falle Tschechiens und der Slowakei. Der Zerfall der sozialistischen Imperien ist bis auf die Kaukasusregion und das ehemalige Jugoslawien letztlich erstaunlich friedlich verlaufen. Manche Hoffnungen und Erwartungen, die sich in der Zwischenkriegszeit auf die «Nationalitätenfrage» richteten, haben sich inzwischen auf gewaltlosen Wegen verwirklicht. Nicht mehr die Schubkräfte des martialischen Imperialismus, sondern die Sogkräfte entwickelter Wohlstandsökonomien haben diese europäische «Neuordnung» letztlich bewirkt.

Die Ängste des Auslands vor einem wiedervereinigten, möglicherweise weiter nach Osten expandierenden Deutschland, das erneut «Weltpolitik» betreiben will, sind dadurch abgelenkt worden und waren wohl auch übertrieben. Trotz der gewaltsamen Angriffe auf Ausländer in den frühen 1990er Jahren blieb der befürchtete nationale und chauvinistische Überschwang weitgehend aus. Der ausdrücklich westliche und zivile Charakter der «größeren Bundesrepublik» war eine der Bedingungen dafür, daß die deutsche Einheit im Ausland rasch akzeptiert wurde. Weltpolitik als «nationales Projekt» kann gegenwärtig allenfalls noch von den USA betrieben werden. Gleichwohl hat der «Rückruf» in die vollständige Souveränität den Deutschen erneut machtpolitische Instrumente in die Hand gegeben und sie zu internationalen Aufgaben verpflichtet, die vor 1989 kaum denkbar waren, etwa Auslandseinsätze der Bundeswehr. Als einer der höchstentwickelten Industriestaaten hat Deutschland zudem einen nicht unwesentlichen Anteil an sämtlichen Prozessen der Globalisierung, ist aber in seinen politischen Spielräumen durch die Integration der neuen Bundesländer und die Gestaltung der Europäischen Union, aber auch die historischen Vorerfahrungen weltpolitisch weiterhin beschränkt. Die deutschen Kanzler sind zu «Handlungsreisenden» geworden, die allenfalls versuchen, «die Globalisierung im nationalen Interesse zu gestalten».[36]

Wenn Deutschland als «Mittelmacht» ein Problem besitzt, dann liegt es nach Aussagen des Bundeskanzlers Gerhard Schröder darin, daß es in der Welt mehr gilt als daheim. Eine jüngere Umfrage nach der Zielhierarchie deutscher Außenpolitik sieht jedenfalls die Notwendigkeit, gute Beziehungen zu den europäischen Nachbarstaaten zu pflegen, auf dem ersten Rang, während das Bedürfnis, «den deutschen Einfluß in der Welt zu vergrößern», auf dem vorletzten Platz von insgesamt achtzehn Positionen landet.[37]

Hat sich Deutschland also vom Imperialismus verabschiedet? Für den *Anspruch* trifft dies wohl überwiegend zu, für den *Vorwurf* weitaus weniger. Es gibt heute keine Agitation mehr für den Erwerb von Kolonien, keinen Alldeutschen Verband und keinen auftrumpfenden Kaiser, geschweige einen «Lebensraum» fordernden «Führer». Ein Revisionismus, der sich etwa auf Grenzverläufe bezieht, wäre zumindest innerhalb der Europäischen Union deplaziert. Und doch: Gerade in historischer Perspektive muß erstaunen, wie sich mittlerweile die kühnsten Erwartungen des ausgehenden 19. Jahrhunderts an ein mehr als nur wirtschaftlich geeintes und arbeitsteilig strukturiertes «Mitteleuropa» auf vollkommen friedlichem Wege verwirklicht haben. Gerade die Tatsache, daß es – bei aller Stärke Deutschlands – keinen eindeutigen oder sogar «pangermanischen» Hegemon darin gibt, ist wohl eine wesentliche Voraussetzung dafür gewesen, so daß inzwischen sogar Ostmitteleuropa einen gewissen «Drang nach Westen» zeigt, der sich seinerseits von allen panslawischen Bestrebungen verabschiedet hat. Auch mag man sich im Licht der Vorgeschichte bei den Diskussionen über den Beitritt der Türkei zur Europäischen Union an frühere Debatten über «kleindeutsche» oder «großdeutsche» Reiche erinnert fühlen. Nur daß nun gleichsam die «kleineuropäische» der «großeuropäischen» Variante gegenübersteht. Auch die Gefahr einer «imperialen Überdehnung» wurde in diesem Zusammenhang beschworen.

Schaut man über Europa hinaus, so will ebenso erstaunen, wie stark der chinesische Markt heute wie vor hundert Jahren von führenden Industrieländern umworben wird. Nur daß chinesische Waren inzwischen auch umgekehrt die Märkte Europas und Amerikas erobern. Lediglich Afrika und der Pazifik scheinen gegenwärtig jenseits jeder Begierde potentieller «Imperialisten» zu liegen. Es sei denn, die politische Agenda, an die bis heute die Entwicklungshilfe gekoppelt ist (Demokratisierung, Schaffung günstiger Investitionsklimata etc.), sowie die unvorstellbare Verschuldung, in welcher sich die «Dritte Welt» heute befindet, würden nach wie vor als Imperialismus bezeichnet. Auch wenn es gute Gründe gibt, hierin etwas Neuartiges zu sehen, das sich eben nicht mehr als «nationales Projekt» versteht und dessen Vorgeschichte infolgedessen anders erzählt werden müßte, sind die Argumente von Globalisierungsgegnern – etwa gegen das «neoliberale» Geschäftsgebahren multinationaler Konzerne – kaum von der Hand zu weisen. Die Akteure mögen gewechselt haben, doch gerade der im Zurückliegenden beschriebene Trend zu subtileren, weniger offensichtlichen Formen der imperialistischen Einflußnahme hält weiter an und bedarf der aufmerksamen Kritik im Lichte der historischen Erfahrung.

Rückblick

Wie eingangs bereits angedeutet, sollten auf den zurückliegenden Seiten keine Theorien über den Imperialismus bestätigt oder korrigiert werden. Vielmehr wurden am deutschen Beispiel vielfältige Phänomene beschrieben, die mit dem Begriff korrespondierten. Wie immer man die heutige Anwendbarkeit der Kategorie «Imperialismus» beurteilt, so läßt sich in historischer Perspektive zwischen dem ausgehenden 19. Jahrhundert und der zweiten Hälfte des 20. Jahrhunderts eine Epoche ausmachen, für die der Begriff als Anspruch und – mehr noch – als Vorwurf geprägt wurde. Sie war von einer erstaunlich kohärenten Problemwahrnehmung, von reizbaren Emotionen wie der vagabundierenden «Sonnen»- oder «Tropensehnsucht», von einem expansiven Lebensgefühl, von Sendungsbewußtsein und dem Bedürfnis getragen, die eigene Nation, das eigene Volk, die eigene Ökonomie oder Kultur möglichst vorteilhaft in Raum und Zeit zu plazieren. Dieser Rückblick auf den deutschen Imperialismus bezog sich auf die Nation als Referenzpunkt, andere Perspektiven, etwa auf den «Imperialismus» von Unternehmen oder von Kapital, sind denkbar und würden vermutlich eine andere Geschichte ergeben. Noch einmal: Die gegenwärtige Darstellung konnte nur einen Baustein zu einer sehr viel komplexeren Geschichte der weltweiten Vernetzung beisteuern. An ihr lassen sich exemplarisch transnationale Wechselwirkungen eines Zeitalters nachvollziehen, das ein emphatisches Verhältnis zu Nationen als primären Akteuren der Geschichte pflegte. Sie wäre zu ergänzen und zu erweitern durch Vergleiche mit anderen Imperialismen, aber auch mit Prozessen des Austauschs und der Zusammenarbeit zwischen den Imperialisten unterschiedlicher Nationen.[1] Schließlich würde eine Kontrastgeschichte der antiimperialistischen Impulse und des Internationalismus eine weitere Facette bilden, die für eine Gesamtgeschichte des 19. und 20. Jahrhunderts notwendig wäre.

Als klassische Zeit des Imperialismus im hier skizzierten Sinne müssen die dreißig Jahre vor Ausbruch des Ersten Weltkriegs gelten. In ihr rivalisierten Nationen, die bereits seit längerem Seefahrt,

Expansionen und Kolonisationen betrieben, also Spanien, Portugal, die Niederlande, England und Frankreich, mit industriell und national aufstrebenden Nationen wie Deutschland, den USA, Rußland, Japan, Italien und Belgien um die vermeintlich noch verbliebenen Räume der Erde. Aus den Vorerfahrungen mit der eigenen nationalstaatlichen Geschichte, aber auch mit der überstaatlichen Verflechtung entstand eine Ideologie der Expansion und der Erschließung, deren Impulse auf der Effektivität der neuen Mittel des Verkehrs, der Kommunikation und der Kriegführung, aber auch auf der Wahrnehmung sich schließender Grenzen beruhten. Die «mental maps» der Imperialisten besaßen in den betreffenden Ländern stets eine machtvolle, Milieus durchdringende Kraft, die in aller Regel von einer männlichen Minderheit mit ausgeprägtem «Potenzgehabe» getragen wurde. Vom Ende des 19. Jahrhunderts über den Ersten Weltkrieg hinaus bis zur zweiten Hälfte des 20. Jahrhunderts waren sie geprägt von dem Bedürfnis, die Räume und Ressourcen der Erde unter den führenden, zu einer wirtschaftlich und technisch effizienten Erschließung fähigen Kulturnationen aufzuteilen. Der imperialistische Denkstil schwankte zwischen offensiven und defensiven Orientierungen, aber auch zwischen der menschheitlichen Mission einer weltweiten Zivilisierung und engherzigem Nationalismus. Imperialistische Bestrebungen postulierten die primäre Geltung des eigenen Volks, der Nation, des Kulturkreises oder der Rasse, glaubten aber zugleich, im Sinne und zum Wohle der gesamten Menschheit zu handeln. In diesem Zusammenhang von «Größenwahn» zu sprechen legt heutige Maßstäbe und die Kenntnis der einheitlichen und vielfältig verflochtenen Welt zugrunde. Im Bewußtsein der Zeitgenossen war das expansive Denken jedoch keineswegs abwegig. Denn es verband sich mit einer sozialdarwinistisch überformten Geschichtsphilosophie, die von einer Konkurrenz zwischen den Staaten und Völkern um die Beherrschung von Lebensräumen ausging. Imperialismus bezeichnet damit eine Ebene zwischen Nationalismus und Internationalismus und charakterisiert eine Epoche, in der internationale Beziehungen eher durch die Macht des Stärkeren als durch das Recht gekennzeichnet waren. In gewisser Weise kehrte damit die Prestige- und Wertehierarchie der Jäger- und Sammlerkultur in die Welt der seßhaft Gewordenen zurück.[2] In der internationalen Politik bedeutete dies ein «konkretes Ordnungsdenken» (Carl Schmitt), das allenfalls ein europazentrisches Völkerrecht anerkannte, seine Legitimität jedoch überwiegend aus historischen Verlaufsmodellen bezog, denen man glaubte «zuarbeiten» zu müssen. Vor diesem Hintergrund sind auch die heute immer öfter auftretenden Forderungen nach Entschuldigungen und Wiedergutmachungen zu werten, auch an die Adresse der Deutschen, die zu den Spätfolgen von Kolonialismus und Imperialismus gehören.[3] Universell geltende Rechtsregeln konnten sich erst nach 1945 herausbilden, nachdem sich durch die imperiale Expansion die Zahl selbständiger Akteure der internationalen Politik «auf ein weltgeschichtliches Minimum» reduziert hatte – allein in Afrika faßte dieser Prozeß zwischen 1881 und 1902 etwa zehntausend politische Einheiten zu vierzig Herrschaftsgebieten zusammen.[4] Hieran wird deutlich, welch starke Vereinheitlichung das Zeitalter letztlich bewirkte.

Der Imperialismus war ein Phänomen vieler Ursachen und vieler Methoden, zeichnete sich aber, wie später der Kalte Krieg, vor allem durch nervöse Wahrnehmungsmuster der politischen Akteure aus. Daher war in der zurückliegenden Darstellung ebenso häufig von «scheinbaren» wie von realen Verhältnissen die Rede, denn es konnte unmittelbar politisch relevant sein, wie man fremdes Verhalten interpretierte. Die Bedeutung von Erwartungshorizonten und Phantasien kann dabei schwerlich überschätzt werden; die neueren «postkolonialen» und kulturgeschichtlichen Studien zum Imperialismus haben diesen Aspekt zu Recht ins Zentrum gerückt. So rational sich der europäische oder amerikanische Eroberer im Lichte seiner scheinbaren «Überlegenheit» gab, so sehr jagte er noch im Zeitalter des Hochimperialismus Faszinosa und Trugbildern hinterher. In der Ferne wurden nicht nur Reichtum und orientalischer Prunk erwartet, so wie es sich in Indien versinnbildlichte, dem Muster aller neuzeitlichen Kolonien, sondern auch Ursprünglichkeit. Die Erwartungshorizonte setzten ein fiebriges Engagement, Verwegenheit und erhebliche Risikobereitschaft frei, und was bei der Begegnung zwischen Imagination und praktischer Interaktion an der kolonialen *frontier* letztlich herauskam, ist ein unendlich vielschichtiger Prozeß, der noch lange nicht hinreichend dargestellt wurde.

Das für den Imperialismus notwendige Engagement konnte nach dem Ende des Ersten Weltkriegs in den demokratischen Vorsorge- und Wohlfahrtsstaaten Europas und Amerikas immer weniger mobilisiert werden. Lediglich einzelne Unternehmer waren noch zum Einsatz von Risikokapital bereit, ließen sich ihre Investitionen aber in der Regel von der Kolonialmetropole absichern und infrastrukturell zuarbeiten. Gab es koloniale Gewinne, flossen sie diesen Unternehmern zu, Verluste dagegen wurden in aller Regel umstandslos sozialisiert und letztlich vom Steuerzahler getragen, wenn sie nicht durch neue Eroberungen kompensiert werden konnten. Wo der Imperialismus innenpolitische Ursachen besaß und sich als Ersatz für innere Reformen durch äußere Expansion verstand, variierte er zugleich das aus anderen Bereichen bekannte Muster der wachstumsorientierten Moderne: Unliebsame Folgen wurden auf der Raum- oder Zeitachse verschoben, und durch das Versprechen von zukünftigen Gewinnanteilen floh man aus gegenwärtiger Bedrängnis.

In aller Regel lohnten sich freilich weder Kolonialismus noch Imperialismus, doch waren beide langfristig um so erfolgreicher, je weniger «machtvoll» sie auftraten. Nicht die formalen und territorialen Inbesitznahmen bewährten sich als Expansionsmethoden, sondern die flexiblen Formen der ökonomischen und kulturellen Durchdringung. Dies galt besonders dann, wenn sie als wirkliche Investitionen, das heißt als Angebote auftraten, von denen die indigenen Bevölkerungen oder die «friedlich durchdrungenen» Kulturen unmittelbare Vorteile erwarten konnten. Daher sind bis heute westliche Kulturmuster, vor allem Elemente der Populärkultur, des Rechtssystems und der gesellschaftlichen Organisation, industrielle Produktivität und die wissenschaftliche Inbesitznahme von Natur und Ressourcen weiterhin «Exportschlager» der früheren imperialistischen Mächte. Das trifft auch auf die Begleiterscheinungen der industriellen Moderne zu, etwa auf Umweltfolgen. Und daß viele der Handelsofferten an potentielle Absatzmärkte wiederum mit einer Bedarfsweckung einhergehen, nimmt der scheinbar friedlichen und freiwilligen Angebotspolitik einen Teil ihrer Harmlosigkeit. Selbst und gerade der Neoliberalismus wird daher heute mit dem Vorwurf des Imperialismus konfrontiert – so wie überall dort, wo das Gefühl der Überrumpelung durch übermächtige Kräfte genährt wird. Das trifft auch für «Humanitätsinterventionen» zu, die schon die klassische Phase des Imperialismus begleitet haben.[5] Ohne das ausgleichende Gewicht des linken Antiimperialismus erscheinen heute transnationaler Kapitalismus und «Verwestlichung» gänzlich ungezügelt, sehen sich nun jedoch mit einem noch schwerer greifbaren Fundamentalismus konfrontiert.

Als historisch in einer bestimmten Situation entstandener und von bestimmten Strukturmerkmalen gekennzeichneter Begriff läßt sich Imperialismus jedoch auf viele der heutigen Phänomene nicht mehr anwenden. Denn das Moment der geplanten Absicht und des Zwangs, das den klassischen Imperialismus auszeichnete, hat sich gegenüber Prozessen, die man zwar mit «Sachzwängen» umschreiben kann, die jedoch jeder kohärenten Steuerung entbehren, weiter abgeschwächt. Kann schon der Imperialismus nur als Prozeß beschrieben werden, der sich in Schüben, in Netzwerken und in Wechselwirkungen vollzieht, so gilt dies noch einmal verschärft für die Globalisierung, von der seit den 1960er Jahren immer häufiger die Rede ist. Dabei schwächt sich die kulturelle Spezifik *aller* Nationen und Kulturen ab, um allmählich einer «Weltkultur» zu weichen, die in technischer Hinsicht bereits heute in sämtliche Regionen dieser Erde reicht. Auch dieser Vereinheitlichungsprozeß bringt jedoch Widerspruch, Widerstand und die forcierte Wiederentdeckung regionaler «Identitäten» mit sich.[6] Ob der Nationalstaat als Handlungseinheit sich hierbei gar als historische Übergangserscheinung erweisen wird, bleibt freilich abzuwarten.

Wenn abschließend die Besonderheit des deutschen Anteils an der Geschichte des modernen Imperialismus noch einmal hervorgehoben werden soll, muß vor allem auf die relativ späte Nationswerdung und die stets prekären Grenzverläufe verwiesen werden. Beides bedingte den besonders akademischen und besonders revisionistischen Charakter des deutschen Imperialismus. Fortgesetzt nahmen Deutsche auf die großen Leistungen des Dichtens, des Denkens und der kulturellen Praxis Bezug, um sie in politisches Kapital umzumünzen und als Eintrittskarte in den Kreis derer zu nutzen, auf die es in der Welt ankomme. Dies hatte zunächst gedankliche, dann jedoch in den beiden Weltkriegen auch praktische Übersteigerungen zur Folge. Sie waren von der Suche nach Begründungen geprägt, die Bestehendes in Frage stellten und die ebensogut zur defensiven Abwehr von Bedrohungen wie zur Begründung von Expansionen dienten. Die rasanten Ausweitungen der Wissenshorizonte seit dem 19. Jahrhundert und die dadurch bedingten Konfrontationen mit dem Fremden erzeugten stets starke Irritationen für das europäische Selbstverständnis. Die Deutschen zeigten überdies eine besondere Neigung zu Aggressivität und Gewaltsamkeit, die sich aus dem vermeintlichen Zuspät- und Zukurzkommen, den Diskrepanzen zwischen kultureller, ökonomischer und weltpolitischer Bedeutung, dem empfindsamen Ehrgefühl eines vermeintlich notorisch unter Wert geschätzten «Herrenvolks», der mangelnden Erfahrung und fehlenden «demokratischen Kultur» sowie der Neigung zu akademischem Schematismus ergab. Von Bismarcks kleindeutscher Lösung der «deutschen Frage» bis zur Wiedervereinigung 1990 bildete zudem der Revisionismus, das Nichtanerkennen des Status quo, ein Element deutscher Außenpolitik, der sich vornehmlich auf die politischen Grenzverläufe, aber auch auf deutsche «Weltgeltung» bezog.

Spezifisch für Deutschland war zudem seine Mittellage, die im Weltbild der Imperialisten und Geopolitiker besonders intensive Deutungsbemühungen freisetzte. Die Offenheit gegenüber den Einflüssen Anderer wurde stets als Chance und Gefährdung zugleich wahrgenommen. Sie beförderte die Sorge um die Bestimmung des «Eigenen», der völkischen «Eigenart» oder des «deutschen Wesens», konnte aber auch dazu verleiten, gerade im föderalen Aufbau und in der Heterogenität Deutschlands ein Modell zu sehen für politische Zusammenschlüsse *jenseits* des Nationalstaats. Zum Imperialismus konkurrierende Vorstellungen sprachen Deutschland folglich eine «Brückenfunktion» zwischen Ost und West, zwischen Nord und Süd oder zwischen Kapitalismus und Kommunismus zu. In Momenten der Spannung und des Konflikts konnte die gleiche Zwischenlage aber auch das klaustrophobe Gefühl der geopolitischen Bedrohung steigern und die Gefahr eines Mehrfrontenkrieges heraufbeschwören. Die Außenpolitik der deutschen Nation schwankte daher seit 1871 ständig zwischen einer mehr oder weniger kunstvollen Verständigungs- und Ausgleichspolitik und einer herrischen Hegemonialpolitik, die Deutschland einen Status als europäische Großmacht oder gar als «Weltmacht» hat erobern wollen, um solche Bedrohungen ein für allemal hinter sich zu lassen. Entgegen den nachvollziehbaren Befürchtungen der Gegner deutscher Expansionen war keineswegs die gesamte deutsche Bevölkerung vom Geist des expansiven preußischen Militarismus durchdrungen. Vielmehr gab es stets moderate Stimmen des Ausgleichs, die sich freilich in den wechselvollen Zeitläufen nicht durchzusetzen vermochten. Das Schicksal der Weimarer Republik stand auf der Ebene praktischer Verständigungspolitik hierfür exemplarisch. Sie vermochte im Ausland stärkeres Vertrauen zu bilden als im Innern Deutschlands. Erst nach 1945 gelang es, beides miteinander in Deckung zu bringen, freilich um den Preis einer länger anhaltenden nationalen Spaltung.

Auch auf die Organisation des Wissens über die Welt wirkte sich der in seiner Praxis mehrfach unterbrochene Charakter des deutschen Imperialismus aus: In wenig anderen Ländern besaßen akademische Anschauungen – sei es in Form von politischen Pamphleten oder seriöser Forschung – eine so stark kompensatorische Funktion für die ausbleibende Anwendung und war der Grad ihrer Politisierung derart ausgeprägt. Wo sie sich in den Dienst der deutschen Nation oder des deutschen Volkes gestellt sahen, bildeten weltpolitische Deuter, «Vordenker» und «Ideologieproduzenten» eine stets zwischen defensiver und offensiver Absicht wechselnde Begleitreflexion aus. Im Ausland wurde die Aufmerksamkeit für die Ambivalenzen und den gleichsam «faustischen» Charakter des deutschen Denkens geradezu notorisch.[7] War der im europäischen Kolonialismus angelegte Zwiespalt von zivilisatorischer Mission und inhumaner Brutalität von Joseph Conrad im Roman «Herz der Finsternis» subtil ausgeführt worden, so drängte sich für die Charakterisierung des deutschen Auftretens auf der Weltbühne immer wieder Robert Louis Stephensons Figur des «Dr. Jekyll und Mr. Hyde» auf.[8]

Die nationalsozialistische «Weltanschauung» – die nicht von ungefähr so hieß – war ein unzusammenhängendes Gemisch aus allen möglichen Gedankenwelten, das auch nicht in erster Linie überzeugen, sondern mitreißen wollte. Die geistigen Horizonte des Imperialismus spiegelten sich fast vollständig darin wider: die dynamische Raumvorstellung, die rassische Hierarchisierung, das Sendungsbewußtsein, der Eroberungs- und Erschließungswille, die Gegenüberstellung von Herrenvolk und Untermenschen, die Absicht der Ausbeutung, die bürokratische Herrschaft über Helotenvölker usw. – alles tendenziell in ihren radikalsten Varianten. Durch die rassische Biologisierung der Eroberung von «Lebensraum» waren zudem alle Selbstzweifel zerstreut, die den klassischen Imperialismus noch begleitet hatten. Wenn es hierbei einen deutschen «Sonderweg» gab, dann lag er nicht darin, daß räumliche Grenzen mit politisierten Begründungen in Frage gestellt wurden. Auch daß die expansionistische Eroberung von Lebensraum zu einer Überlebensfrage stilisiert wurde, war nicht ungewöhnlich, sondern daß ein hochmodernes Staatswesen in den Dienst eines eliminatorischen Rassismus gestellt wurde. «Weltherrschaft» wurde hier zur Suprematievorstellung einer angeblich zur weltweiten Führung berufenen arisch-germanischen Rasse, die sich das «Recht» herausnahm, über das Schicksal anderer Völker zu entscheiden, ohne dies anders als mit angeblichen «Lebensgesetzen» zu begründen. Das Dritte Reich Hitlers zog aus den Erfahrungen von klassischem Imperialismus und Kolonialismus zudem die Schlußfolgerung einer möglichst unmittelbaren Gratifikation der Eroberer, auch hierin dem römischen Vorbild nacheifernd, das Heerführer und Soldaten mit Posten und Ländereien in den eroberten Provinzen versehen hatte. Die Eroberungen des Zweiten Weltkriegs, besonders von Lebensraum im Osten, waren darauf angelegt, die Folgen der Feldzüge möglichst wenig auf die «Heimatfront» rückwirken zu lassen, sich möglichst bald selbst zu tragen und die Eroberer möglichst umfassend zu korrumpieren.[9]

Der im Dritten Reich von Deutschland ausgehende imperialistische Impuls gestaltete die weltweiten Landkarten tatsächlich um, wenn auch anders, als von Hitler beabsichtigt. Statt eines «Großgermanischen Reiches» vom Atlantik bis zum Ural, das von «fremdrassigen Elementen» weitgehend «gesäubert» war, befanden sich am Ende des Krieges Millionen von Deutschen auf der Flucht aus Ostmitteleuropa. Und statt die als problematisch erlebte Minderheitenfrage zu «bereinigen», wurde durch Vertreibungen, Bevölkerungsverschiebungen und andere Migrationsbewegungen die Gestalt Europas derart durcheinandergewirbelt, daß ethnisch homogene Nationalstaaten heute noch illusionärer erscheinen als in Zeiten einer «völkischen» Politik. Wie schon beim Kolonialismus, der wenig rentabel und unattraktiv für Siedler und Investoren blieb, kam es letztlich anders als geplant. Das gilt noch in einem anderen Sinn: Deutschland war unter den imperialistischen Mächten dasjenige Land, das – wenngleich unfreiwillig – am frühesten aus der praktischen Kolonialpolitik wieder ausstieg. Von vielen Folgen der spätkolonialen Epoche und der Dekolonisationsphase, die vor allem Frankreich und England in langfristige Turbulenzen stürzte, blieb es daher verschont. Deutschland hat sich auf andere, informellere Arten der Einflußnahme verlegen müssen, die weniger imperialistisch konnotiert waren, in der Phase der Dekolonisation aber entscheidende Startvorteile im Außenhandel bedeuteten. Bei aller Nostalgie, die in Kreisen ehemaliger Kolonialisten auch weiterhin genährt wurde, war es vorteilhaft, das kolonisatorische Engagement aktiv zu verdrängen. Die DDR definierte sich als ein ausdrücklich «antiimperialistisches» Land, und auch die Bundesrepublik bezog ihre «Identität» nicht mehr aus einer Weltpolitik, sondern vornehmlich aus der Ökonomie. Darin fanden sich zwar Elemente des deutschen Leistungsethos wieder, die schon in der imperialistischen Epoche im Zentrum standen, doch besaß es gerade in der Wiederaufbauphase ein weitaus zivileres Gepräge als vorher.

Ökonomie und infrastrukturelle Vernetzung erwiesen sich als Integrationsfaktoren erster Ordnung. Sie erlaubten auch die Bewältigung der spezifisch deutschen Spätfolgen der imperialistischen Epoche, die Eingliederung der Heimatvertriebenen und der Spätaussiedler, die weniger ihre «völkische» Verbundenheit nach Deutschland führte, sondern eher die Attraktivität des deutschen Wohlstandsmodells. Es wäre vor diesem Hintergrund abwegig, in der 1957 gegründeten Europäischen Wirtschaftsgemeinschaft eine neue Idee erblicken zu wollen. Vielmehr bekamen erst nach den Erfahrungen zweier Weltkriege solche Kooperationspläne die historische Chance ihrer Umsetzung, weil sich die nationalistischen Übersteigerungen diskreditiert hatten, die bis dahin solche Konzepte verhindert hatten. Das Europa der Nachkriegszeit war auch aus dem Geiste des Widerstands gegen nationalistische und imperialistische Übersteigerungen erwachsen, und die bipolare Weltordnung des Kalten Krieges trug dazu bei, die Kooperation innerhalb der Lagersysteme notwendig erscheinen zu lassen.[10] Die Situation seit 1945 ist gekennzeichnet durch das Bewußtsein globaler Interdependenz, internationaler Verflechtung und der zunehmenden Unmöglichkeit des Isolationismus. In der Konsequenz des imperialistischen Zeitalters gibt es kein «Außen» mehr, und statt Weltpolitik wird heute zunehmend Welt*innen*politik betrieben. Von Imperialismus und Neokolonialismus ist zwar heute noch immer die Rede, doch geht es dem Westen wie dem Osten, dem Norden wie dem Süden eher darum, zu einer völkerrechtlichen Ordnung zu gelangen, die derlei Politik ausschließt. Das Weltbürgertum, von den aufgeklärten Europäern seit dem 18. Jahrhundert beschworen, ohne sich in der Folge seines Geistes würdig zu erweisen, ist heute von den technischen, wirtschaftlichen und kulturellen Voraussetzungen her einfacher denn je zu verwirklichen. Gerade aus der Vorerfahrung mit den Trugbildern eines homogenen Nationalismus und eines herrischen Imperialismus könnten Deutsche die besondere Bereitschaft ziehen, das Fremde als etwas anzuerkennen, das sein Eigenes hat. Es wäre ein historischer Gewinn, wenn Deutschland seine Mittellage nicht mehr als bedrohlich, sondern in einem ebenso moderaten wie moderierenden Sinne versteht.

Anmerkungen

Einleitung

1 Felix Dahn: Gesammelte Werke, Zweite Serie, Band 5: Gedichte und Balladen (Auswahl), 2., völlig veränderte Auflage, Leipzig/Berlin 1921, S. 604. Für die kritische Lektüre des Manuskripts und manche Anregung danke ich namentlich Claudia Althaus, Jan Christian Jansen, Sabine Kirsch, Jeannette Michelmann und Frank Möller.

2 Dan Diner: Das Jahrhundert verstehen. Eine universalhistorische Deutung, Frankfurt/Main 2000. Karl Schlögel: Im Raume lesen wir die Zeit. Über Zivilisationsgeschichte und Geopolitik, München 2003.

3 Über Entstehung und Ausdeutung gerade dieser Zeile, wenngleich mit allzu milder Tendenz, Max Hildebert Boehm: Ursprung und nationale Funktion des Deutschlandlieds, in: West-östliche Perspektiven. Festschrift für Erik von Sievers zum 65. Geburtstag, Stuttgart 1966, S. 9–29. Vgl. auch Rainer Blasius: Das Lied der Deutschen. Von Ebert über Heuss bis Weizsäcker: Der lange Streit über die Nationalhymne, in: Frankfurter Allgemeine Zeitung, Nr. 99 vom 29. April 2002, S. 8.

4 Michael Stürmer: Das ruhelose Reich. Deutschland 1866–1918. Durchges. Aufl. Berlin 1994. Volker Ullrich: Die nervöse Großmacht. Aufstieg und Untergang des deutschen Kaiserreichs 1871–1918, 2. Aufl. d. durchges. Ausg. Frankfurt/Main 1999.

5 Dieter Gosewinkel: Einbürgern und Ausschließen. Die Nationalisierung der Staatsangehörigkeit vom Deutschen Bund bis zur Bundesrepublik Deutschland, Göttingen 2001.

6 Noch 1888 definierte Meyers Conversations-Lexikon «Imperialismus» als «Bezeichnung für den politischen Zustand der Staaten, in welchen, wie unter den römischen Kaisern, nicht das Gesetz, sondern die auf Militärmacht sich stützende Willkür des Regenten herrscht.»

7 Helmut Dan Schmidt: Art. «Imperialismus», in: Claus D. Kernig (Hg.): Sowjetsystem und demokratische Gesellschaft. Eine vergleichende Enzyklopädie, Bd. III, Freiburg u. a. 1969, S. 26 ff. Richard Koebner/Helmut Dan Schmidt: Imperialism. The Story and Significance of a Political Word, 1840–1960, Cambridge 1964. Jörg Fisch/Dieter Groh/Rudolf Walther: Art. «Imperialismus», in: Otto Brunner/Werner Conze/Reinhart Koselleck (Hg.): Geschichtliche Grundbegriffe. Historisches Lexikon zur politisch-sozialen Sprache in Deutschland, Bd. 3, Stuttgart 1982, S. 171–236.

8 Vgl. Wolfgang J. Mommsen: Imperialismustheorien, 3. Aufl. Göttingen 1987.

9 Vgl. Niall Ferguson: Das verleugnete Imperium. Chancen und Risiken amerikanischer Macht, Berlin 2004.

10 Michael Hardt/Antonio Negri: Empire. Die neue Weltordnung, Frankfurt/Main 2003. Robert Kurz: Weltordnungskrieg. Das Ende der Souveränität und die Wandlungen des Imperialismus im Zeitalter der Globalisierung, Bad Honnef 2003.

11 Vgl. Wolfgang Reinhard: Geschichte der europäischen Expansion, Bd. 1, Stuttgart u. a. 1983, S. 10. Winfried Baumgart: Der Imperialismus. Idee und Wirklichkeit der englischen und französischen Kolonialexpansion 1880–1914, Wiesbaden 1975, S. 1.

12 Jürgen Osterhammel/Niels P. Petersson: Geschichte der Globalisierung. Dimensionen, Prozesse, Epochen, München 2003, S. 24.

13 Nach Jürgen Osterhammel: Kolonialismus. Geschichte, Formen, Folgen, München 1995, S. 27.

14 Alexander Honold/Oliver Simons: Einleitung, in: dies. (Hg.): Kolonialismus als Kultur. Literatur, Medien, Wissenschaft in der deutschen Gründerzeit des Fremden, Tübingen 2002, S. 11.

15 Charles S. Maier: Consigning the Twentieth Century to History: Alternative Narratives for the Modern Era, in: American Historical Review, Bd. 105, Heft 3/2000, S. 807–831. Maier bezieht dies auf die Zeit zwischen etwa 1850 und 1960.

16 Zum Nationalismus vgl. Dieter Langewiesche: Nation, Nationalismus, Nationalstaat in Deutschland und Europa, München 2000. Hans-Ulrich Wehler: Nationalismus. Geschichte, Formen, Folgen, München 2001.

17 Stefan Breuer: Ordnungen der Ungleichheit – die deutsche Rechte im Widerstreit ihrer Ideen 1871–1945, Darmstadt 2001, S. 147–194.

18 Vgl. Etienne François/Hagen Schulze: Das emotionale Fundament der Nationen, in: Monika Flacke (Hg.): Mythen der Nationen. Ein europäisches Panorama, München 1998, S. 17–32.

19 Vgl. Karl Hammer: Weltmission und Kolonialismus. Sendungsideen des 19. Jahrhunderts im Konflikt, München 1981.

20 Jürgen Osterhammel: Imperialgeschichte, in: Christoph Cornelißen (Hg.): Geschichtswissenschaften. Eine Einführung, Frankfurt/Main 2000, S. 221–232, hier S. 224.

21 Bedrich Loewenstein: «Am deutschen Wesen ...», in: Etienne François/Hagen Schulze (Hg.): Deutsche Erinnerungsorte, Bd. I, 4. Aufl. München 2003, S. 290–304, hier S. 294.

22 Samuel I. van Campen: Die Imperatoren. Gescheiterte Expansionen und ihre Folgen, München 1981. Vgl. auch verschiedene Beiträge in Frank Möller (Hg.): Charismatische Führer der deutschen Nation, München 2004.

23 Nach Erika Behm/Jürgen Kuczynski: Arthur Dix, Propagandist der wirtschaftlichen Vorbereitung des Ersten Weltkrieges, in: Jahrbuch für Wirtschaftsgeschichte, Teil 2/1970, S. 60–100, hier S. 73.

24 Der Schweizer Entwicklungspsychologe Jean Piaget beispielsweise sah das Spiel als «Instrument der Weltaneignung» und damit als Medium der Selbstfindung des heranwachsenden Kindes.

25 Diese Interpretation etwa bei Josef Schumpeter: Soziologie der Imperialismen (1919), vgl. Mommsen: Imperialismustheorien, 1987, S. 22.

26 Reinhart Koselleck: Zur historisch-politischen Semantik asymmetrischer Gegenbegriffe, in: ders.: Vergangene Zukunft. Zur Semantik geschichtlicher Zeiten, Frankfurt/Main 1989, S. 211–259.

27 Friedrich List: Art. «Asien» in: Carl von Rotteck/Carl Welcker (Hg.): Das Staats-Lexikon. Encyklopädie der sämmtlichen Staatswissenschaften für alle Stände, Bd. 1, Altona 1834, S. 718.

28 Hierzu Gregor Schöllgen: Die Macht in der Mitte Europas. Stationen deutscher Außenpolitik von Friedrich dem Großen bis zur Gegenwart, München 1992. Klaus Hildebrand: Das vergangene Reich. Deutsche Außenpolitik von Bismarck bis Hitler 1871–1945, Stuttgart 1995.

Strukturelemente des modernen Imperialismus

1 Nach Richard Nürnberger: Das Zeitalter der Französischen Revolution und Napoleons, in: Golo Mann/Alfred Heuß (Hg.): Propyläen Weltgeschichte. Eine Universalgeschichte. Bd. 8, Berlin 1960, S. 59–191, hier S. 151.

2 Ebd. S. 189–190.

3 Vgl. Ralph Jessen/Jakob Vogel (Hg.): Wissenschaft und Nation in der europäischen Geschichte, Frankfurt/Main 2002.

4 Nach Pierre Bertaux: Vorwort, in: Wolfgang-Hagen Hein (Hg.): Alexander von Humboldt. Leben und Werk, Frankfurt/Main 1985, S. 8.

5 Zu einem Muster wurde der British Survey of India (1818–1882). Später folgte ein African Survey (1936).

6 Franz Josef Schulte-Althoff: Studien zur politischen Wissenschaftsgeschichte der deutschen Geographie im Zeitalter des Imperialismus, Paderborn 1971.

7 Yves Lacoste: Geographie und politisches Handeln. Perspektiven einer neuen Geopolitik, Berlin 1990, S. 20–23. Vgl. auch Hans-Dietrich Schultz: Deutsches Land – deutsches Volk. Die Nation als geographisches Konstrukt, in: Berichte zur deutschen Landeskunde, Bd. 72, Heft 2/1998, S. 85–114.

8 Stefan Arend: Das Land der Deutschen mit der Sprache suchen, in: Frankfurter Allgemeine Zeitung, Nr. 206 vom 5. September 2003, S. 40.

9 Karl Löwith: Weltgeschichte und Heilsgeschehen. Die theologischen Voraussetzungen der Geschichtsphilosophie, 3. Aufl. Stuttgart 1953. Vgl. auch Ernst Schulin: Arbeit an der Geschichte. Etappen der Historisierung auf dem Weg in die Moderne, Frankfurt/New York 1997.

10 Vgl. dazu Dirk van Laak: Weiße Elefanten. Anspruch und Scheitern technischer Großprojekte im 20. Jahrhundert, Stuttgart 1999, S. 13–50.

11 Vgl. Winfried Weisshaupt: Europa sieht sich mit fremdem Blick. Werke nach dem Schema der «Lettres persanes» in der europäischen, insbesondere der deutschen Literatur des 18. Jahrhunderts, 3 Bde., Frankfurt/Main u. a. 1979.

12 Heinz Gollwitzer: «Für welchen Weltgedanken kämpfen wir?» Bemerkungen zur Dialektik zwischen Identitäts- und Expansionsideologien in der deutschen Geschichte, in: Klaus Hildebrand/Reiner Pommerin (Hg.): Deutsche Frage und europäisches Gleichgewicht. Festschrift für Andreas Hillgruber zum 60. Geburtstag, Köln/Wien 1985, S. 83–109.

13 Ihre Strukturprinzipien seit dem Muster Roms waren: 1. städtische bzw. industrielle imperiale Zentren mit agrarisch geprägten und tributpflichtigen Umländern, 2. Militär- und Verkehrstechnologien, die bis in die entferntesten Peripherien des Imperiums reichen, 3. die Dominanz eines «Herrenvolkes» sowie einer universalistischen «Reichsideologie», 4. die Kollaboration der Eliten in den Fremdvölkern sowie 5. relativ variable Grenzen zu «feindlichen» oder «barbarischen» Völkern außerhalb des Imperiums, vgl. Jürgen Osterhammel: Imperialgeschichte, in: Christoph Cornelißen (Hg.): Geschichtswissenschaften. Eine Einführung, Frankfurt/Main 2000, S. 226.

14 Vgl. Suzanne Marchand: Down from Olympus: Archaeology and Philhellenism in Germany, 1750–1970, Princeton 2003.

15 Vgl. Aleida Assmann: Arbeit am nationalen Gedächtnis. Eine kurze Geschichte der deutschen Bildungsidee, Frankfurt/Main u. a. 1993.

16 Johannes Weitzel: Art. «Colonien», in: Carl von Rotteck/Carl Welcker (Hg.): Das Staats-Lexikon, Bd. 3, Altona 1846, S. 276.

17 Nach Hans-Ulrich Wehler: Nationalismus. Geschichte, Formen, Folgen, München 2001, S. 66.

18 Vgl. Edward Said: Orientalismus, Frankfurt/Main 1981. Ders.: Kultur und Imperialismus. Einbildungskraft und Politik im Zeitalter der Macht, Frankfurt/Main 1994.

19 Vgl. Nicolaas Rupke über die Wandlungen des Humboldt-Bildes, in: Ralph Jessen/Jakob Vogel (Hg.): Wissenschaft und Nation in der europäischen Geschichte, Frankfurt/Main 2002.

20 Vgl. Alexander Honold: Flüsse, Berge, Eisenbahnen: Szenarien geographischer Bemächtigung, in: ders./Klaus R. Scherpe (Hg.): Das Fremde. Reiseerfahrungen, Schreibformen und kulturelles Wissen (Zeitschrift für Germanistik, Beiheft 2), Bern 2000, S. 149–174.

21 Johannes Fabian: Im Tropenfieber. Wissenschaft und Wahn in der Erforschung Zentralafrikas, München 2001. Literarisch vgl. etwa Robert Müller: Tropen. Der Mythos der Reise. Urkunden eines deutschen Ingenieurs, Stuttgart 1993 (zuerst 1915).

22 Wolfgang Reinhard: Geschichte der europäischen Expansion, Bd. 4, Stuttgart u. a. 1990, S. 205.

23 Cornelia Essner: Deutsche Afrikareisende im neunzehnten Jahrhundert, Stuttgart 1985. Mary Louise Pratt: Imperial Eyes. Travel Writing and Transculturation, London/New York 1992. Tanja Hemme: Streifzüge durch eine fremde Welt. Untersuchungen ausgewählter schriftlicher Zeugnisse deutscher Reisender im südlichen Afrika im 19. Jahrhundert unter besonderer Berücksichtigung der kulturellen Fremderfahrung. Eine literaturwissenschaftliche Untersuchung, Stuttgart 2000.

24 So die These des Buches von Irene Albers/Andrea Pagni/Ulrich Winter (Hg.): Blicke auf Afrika nach 1900. Französische Moderne im Zeitalter des Kolonialismus, Tübingen 2002.

25 David Cannadine: Ornamentalism. How the British saw their Empire, London 2001.

26 Reinhard: Expansion, Bd. 4, 1990, S. 209.

27 Johann Jacob Weidenkeller: Kolonien als die besten Armenbeschäftigungs- und Versorgungs-Anstalten für alle Staaten Europas. Ein Ruf zur gegenwärtigen Zeit an alle, welchen das Wohl, die Ruhe, Ordnung und Sicherheit ihres Vaterlandes, sowie ihrer Mitmenschen, am Herzen liegt, Nürnberg 1848. Alexander Peez: Deutschlands soziale Noth und der Orient, Frankfurt/Main 1855.

28 Weitzel in: Rotteck/Welcker, Bd. 3, 1846, S. 275.

29 Vgl. Hans-Ulrich Wehler: Bismarck und der Imperialismus, Köln 1969.

30 Zit. nach: Otto Brunner/Werner Conze/Reinhart Koselleck (Hg.): Geschichtliche Grundbegriffe. Historisches Lexikon zur politisch-sozialen Sprache in Deutschland, Bd. 2, Stuttgart 1975, S. 193.

31 Vgl. etwa Karl Gaillard: Wie und Wohin? Die Auswanderung und die Kolonisation im Interesse Deutschlands und der Auswanderer, Berlin 1849, S. 1.

32 Michael Ermarth: Hyphenation and Hyper-Americanization: Germans of the Wilhelmine Reich's View German-Americans, 1890–1914, in: Journal of American Ethnic History, Bd. 21, Heft 2 (2002), S. 33–58.

33 Vgl. Jürgen Osterhammel: Kolonialimus. Geschichte, Formen, Folgen, München 1995, S. 8–15.

34 Vgl. Wolfgang Petter: Die überseeische Stützpunktpolitik der preußisch-deutschen Kriegsmarine 1859–1883, Freiburg i. Br. 1975.

35 Zit. in Paul Dehn: Weltpolitische Neubildungen, Berlin 1905, S. 1 f.

36 Vgl. Percy Ernst Schramm: Deutschland und Übersee. Der deutsche Handel mit den anderen Kontinenten, insbesondere Afrika, von Karl V.

bis zu Bismarck. Ein Beitrag zur Geschichte der Rivalität im Wirtschaftsleben, Braunschweig 1950.

37 Carl Schmitt: Der Nomos der Erde im Völkerrecht des Jus Publicum Europaeum, Köln 1950.

38 Daniel R. Headrick: The Tools of Empire: Technology and European Imperialism in the Nineteenth Century, New York/Oxford 1981. Ders.: The Tentacles of Progress: Technology Transfer in the Age of Imperialism, 1850–1940, New York/Oxford 1988.

39 Sven Lindquist: Durch das Herz der Finsternis. Ein Afrika-Reisender auf den Spuren des europäischen Völkermords, Frankfurt am Main/New York 1999, S. 75–79.

40 Friedrich Ratzel: Politische Geographie, 3. Aufl., durchges. u. erg. von Eugen Oberhummer, Berlin 1923, S. 357.

41 Arthur Dix: Deutschland auf den Hochstraßen des Weltwirtschaftsverkehrs, Jena 1901, S. 4, S. 7.

42 Vgl. dazu Wolfgang Zorn: Verdichtung und Beschleunigung des Verkehrs als Beitrag zur Entwicklung der ‹modernen Welt›, in: Reinhart Koselleck (Hg.): Studien zum Beginn der modernen Welt, Stuttgart 1977, S. 115–134. Peter J. Hugill: Global Communications since 1844. Geopolitics and Technology, Baltimore/London 1999. Armand Mattelart: Networking the World 1794–2000, Minneapolis/London 2000.

43 Wilhelm Roscher/Robert Jannasch: Kolonien, Kolonialpolitik und Auswanderung, 3. Aufl. Leipzig 1885, S. 366 f.

44 Kees Gispen: Poems in Steel. National Socialism and the Politics of Inventing from Weimar to Bonn, New York/Oxford 2002.

45 Immanuel Wallerstein: Das moderne Weltsystem. Kapitalistische Landwirtschaft und die Entstehung der europäischen Weltwirtschaft im 16. Jahrhundert, Frankfurt/Main 1986. Ders.: Das moderne Weltsystem II: Der Merkantilismus, Wien 1998. Ders.: The Modern World System III: The Second Era of Great Expansion of the Capitalist World Economy, 1730–1840 s, San Diego 1989.

46 John Gallagher/Ronald E. Robinson: Der Imperialismus des Freihandels (1953), in: Hans-Ulrich Wehler (Hg.): Imperialismus, Köln 1976, S. 183–200. Clarence B. Davis/Kenneth E. Wilburn/Ronald E. Robinson (Hg.): Railway Imperialism, New York/Westport, Conn./London 1991.

47 Karl Marx: Die künftigen Ergebnisse der britischen Herrschaft in Indien (1853), in: Marx-Engels, Werke, Bd. 9, Berlin (Ost) 1960, S. 220–226, hier S. 223 f.

48 Friedrich List: Das nationale System der politischen Ökonomie. Ausgabe letzter Hand, hg. von Artur Sommer, Berlin 1930, S. 210.

49 Urs Bitterli: Die ‹Wilden› und die ‹Zivilisierten›. Grundzüge einer Geistes- und Kulturgeschichte der europäisch-überseeischen Begegnung, München 1976.

50 Dazu Adam Hochschild: «Bury the Chains». The British Struggle to Abolish Slavery, London 2005.
51 Susanne Zantop: Kolonialphantasien im vorkolonialen Deutschland (1770–1870), Berlin 1999.
52 Vgl. noch Daniel Frymann (Pseud. für Heinrich Claß): Wenn ich der Kaiser wär..., Leipzig 1912, S. 186.
53 Madeleine Herren: Hintertüren zur Macht. Internationalismus und modernisierungsorientierte Außenpolitik in Belgien, der Schweiz und den USA 1865–1914, München 2000. Frank Greenaway: Science International. A History of the International Council of Scientific Unions, Cambridge 1996.
54 Theodor Schieder: Handbuch der europäischen Geschichte, Bd. 6, Stuttgart 1968, S. 131. Martin H. Geyer/Johannes Paulmann (Hg.): The Mechanics of Internationalism. Culture, Society, and Politics from the 1840s to the First World War, London 2001.
55 Vgl. Alexander Honold/Klaus R. Scherpe (Hg.): Mit Deutschland um die Welt. Eine Kulturgeschichte des Fremden in der Kolonialzeit, Stuttgart/Weimar 2004.
56 Jacob und Wilhelm Grimm: Deutsches Wörterbuch, Bd. 21, München 1984, Sp. 922–924.
57 Vgl. etwa Jared Diamond: Arm und Reich. Die Schicksale menschlicher Gesellschaften, 2. Aufl. Frankfurt/Main 1999. Die Rückwirkungen des Kolonialismus auf das Umweltbewußtsein in den Metropolen diskutiert Joachim Radkau: Natur und Macht. Eine Weltgeschichte der Umwelt, München 2000, S. 216–225.
58 Reinhard: Expansion, Bd. 4, 1990, S. 205.
59 Alfred W. Crosby: Die Früchte des weißen Mannes. Ökologischer Imperialismus 900–1900, Frankfurt/Main 1991.
60 Vgl. exemplarisch Sven Beckert: Das Reich der Baumwolle. Eine globale Geschichte, in: Sebastian Conrad/Jürgen Osterhammel (Hg.): Das Kaiserreich transnational, Göttingen 2004, S. 280–301.

I. Der Weg zu einem «deutschen Indien» im 19. Jahrhundert

1 Vgl. dazu kritisch Michael Salewski: Preußischer Militarismus. Realität oder Mythos? Gedanken zu einem Phantom, in: Zeitschrift für Religions- und Geistesgeschichte, 53. Jg. (2001), S. 19–34.
2 Vgl. Eberhard Straub: Eine kleine Geschichte Preußens, Berlin 2002.
3 Vgl. die Übersicht bei Hans-Werner Hahn: Die industrielle Revolution in Deutschland, München 1998, S. 24–48.
4 So Winfried Baumgart: German Imperialism in Historical Perspective, in: Arthur J. Knoll/Lewis H. Gann (Hg.): Germans in the Tropics: Essays in German Colonial History, New York 1987, S. 151–164, hier S. 153.

5 Vgl. Paul Ritter: Der Kampf um den Erdraum. Kolonien vom Altertum bis zur Gegenwart, Leipzig 1936. Ernst Gerhard Jacob (Hg.): Deutsche Kolonialpolitik in Dokumenten, Leipzig 1938. Das Buch der deutschen Kolonien, Leipzig 1938.

6 Heinz Gollwitzer: Geschichte des weltpolitischen Denkens. Bd. I, Göttingen 1972, S. 476.

7 Vgl. Joachim Warmbold: «Ein Stückchen neudeutsche Erd'...» Deutsche Kolonial-Literatur, Aspekte ihrer Geschichte, Eigenart und Wirkung, dargestellt am Beispiel Afrikas, Frankfurt/Main 1982. Nina Berman: Orientalismus, Kolonialismus und Moderne. Zum Bild des Orients in der deutschsprachigen Kultur um 1900, Stuttgart 1996.

8 Johann Julius Surland: Erläutertes Recht der Deutschen nach Indien zu handeln, Kassel 1752. Vgl. auch Berhard Schwarz: Ein deutsches Indien und die Theilung der Erde. Colonialpolitische Randglossen zur Sachlage in Afrika und zur Congoconferenz, Leipzig 1884.

9 Zur Allgegenwart des Indien-Phantasmas auch in Frankreich, England, Belgien und Italien sowie den USA vgl. Carina Müller-Burbach: Die deutschen Mittelafrikapläne bis 1914, in: Ergebnisse, Heft 1/1978: Deutscher Imperialismus in Afrika, S. 70–122, hier S. 114.

10 Hans Fenske: Ungeduldige Zuschauer. Die Deutschen und die europäische Expansion 1815–1880, in: Wolfgang Reinhard (Hg.): Imperialistische Kontinuität und nationale Ungeduld im 19. Jahrhundert, Frankfurt/Main 1991, S. 87–123, hier S. 87. Michael Fröhlich: Imperialismus. Deutsche Kolonial- und Weltpolitik 1880–1914, München 1994, S. 17–20.

11 Der Terminus «indogermanisch» wurde 1823 vom Bonner Ostasienwissenschaftler Julius Klaproth (1783–1835) geprägt. Bis heute versucht die Indogermanistik Rückschlüsse auf das Ur-Indogermanische zu ziehen und hieraus historische Diffusionsprozesse zu rekonstruieren.

12 Mary Evelyn Townsend: Origins of Modern German Colonialism, 1871–1885, New York 1974 (zuerst 1921). Hans Fenske: Imperialistische Tendenzen in Deutschland vor 1866. Auswanderung, überseeische Bestrebungen, Weltmachtträume, in: Historisches Jahrbuch, Bd. 97/98 (1978), S. 336–383. Frank Lorenz Müller: Imperialist Ambitions in Vormärz and Revolutionary Germany. The Agitation for German Settlement and Colonies Overseas, 1840–1849, in: German History, 17. Jg. (1999), S. 346–368.

13 Jorge Luiz da Cunha: Rio Grande do Sul und die deutsche Kolonisation. Ein Beitrag zur Geschichte der deutsch-brasilianischen Auswanderung und der deutschen Siedlung in Südbrasilien zwischen 1824 und 1914, Santa Cruz do Sul 1995. Nancy Mitchell: The Dangers of Dreams. German and American Imperialism in Latin America, Chapel Hill/London 1995.

14 Vgl. Walter Struve: Germans and Texans. Commerce, Migration, and Culture in the Days of the Lone Star Republic, Austin, Tx. 1996. Terry G. Jordan: German Seed in Texas Soil. Immigrant Farmers in Nineteenth-Century Texas, Austin, Tx. 1966.

15 Vgl. Thomas David Schoonover: Germany in Central America. Competitive Imperialism, 1821–1929, Tuscaloosa 1998. Henning Türk: Deutsche Kolonialpläne zwischen 1840 und 1884. Unveröff. Magisterarbeit Universität Münster 2001, S. 16–44.

16 Jürgen Osterhammel: China und die Weltgesellschaft. Vom 18. Jahrhundert bis in unsere Zeit, München 1989.

17 Jürgen Osterhammel: Forschungsreise und Kolonialprogramm. Ferdinand von Richthofen und die Erschließung Chinas im 19. Jahrhundert, in: Archiv für Kulturgeschichte, Bd. 69 (1987), S. 150–195, hier S. 151.

18 Ebd., S. 172. Franz-Josef Schulte-Althoff: Studien zur politischen Wissenschaftsgeschichte der deutschen Geographie im Zeitalter des Imperialismus, Paderborn 1971, S. 92–95.

19 Zit. nach Moritz Busch: Tagebuchblätter. Bd. 2, Leipzig 1899, S. 157.

20 Vgl. die Forderung Ernst von Webers, abgedruckt in: Horst Gründer (Hg.): «... da und dort ein junges Deutschland gründen.» Rassismus, Kolonien und kolonialer Gedanke vom 16. bis zum 20. Jahrhundert, München 1999, S. 62 f.

21 Zit. in Gründer (Hg.): «... da und dort ein junges Deutschland gründen.» 1999, S. 44.

22 Günter Wollstein: Das «Großdeutschland» der Paulskirche. Nationale Ziele in der bürgerlichen Revolution 1848–49, Düsseldorf 1977.

23 Fenske: Imperialistische Tendenzen, 1978, S. 336–383.

24 Vgl. hierzu Heinz Gollwitzer: Geschichte des weltpolitischen Denkens, 2 Bde. 1972–82. Ders.: «Für welchen Weltgedanken kämpfen wir?» Bemerkungen zur Dialektik zwischen Identitäts- und Expansionsideologien in der deutschen Geschichte, in: Klaus Hildebrand/Reiner Pommerin (Hg.): Deutsche Frage und europäisches Gleichgewicht. Festschrift für Andreas Hillgruber zum 60. Geburtstag, Köln/Wien 1985, S. 83–119.

25 Vgl. etwa Alexander Peez: Deutschlands soziale Noth und der Orient, Frankfurt/Main 1855. Paul Dehn: Deutschland und die Orientbahnen, München 1883.

26 Vgl. Manfred Ohlsen: Der Eisenbahnkönig Bethel Henry Strousberg. Eine preußische Gründerkarriere, Berlin (Ost) 1987, sowie Joachim Borchart: Der europäische Eisenbahnkönig: Bethel Henry Strousberg, München 1991. Vgl. auch Henry Cord Meyer: Mitteleuropa in German Thought and Action 1815–1945, Den Haag 1955, S. 76 f.

27 Vgl. Josef Partsch: Mitteleuropa. Die Länder und Völker von den Westalpen und dem Balkan bis an den Kanal und das Kurische Haff, Gotha 1904.

28 Alex Carmel: Die Siedlungen der württembergischen Templer in Palästina 1868–1918, Stuttgart 1973.
29 Gregor Schöllgen: Imperialismus und Gleichgewicht. Deutschland, England und die orientalische Frage 1871–1914, München 1984.
30 Hans-Ulrich Wehler: Nationalismus. Geschichte, Formen, Folgen, München 2001, S. 62–70.
31 ebd. S. 66.
32 Monika Flacke (Hg.): Mythen der Nationen: ein europäisches Panorama. Begleitband zur Ausstellung des Deutschen Historischen Museums vom 20. März 1998 bis 9. Juni 1998, München 1998.
33 Joseph Arthur Comte de Gobineau: Essai sur l'Inegalité des Races Humaines, Paris 1853–1855. Vgl. Hedwig Conrad-Martius: Utopien der Menschenzüchtung. Der Sozialdarwinismus und seine Folgen, München 1955.
34 So etwa 1861/62 Heinrich von Sybel und Julius Ficker, vgl. Arnold Esch: Ein Kampf um Rom, in: Etienne François/Hagen Schulze (Hg.): Deutsche Erinnerungsorte, Bd. I, 4. Aufl. München 2003, S. 27–40, hier S. 30.
35 Henry Cord Meyer: «Drang nach Osten». Fortunes of a Slogan-Concept in German-Slavic Relations, 1849–1990, Bern u. a. 1996. Wolfgang Wippermann: Der «deutsche Drang nach Osten». Ideologie und Wirklichkeit eines politischen Schlagwortes, Darmstadt 1981.
36 Nobert Elias: Über den Prozeß der Zivilisation. Soziogenetische und psychogenetische Untersuchungen. Bd. 1, 8. Aufl. Frankfurt/Main 1981, S. 1–42. Michel Jeismann: Das Vaterland der Feinde. Studien zum nationalen Feindbegriff und Selbstverständnis in Deutschland und Frankreich 1792–1918, Stuttgart 1992.
37 Max Beheim-Schwarzbach: Hohenzollernsche Colonisationen. Ein Beitrag zu der Geschichte des preußischen Staates und der Colonisation des östlichen Deutschlands, Leipzig 1874.
38 Vgl. hierzu den Überblick bei Philipp Ther: Deutsche Geschichte als imperiale Geschichte. Polen, slawophone Minderheiten und das Kaiserreich als kontinentales Empire, in: Sebastian Conrad/Jürgen Osterhammel (Hg.): Das Kaiserreich transnational. Deutschland in der Welt 1871–1914, Göttingen 2004, S. 129–148.
39 Richard Böckh: Der Deutschen Volkszahl und Sprachgebiet in den europäischen Staaten. Eine statistische Untersuchung, Berlin 1869, S. 14 f., S. 18.
40 Hans-Dietrich Schultz: Deutschlands «natürliche» Grenzen, in: Alexander Demandt (Hg.): Deutschlands Grenzen in der Geschichte, München 1990, S. 33–88. Zur «Eintagsfliege» vgl. den Alldeutschen Theobald Fischer: Das Deutsche Reich in seinen heutigen Grenzen: eine Eintagsfliege, in: Geographischer Anzeiger, Bd. 1 (1900), S. 1 f.

41 Max Weber, zit. nach Wolfgang J. Mommsen: Imperialismustheorien, 3. Aufl. Göttingen 1987, S. 10.

42 Vgl. Gründer (Hg.): «... da und dort ein junges Deutschland gründen.» 1999, S. 54–63. Rolf-Harald Wippich: Japan als Kolonie? Max von Brandts Hokkaidô-Projekt 1865/67, Hamburg 1997.

43 Vgl. Gerhard Weidenfeller: VDA Verein für das Deutschtum im Ausland. Allgemeiner Deutscher Schulverein (1881–1918). Ein Beitrag zur Geschichte des deutschen Nationalismus und Imperialismus im Kaiserreich, Bern/Frankfurt 1976.

44 Klaus J. Bade: Die «Zweite Reichsgründung» in Übersee: Imperiale Visionen, Kolonialbewegung und Kolonialpolitik in der Bismarckzeit, in: Adolf M. Birke/Günther Heydemann (Hg.): Die Herausforderung des europäischen Staatensystems. Nationale Ideologie und staatliches Interesse zwischen Restauration und Imperialismus, Göttingen/Zürich 1989, S. 183–215.

45 Ernst von Weber: Vier Jahre in Afrika, 1871–1875, 2 Bde, Berlin 1879, S. 1.

46 Paul Leroy-Beaulieu: De la colonisation chez les peuples modernes, vgl. Horst Gründer: Geschichte der deutschen Kolonien, 2. Aufl. Paderborn u. a. 1991, S. 37.

47 Bade: Reichsgründung, 1989, S. 196.

48 Vgl. Sönke Neitzel: Weltmacht oder Untergang. Die Weltreichslehre im Zeitalter des Imperialismus, Paderborn 2000.

49 Karl-Georg Faber: Zur Vorgeschichte der Geopolitik. Staat, Nation und Lebensraum im Denken deutscher Geographen vor 1914, in: Heinz Dollinger/Horst Gründer/Alwin Hanschmidt (Hg.): Weltpolitik, Europagedanke, Regionalismus. Festschrift für Heinz Gollwitzer zum 65. Geburtstag, Münster 1982, S. 389–406, hier S. 392 mit Verweis auf den Österreicher Theodor von Inama-Sternegg: «Die Tendenz der Großstaaten-Bildung in der Gegenwart» von 1869. Vgl. auch Gollwitzer: Geschichte des weltpolitischen Denkens, Bd. II, 1982, S. 235.

50 Arthur Dix: Der Weltwirtschaftskrieg. Seine Waffen und seine Ziele, Leipzig 1914, S. 3.

51 Otto Hintze: Imperialismus und Weltpolitik, zit. nach Dieter Groh: Rußland im Blick Europas, Frankfurt/Main 1988, S. 400. Vgl. auch Ludwig Dehio: Gleichgewicht oder Hegemonie. Betrachtungen über ein Grundproblem der neueren Staatengeschichte, Krefeld 1948.

52 Vgl. Gründer: Geschichte der deutschen Kolonien, 1991, S. 43–48.

53 Vgl. Percy Ernst Schramm: Deutschland und Übersee. Der deutsche Handel mit den anderen Kontinenten, insbesondere Afrika, von Karl V. bis zu Bismarck. Ein Beitrag zur Geschichte der Rivalität im Wirtschaftsleben, Braunschweig 1950.

54 Elfi Bendikat: Organisierte Kolonialbewegung in der Bismarck-Ära, Heidelberg 1984. Dagmar Krone: Geographische Forschung und Kolonialpolitik. Das Beispiel der Afrikanischen Gesellschaft in Deutschland (1878–1889), Diss. Magdeburg 1985.

55 Zit. in: Heinz Dollinger (Hg.): Das Kaiserreich. Seine Geschichte in Texten, Bildern und Dokumenten 1871–1918, München 1966, S. 156.

56 Carl Peters: Alltagspolemik und Kolonialpolitik (1884), in: ders.: Gesammelte Schriften, Bd. 1, München/Berlin 1943, S. 333–341, hier S. 333.

57 Friedrich Fabri: Bedarf Deutschland der Colonien? Eine politisch-ökonomische Betrachtung, Gotha 1879, S. 60. Hierzu Klaus J. Bade: Friedrich Fabri und der Imperialismus der Bismarckzeit. Revolution – Depression – Expansion, Zürich/Freiburg i. Br. 1975.

58 Johann Jacob Sturz: Der wiedergewonnene Erdteil. Ein neues gemeinsames Indien, Berlin 1876. Vgl. Gollwitzer: Geschichte des weltpolitischen Denkens, Bd. II, 1982, S. 225.

59 Grundlegend Hendrik L. Wesseling: Teile und herrsche. Die Aufteilung Afrikas 1880–1914, Stuttgart 1999. Horst Gründer: Geschichte der deutschen Kolonien, 5. Aufl. Paderborn u. a. 2004. Generell zum Kolonialismus Wolfgang Reinhard: Geschichte der europäischen Expansion, 4 Bde., Stuttgart u. a. 1983–1990, ders.: Kleine Geschichte des Kolonialismus, Stuttgart 1996. Jürgen Osterhammel: Kolonialismus. Geschichte, Formen, Folgen, 3. durchges. Aufl. München 2001. Winfried Speitkamp: Deutsche Kolonialgeschichte, Stuttgart 2005.

60 Zum Vergleich Aurelia Berke: Imperialismus und nationale Identität. England und Frankreich in Afrika, 1871–1898, Frankfurt/Main u. a. 2003.

61 Hans-Ulrich Wehler: Deutsche Gesellschaftsgeschichte, Bd. 3, München 1995, S. 980 ff.

62 Bade: Reichsgründung, 1989, S. 210 f.

63 Vgl. Jörg Fisch: Die europäische Expansion und das Völkerrecht. Die Auseinandersetzungen um den Status der überseeischen Gebiete vom 15. Jahrhundert bis zur Gegenwart, Stuttgart 1984.

64 Adam Hochschild: Schatten über dem Kongo. Die Geschichte eines großen, fast vergessenen Menschheitsverbrechens, Stuttgart 2000.

65 Franz Ansprenger: Auflösung der Kolonialreiche, München 1966, S. 16.

66 Jost Dülffer/Martin Kröger/Rolf-Harald Wippich: Vermiedene Kriege. Deeskalation von Konflikten der Großmächte zwischen Krimkrieg und Erstem Weltkrieg, 1865–1914, München 1997.

II. Deutsche Kolonial- und Weltpolitik 1884 bis 1918

1 Carl Falkenhorst: Deutsch-Ostafrika. Geschichte der Gründung einer deutschen Kolonie, Stuttgart/Berlin/Leipzig 1890, S. 179 f.

2 Nach Hugo Böttger: Eisenbahnen in Afrika, in: Nord und Süd. Eine deutsche Monatsschrift, Nr. 365 (1907), S. 1–7, hier S. 2.

3 Jutta Bückendorf: «Schwarz-weiß-rot über Ostafrika». Deutsche Kolonialpläne und afrikanische Realität, Münster 1997, S. 290–296.

4 Ebd., S. 313–315.

5 Vgl. Franz Giesebrecht: Ein deutscher Kolonialheld. Der Fall «Peters» in psychologischer Beleuchtung, Zürich 1897. Ders.: Die Behandlung der Eingeborenen in den deutschen Kolonien. Stellungnahmen deutscher Kolonialpioniere, Berlin 1897.

6 Dazu Hans Spellmeyer: Deutsche Kolonialpolitik im Reichstag, Stuttgart 1931. Maria-Theresia Schwarz: «Je weniger Afrika, desto besser». Die deutsche Kolonialkritik am Ende des 19. Jahrhunderts, Frankfurt/Main u. a. 1999.

7 Zweites Beiblatt zu Nr. 611 der National-Zeitung, Bundesarchiv Abt. Berlin-Lichterfelde, Nachlaß Paul Kayser, N 2139, 51, vgl. auch das Manuskript in ebd., 84.

8 Roger Chickering: We Men Who Feel Most German: A Cultural Study of the Pan German League, 1886–1914, London 1984. Rainer Hering: Konstruierte Nation. Der Alldeutsche Verband 1890 bis 1939, Hamburg 2003.

9 Vgl. Niels P. Petersson: Das Kaiserreich in Prozessen ökonomischer Globalisierung, in: Sebastian Conrad/Jürgen Osterhammel (Hg.): Das Kaiserreich transnational. Deutschland in der Welt 1871–1914, Göttingen 2004, S. 49–67.

10 Heinz Gollwitzer: Geschichte des weltpolitischen Denkens. 2 Bde., Göttingen 1972–1982. Woodruff D. Smith: The Ideological Origins of Nazi Imperialism, New York 1986.

11 Vgl. Peter Winzen: Reichskanzler Bernhard Fürst von Bülow. Weltmachtstratege ohne Fortune. Wegbereiter der großen Katastrophe, Göttingen/Zürich 2003.

12 Arthur Dix: Deutschland auf den Hochstraßen des Weltwirtschaftsverkehrs, Jena 1901, S. 26 f.

13 Karl-Georg Faber: Zur Vorgeschichte der Geopolitik. Staat, Nation und Lebensraum im Denken deutscher Geographen vor 1914, in: Heinz Dollinger/Horst Gründer/Alwin Hanschmidt (Hg.): Weltpolitik, Europagedanke, Regionalismus. Festschrift für Heinz Gollwitzer zum 65. Geburtstag, Münster 1982, S. 389–406, hier S. 391. Auch die Begriffe «Ellbogen»- und «Schicksalsraum» wurden verwandt, vgl. ebd., S. 400.

14 Ebd., S. 396.

15 Ratzel wandte sich 1903/04 vehement gegen Houston Stewart Chamberlain und den Grafen Gobineau und deren biologische Rassenlehren, für ihn bedeutete Geschichte Dynamik und Mischung, Statik bildete für ihn eher die Ausnahme, vgl. Jürgen Osterhammel: Raumerfassung und Universalgeschichte im 20. Jahrhundert, in: Gangolf Hübinger/ders./

Erich Pelzer (Hg.): Universalgeschichte und Nationalgeschichten, Freiburg 1994, S. 51–72, hier S. 64 f. Vgl. auch Woodruff D. Smith: «Weltpolitik» und «Lebensraum», in: Conrad/Osterhammel (Hg.): Das Kaiserreich transnational, 2004, S. 29–48.

16 Karl Schlögel: Im Raume lesen wir die Zeit. Über Zivilisationsgeschichte und Geopolitik, München 2003, S. 47.

17 Franz-Josef Schulte-Althoff: Studien zur politischen Wissenschaftsgeschichte der deutschen Geographie im Zeitalter des Imperialismus, Paderborn 1971, S. 223. Vgl. auch die Beiträge in Morag Bell/Robin Butlin/Michael Heffernan (Hg.): Geography and Imperialism, 1820–1940, Manchester/New York 1995.

18 Nach William E. Livezey: Mahan on Sea Power, Oklahoma 1947, S. 63 (eigene Übersetzung).

19 Vgl. Dirk van Laak: Von Alfred T. Mahan zu Carl Schmitt: Das Verhältnis von Land- und Seemacht, in: Irene Diekmann/Peter Krüger/Julius H. Schoeps (Hg.): Geopolitik. Grenzgänge im Zeitgeist, Bd. 1.1: 1890 bis 1945, Potsdam 2000, S. 257–282.

20 Vgl. Hermann Joseph Hiery (Hg.): Die deutsche Südsee. 1884–1914. Ein Handbuch, Paderborn u. a. 2001.

21 Vgl. die Beiträge zu H. Glenn Penny/Matti Bunzl (Hg.): Worldly Provincialism. German Anthropology in the Age of Empire, Ann Arbor, Mich. 2002.

22 Ilona Stölken: Für eine Handvoll Kaufleute, in: Frankfurter Allgemeine Zeitung, Nr. 268 vom 17. November 1999, S. 54.

23 Tobias Wiethoff: Paradies der enttäuschten Hoffnungen. Vor 100 Jahren kaufte das Deutsche Reich die mikronesische Inselgruppe Palau von den Spaniern, in: Frankfurter Allgemeine Zeitung, Nr. 78 vom 3. April 1999, S. 11.

24 Vgl. Klaus Simon: Warten auf die Brücke zwischen Koror und Babeldoab, in: Frankfurter Allgemeine Zeitung, Nr. 269 vom 18. November 1999, S. R 9.

25 Mechthild Leuthner (Hg.): «Musterkolonie Kiautschou». Die Expansion des deutschen Reiches in China, Berlin 1997. Fu-teh Huang: Quingdao. Chinesen unter deutscher Herrschaft 1897–1914, Bochum 1999. Klaus Mühlhahn: Herrschaft und Widerstand in der «Musterkolonie» Kiautschou. Interaktionen zwischen China und Deutschland, 1897–1914, München 2000.

26 Susanne Kuß/Bernd Martin (Hg.): Das Deutsche Reich und der Boxeraufstand, München 2002.

27 Nach Horst Gründer (Hg.): «... da und dort ein junges Deutschland gründen.» Rassismus, Kolonien und kolonialer Gedanke vom 16. bis zum 20. Jahrhundert, München 1999, S. 168 f.

28 Zit. nach ebd., S. 196.

29 Verhandlungen des Deutschen Kolonialkongresses 1902 zu Berlin am 10. und 11. Oktober 1902, Berlin 1903, S. 505, 507.
30 Jürgen Zimmerer: Deutsche Herrschaft über Afrikaner. Staatlicher Machtanspruch und Wirklichkeit im kolonialen Namibia, Hamburg 2002. Daniel Joseph Walther: Creating Germans Abroad. Cultural Policies and National Identity in Namibia, Athens, OH 2002.
31 Lora Wildenthal: German Women for Empire, 1884–1945, Durham 2001. Birthe Kundrus: Weiblicher Kulturimperialismus. Die imperialistischen Frauenverbände des Kaiserreiches, in: Sebastian Conrad/Jürgen Osterhammel (Hg.): Das Kaiserreich transnational, Göttingen 2004, S. 213–235.
32 Vgl. Sebastian Conrad: «Eingeborenenpolitik» in Kolonie und Metropole. «Erziehung zur Arbeit» in Ostafrika und Ostwestfalen, in: ders./Jürgen Osterhammel (Hg.): Das Kaiserreich transnational, Göttingen 2004, S. 107–128.
33 Vgl. Anton Markmiller: Die Erziehung des Negers zur Arbeit. Wie die koloniale Pädagogik afrikanische Gesellschaften in die Abhängigkeit führte, Berlin 1995.
34 Thomas Richards: The Imperial Archive. Knowledge and the Fantasy of Empire, London 1993, S. 5.
35 So der Kolonialtechniker Franz Allmaras: Ich baue 2000 km Eisenbahnen, in: Heinrich Pfeiffer (Hg.): Heiß war der Tag. Das Kolonialbuch für das junge Deutschland, Berlin 1933, S. 34–56, hier S. 41.
36 Wilhelm Hübbe-Schleiden: Warum Weltmacht? Der Sinn unserer Kolonial-Politik. Vortrag vom 13. Februar 1906, Hamburg 1906, S. 7.
37 Zum Herero-Krieg vgl. die literarischen Verarbeitungen von Gustav Frenssen: Peter Moors Fahrt nach Südwest. Ein Feldzugsbericht, Berlin 1906. Uwe Timm: Morenga. Roman, München 1978. Gerhard Seyfried: Herero. Roman, Frankfurt/Main 2003.
38 Vgl. Jürgen Zimmerer: Krieg, KZ und Völkermord in Südwestafrika. Der erste deutsche Genozid, in: ders./Joachim Zeller (Hg.): Völkermord in Deutsch-Südwestafrika. Der Kolonialkrieg (1904–1908) in Namibia und seine Folgen, Berlin 2003, S. 45–63, hier S. 60. Vgl. auch Andreas Heinrich Bühler: Der Namaaufstand gegen die deutsche Kolonialherrschaft in Namibia von 1904 bis 1913, Frankfurt/Main 2003.
39 Matthias Erzberger: Die Kolonial-Bilanz. Bilder aus der deutschen Kolonialpolitik auf Grund der Verhandlungen des Reichstags im Sessionsabschnitt 1905/06, Berlin 1906.
40 Bernhard Dernburg: Zielpunkte des deutschen Kolonialwesens. Zwei Vorträge, Berlin 1907, S. 9.
41 Carl Peters: Kolonialpolitik und Kolonialskandal (1907), in: ders.: Gesammelte Schriften, 1. Bd., München/Berlin 1943, S. 439–442, hier S. 441 f.

42 Pascal Grosse: Kolonialismus, Eugenik und bürgerliche Gesellschaft in Deutschland 1850–1918, Frankfurt am Main/New York 2000. Christian Geulen: Wahlverwandte. Rassendiskurs und Nationalismus im ausgehenden 19. Jahrhundert, Hamburg 2004. Andrew Zimmerman: Ethnologie im Kaiserreich. Natur, Kultur und «Rasse» in Deutschland und seinen Kolonien, in: Conrad/Osterhammel (Hg.): Das Kaiserreich transnational, 2004, S. 191–212. Dieter Gosewinkel: Rückwirkungen des kolonialen Rasserechts? Deutsche Staatsangehörigkeit zwischen Rassestaat und Rechtsstaat, in: ebd., S. 236–256.

43 Nach Peter Scheulen: Die «Eingeborenen» Deutsch-Südwestafrikas. Ihr Bild in deutschen Kolonialzeitschriften von 1884 bis 1918, Köln 1998, S. 138 f.

44 Wolfgang Uwe Eckart: Medizin und Kolonialimperialismus. Deutschland 1884–1945, Paderborn 1997, S. 65. Vgl. auch Birthe Kundrus: Moderne Imperialisten. Das Kaiserreich im Spiegel seiner Kolonien, Köln 2003, S. 219–279.

45 Horst Gründer: Geschichte der deutschen Kolonien, 2. Aufl. Paderborn u. a. 1991, S. 239.

46 Rondo Cameron: Imperialism and Technology, in: Melvin Kranzberg/Carroll W. Pursell, Jr. (Hg.): Technology in Western Civilization, Vol. 1: The Emergence of Modern Industrial Society, Earliest Times to 1900, New York/London/Toronto 1967, S. 692–706, hier S. 703 f.

47 Wolfgang Reinhard: Öffentliche und andere Hände. Privatisierung und Deregulierung im Lichte historischer Erfahrung, in: Helga Breuninger/Rolf Peter Sieferle (Hg.): Markt und Macht in der Geschichte, Stuttgart 1995, S. 265–291, hier S. 281.

48 Horst Gründer: Kolonialismus und Marxismus. Der deutsche Kolonialismus in der Geschichtsschreibung der DDR, in: Alexander Fischer/Günther Heydemann (Hg.): Geschichtswissenschaft in der DDR, Bd. II: Vor- und Frühgeschichte bis Neueste Geschichte, Berlin 1990, S. 671–709, hier S. 672 mit Bezug auf Marx-Engels, Werke, Bd. 23, Berlin (Ost) 1962, S. 161.

49 Wladimir I. Lenin: Der Imperialismus als höchstes Stadium des Kapitalismus. Gemeinverständlicher Abriß, Berlin (Ost) 1970, bzw. Ausgew. Werke in zwei Bänden, Bd. 1, S. 95.

50 Vgl. dazu Andreas Etges: Wirtschaftsnationalismus. USA und Deutschland im Vergleich (1815–1914), Frankfurt am Main/New York 1999, v. a. S. 275–306.

51 John Gallagher/Ronald E. Robinson: Der Imperialismus des Freihandels (1953), in: Hans-Ulrich Wehler (Hg.): Imperialismus, Köln 1976, S. 183–200, hier S. 185, sowie Wolfgang J. Mommsen: Imperialismustheorien, 3. Aufl. Göttingen 1987, S. 70–75.

52 Clarence B. Davis/Kenneth E. Wilburn/Ronald E. Robinson (Hg.): Railway Imperialism, New York/Westport, Conn./London 1991. Daniel R. Headrick: The Tentacles of Progress: Technology Transfer in the Age of Imperialism, 1850–1940, New York/Oxford 1988. Ders.: The Invisible Weapon. Telecommunications and International Politics 1851–1945, New York/Oxford 1991.

53 Nach Franz Sonnenberger: «Kolonisieren heißt transportieren!» – Europa und der Beginn des Eisenbahnzeitalters in Afrika, in: Zug der Zeit – Zeit der Züge. Deutsche Eisenbahn 1835–1985, Bd. 1, Berlin 1985, S. 228–231.

54 Wilhelm Hübbe-Schleiden: Überseeische Politik. Eine culturwissenschaftliche Studie mit Zahlenbildern, Hamburg 1881, S. 139.

55 Arthur Dix: Deutschland auf den Hochstraßen des Weltwirtschaftsverkehrs, Jena 1901, S. 100.

56 Vgl. Horst Gründer: Christliche Mission und deutscher Imperialismus. Eine politische Geschichte ihrer Beziehungen während der Kolonialzeit (1884–1914), Paderborn u. a. 1982. Klaus J. Bade (Hg.): Imperialismus und Kolonialmission. Kaiserliches Deutschland und koloniales Imperium, Stuttgart 1982.

57 Eckart: Medizin und Kolonialimperialismus, 1997.

58 Vgl. Stefan Breuer: Ordnungen der Ungleichheit. Die deutsche Rechte im Widerstreit ihrer Ideen 1871–1945, Darmstadt 2001. Wolfgang Reinhard definiert Kolonialismus als «Dominanz einer Gruppe über eine andere unter Ausnutzung eines Entwicklungsunterschieds», ders.: Geschichte der europäischen Expansion, Bd. 4, Stuttgart u. a. 1990, S. 203.

59 Vgl. etwa das in den USA verbreitete Bewußtsein des «exceptionalism», Emily Rosenberg: Spreading the American Dream. American Economic and Cultural Expansion 1890–1945, New York 1982.

60 Gerhard Weidenfeller: VDA Verein für das Deutschtum im Ausland. Allgemeiner Deutscher Schulverein (1881–1918). Ein Beitrag zur Geschichte des deutschen Nationalismus und Imperialismus im Kaiserreich, Bern/Frankfurt 1976.

61 Vgl. Lewis Pyenson: Cultural Imperialism and Exact Sciences. German Expansion Overseas 1900–1930, New York/Bern/Frankfurt 1985.

62 Vgl. Ludwig Dehio: Gedanken über die deutsche Sendung 1900–1918, in: ders.: Deutschland und die Weltpolitik im 20. Jahrhundert, Frankfurt /Main 1955, S. 63–96. Jürgen Kloosterhuis: «Friedliche Imperialisten». Deutsche Auslandsvereine und auswärtige Kulturpolitik, 2 Bde., Frankfurt/Main u. a. 1994.

63 Vgl. Heinz Gollwitzer: «Für welchen Weltgedanken kämpfen wir?» Bemerkungen zur Dialektik zwischen Identitäts- und Expansionsideologien in der deutschen Geschichte, in: Klaus Hildebrand/Reiner Pommerin (Hg.): Deutsche Frage und europäisches Gleichgewicht.

Festschrift für Andreas Hillgruber zum 60. Geburtstag, Köln/Wien 1985, S. 83–109.

64 Paul Rohrbach: Das «Größere» Deutschland, in: Arthur Schröter (Hg.): Der Deutsche Staatsbürger, 2. verm. Aufl. Leipzig 1912, S. 418–461, hier S. 421–423.

65 Paul Rohrbach: Der deutsche Gedanke in der Welt, Düsseldorf/Leipzig 1912, S. 206. Vgl. dazu Walter Mogk: Paul Rohrbach und das «Größere Deutschland». Ethischer Imperialismus im Wilhelminischen Zeitalter. Ein Beitrag zur Geschichte des Kulturprotestantismus, München 1972.

66 Vgl. Gründer (Hg.): «... da und dort ein junges Deutschland gründen.» 1999, S. 182.

67 Vgl. Friedrich A. Kochwasser: Das Deutsche Reich und der Bau der Bagdad-Bahn. Ein Kapitel deutscher Orient-Politik, in: ders./Hans R. Roemer (Hg.): Araber und Deutsche. Begegnungen in einem Jahrtausend, Tübingen/Basel 1974, S. 294–349. Johann Manzenreiter: Die Bagdadbahn als Beispiel für die Entstehung des Finanzimperialismus in Europa (1872–1903), Bonn 1982. Gregor Schöllgen: Imperialismus und Gleichgewicht. Deutschland, England und die orientalische Frage 1871–1914, München 1984. Boris Barth: Die deutsche Hochfinanz und die Imperialismen. Banken und Außenpolitik vor 1914, Stuttgart 1995. Manfred Pohl (unter Mitarbeit von Angelika Raab-Rebentisch): Von Stambul nach Bagdad. Die Geschichte einer berühmten Eisenbahn, München 1999.

68 Vgl. Gründer (Hg.): «... da und dort ein junges Deutschland gründen.» 1999, S. 181.

69 Siegmund Schneider: Die deutsche Baghdad-Bahn und die projectirte Überbrückung des Bosporus in ihrer Bedeutung für Weltwirtschaft und Weltverkehr, Wien/Leipzig 1900, S. 18.

70 Herbert Pönicke: Die Hedschas- und Bagdadbahn, erbaut von Heinrich August Meißner-Pascha, Düsseldorf 1958.

71 Vgl. Konrad von Winterstetten: Berlin-Bagdad. Neue Ziele mitteleuropäischer Politik, 12. Aufl. München 1915. Hinter dem Pseudonym verbarg sich der Geschäftsführer des Alldeutschen Verbandes, Albert Ritter.

72 Carl Anton Schaefer: Entwicklung der Bagdadbahnpolitik, Weimar 1916, S. 49.

73 Vgl. hierzu Suzanne L. Marchand: Orientalism as Kulturpolitik: German Archeology and Cultural Imperialism in Asia Minor, in: George W. Stocking (Hg.): Volksgeist as Method and Ethic. Essays on Boasian Ethnography and the German Anthropological Tradition, Madison, Wisc. u. a. 1996, S. 298–336.

74 Zit. nach Rudolf Ibbeken: Das außenpolitische Problem Staat und Wirtschaft in der deutschen Reichspolitik 1880–1914. Untersuchungen über

Kolonialpolitik, internationale Finanzpolitik, Handelsverträge und die Bagdadbahn, Schleswig 1928, S. 202 f.

75 Die Große Politik der Europäischen Kabinette 1871–1914, Bd. 4, Berlin 1922, S. 154.

76 Vgl. Paul Kennedy: Aufstieg und Fall der großen Mächte. Ökonomischer Wandel und militärischer Konflikt von 1500 bis 2000, Frankfurt/Main 1989.

77 Zum Topos der Nervosität vgl. Joachim Radkau: Das Zeitalter der Nervosität. Deutschland zwischen Bismarck und Hitler, Darmstadt 1998.

78 Johannes Paulmann: Pomp und Politik. Monarchenbegegnungen in Europa zwischen Ancien Regime und Erstem Weltkrieg, Paderborn u. a. 2000.

79 Maximilian Harden in: Die Zukunft vom 21. Oktober 1908, zit. nach Michael Fröhlich: Imperialismus. Deutsche Kolonial- und Weltpolitik 1880–1914, München 1994, S. 169 f.

80 Thomas Rohkrämer: Der Militarismus der «kleinen Leute». Die Kriegervereine im Deutschen Kaiserreich 1871–1914, München 1990.

81 Beatrix Wedi-Pascha: Die deutsche Mittelafrika-Politik, 1871–1914, Pfaffenweiler 1992, S. 265.

82 Arthur Dix: Der Weltwirtschaftskrieg. Seine Waffen und seine Ziele, Leipzig 1914, S. 4.

83 Barbara Beßlich: Wege in den ‹Kulturkrieg›. Zivilisationskritik in Deutschland 1890–1914, Darmstadt 2000.

84 Zu diesen «Vorläufigen Richtlinien für unsere Politik beim Friedensschluß» vom 9. September 1914 vgl. Fritz Fischer: Griff nach der Weltmacht. Die Kriegszielpolitik des kaiserlichen Deutschland 1914/18, Kronberg, Ts./Düsseldorf 1979, S. 87–108.

85 Friedrich Naumann: Mitteleuropa, Berlin 1915. Vgl. dazu Wolfgang J. Mommsen: Die Mitteleuropaidee und die Mitteleuropaplanungen im Deutschen Reich vor und während des Ersten Weltkriegs, in: Richard G. Plaschka u. a. (Hg.): Mitteleuropa-Konzeptionen in der ersten Hälfte des 20. Jahrhunderts, Wien 1995, S. 3–24.

86 Vgl. zum Stand der Forschung Gerhard Hirschfeld/Gerd Krumeich/Irina Renz (Hg.): Enzyklopädie Erster Weltkrieg, Paderborn u. a. 2003.

87 William Roger Louis: Das Ende des deutschen Kolonialreiches. Britischer Imperialismus und die deutschen Kolonien 1914–1919, Düsseldorf 1971, S. 39. Andrew J. Crozier: Appeasement and Germany's Last Bid for Colonies, London 1988, S. 5.

88 Wolfgang Petter: Der Kampf um die deutschen Kolonien, in: Wolfgang Michalka (Hg.): Der Erste Weltkrieg. Wirkung, Wahrnehmung, Analyse, Weyarn 1997, S. 392–411, hier S. 393.

89 Hans Meyer: Gegenwart und Zukunft der deutschen Kolonien, Berlin 1916, S. 41 f.

90 Gründer: Geschichte der deutschen Kolonien, 1991, S. 77. Vgl. auch «Deutschlands Kriegsziele und Kolonialpolitik» in: Bundesarchiv Koblenz, Nachlaß Wilhelm Solf, N 1053, 48.
91 Emil Zimmermann: Das deutsche Kaiserreich. Mittelafrika als Grundlage einer neuen deutschen Weltpolitik, Berlin 1917. Vgl. auch ders.: Kann uns Mesopotamien eigene Kolonien ersetzen? Berlin 1917.
92 Heinrich Claß: Zum deutschen Kriegsziel. Eine Flugschrift, München 1917, S. 60.
93 Vgl. etwa Gottfried Zöpfl: Die Verwaltung und Wirtschaftspolitik der deutschen Kolonien, in: Kriegshefte der Süddeutschen Monatshefte, April 1915 bis September 1915, S. 737–743.
94 Vgl. Wolfgang Schivelbusch: Die Bibliothek von Löwen. Eine Episode aus der Zeit der Weltkriege, München 1988. John N. Horne/Alan Kramer: Deutsche Kriegsgreuel 1914. Die umstrittene Wahrheit, Hamburg 2004.
95 Karl Hoffmann: Das Ende des kolonialpolitischen Zeitalters, Leipzig 1917.
96 Adolf Grabowsky: Das neue kolonialpolitische Zeitalter, in: ders./Paul Leutwein (Hg.): Die Zukunft der deutschen Kolonien, Gotha 1918, S. 9–13, hier S. 10.
97 Karl Hermann Müller: Die wirtschaftliche Bedeutung der Bagdadbahn. Land und Leute der asiatischen Türkei, Hamburg 1917, S. 99.
98 Hierzu Vejas Gabriel Liulevicius: Kriegsland im Osten. Eroberung, Kolonisierung und Militärherrschaft im Ersten Weltkrieg, Hamburg 2002. Klaus Hildebrand: Das deutsche Ostimperium 1918. Betrachtungen über eine historische «Augenblickserscheinung», in: Wolfram Pyta/Ludwig Richter (Hg.): Gestaltungskraft des Politischen. Festschrift für Eberhard Kolb, Berlin 1999, S. 109–124.
99 Eckard Michels: Deutsche in der Fremdenlegion 1870–1965. Mythen und Realitäten, 3., durchges. Aufl. Paderborn u. a. 2000.

III. 1918 bis 1933: Protest und Sammlung

1 Gerd Krumeich (Hg., in Zusammenarbeit mit Silke Fehlemann): Versailles 1919. Ziele – Wirkung – Wahrnehmung, Essen 2001, S. 267.
2 Rolf Peter Tschapek: Bausteine eines künftigen deutschen Mittelafrika. Deutscher Imperialismus und die portugiesischen Kolonien, Stuttgart 2000.
3 Ernst Rudolf Huber (Hg.): Dokumente zur deutschen Verfassungsgeschichte, Bd. 3 (1900–1918), 3. Aufl. Stuttgart 1990, S. 222 f. (eigene Übersetzung).
4 Wolfgang Petter: Der Kampf um die deutschen Kolonien, in: Wolfgang Michalka (Hg.): Der Erste Weltkrieg. Wirkung, Wahrnehmung, Analyse, Weyarn 1997, S. 392–411, hier S. 406.

5 Nach Franz Ansprenger: Auflösung der Kolonialreiche, München 1966, S. 9.
6 Hans Poeschel: Die Kolonialfrage im Frieden von Versailles. Dokumente zu ihrer Behandlung, Berlin 1920, S. 15–17.
7 Horst Gründer: Geschichte der deutschen Kolonien, 2. Aufl. Paderborn u. a. 1991, S. 217.
8 Heinrich Schnee: German Colonization Past and Future. The Truth About the German Colonies, Port Washington, N. Y./London 1970 (zuerst 1926).
9 Vgl. dazu Peter Krüger: Die Außenpolitik der Republik von Weimar, Darmstadt 1985.
10 Vgl. dazu den später verfilmten «Tatsachen-Roman» von Hellmuth Unger: Germanin. Geschichte einer deutschen Großtat, Berlin/Wien 1940.
11 Vgl. Wolfgang Schivelbusch: Die Kultur der Niederlage. Der amerikanische Süden 1865, Frankfreich 1871, Deutschland 1918, Frankfurt/Main 2003, S. 211–224.
12 Wolfgang Hinnenberg: Die deutschen Bestrebungen zur wirtschaftlichen Durchdringung Tanganyikas 1925–1933. Ein Beitrag zur Geschichte der deutschen Kolonialpolitik in der Weimarer Republik, Diss. phil. Hamburg 1973, S. 20.
13 Eingabe von Justizrat Forkel von der Akotech an den sächsischen Minister Gradnauer vom 25. November 1925, Bundesarchiv Abt. Berlin-Lichterfelde, Deutsche Kolonialgesellschaft, R 8023, 377, Bl. 106.
14 Joachim Radkau: Technik in Deutschland. Vom 18. Jahrhundert bis zur Gegenwart, Frankfurt/Main 1989, S. 252.
15 Vgl. Stefan Rinke: Der letzte freie Kontinent. Deutsche Lateinamerikapolitik im Zeichen transnationaler Beziehungen, 1918–1933, Stuttgart 1996, S. 21, der die Entstehung des Begriffs auf das Jahr 1919 zurückführt.
16 Nancy Mitchell: The Danger of Dreams. German and American Imperialism in Latin America, Chapel Hill 1999.
17 Karl Alexander Wettstein: Brasilien und die deutsch-brasilianische Kolonie Blumenau, Leipzig 1907, S. 287.
18 Gerhard Brunn: Deutschland und Brasilien (1889–1914), Köln 1971. Jürgen Hell: Deutsche Expansion und interimperialistische Rivalität in Brasilien vor 1914, in: Fritz Klein (Hg.): Neue Studien zum Imperialismus vor 1914, Berlin (Ost) 1980, S. 83–108. Holger H. Herwig: Germany's Vision of Empire in Venezuela, 1870–1914, Princeton 1986. Zur Vorgeschichte Rolf Walter: Der Traum vom Eldorado. Die deutsche Conquista in Venezuela im 16. Jahrhundert, München 1992.
19 Peter Fritzsche: A Nation of Fliers. German Aviation and the Popular Imagination, Cambridge/London 1992, S. 200.

20 Willi A. Boelcke: Die Macht des Radios. Weltpolitik und Auslandsrundfunk 1924–1976, Frankfurt am Main/Wien/Berlin 1977, S. 68 f.

21 Fritzsche: Nation of Fliers, 1992, S. 37. Helmut Pigge: Ferdinand Graf von Zeppelin, Berlin 1999. Heinz Orlovius/Ernst Schultze (Hg.): Die Weltgeltung der deutschen Luftfahrt, Stuttgart 1938. Karl-Dieter Seifert: Der deutsche Luftverkehr 1926–1945 – auf dem Weg zum Weltverkehr, Bonn 1999.

22 Luftfahrt ist not! Hg. von Ernst Jünger unter dem Protektorat des Deutschen Luftfahrtverbandes e. V. Berlin o. J. (ca. 1928). Selbst dieser Titel spielte auf Gorch Focks Roman «Seefahrt ist Not» an.

23 Manfred Zeidler: Reichswehr und Rote Armee 1920–1933. Wege und Stationen einer ungewöhnlichen Zusammenarbeit, München 1993.

24 Vgl. Jost Hermand: Der alte Traum vom neuen Reich. Völkische Utopien und Nationalsozialismus, 2. Aufl. Weinheim 1995.

25 Vgl. etwa die exemplarische Studie von Margit Szöllösi-Janze: Fritz Haber. 1868–1934. Eine Biographie, München 1998.

26 Rainer Sprengel: Kritik der Geopolitik. Ein deutscher Diskurs 1914–1944, Berlin 1996. David Thomas Murphy: The Heroic Earth: Geopolitical Thought in Weimar Germany, 1918–1933, Kent, Ohio/London 1997. Irene Diekmann/Peter Krüger/Julius H. Schoeps (Hg.): Geopolitik. Grenzgänge im Zeitgeist, Bd. 1.1: 1890 bis 1945, Potsdam 2000.

27 Vgl. Albrecht Penck: Deutscher Volks- und Kulturboden, in: Karl Christian von Loesch (Hg.): Volk unter Völkern, Breslau 1925, S. 62–73.

28 Vgl. Willi Oberkrome: Geschichte, Volk und Theorie. Das ‹Handwörterbuch des Grenz- und Auslanddeutschtums›, in: Peter Schöttler (Hg.): Geschichtsschreibung als Legitimationswissenschaft 1918–1945, Frankfurt/Main 1997, S. 104–127.

29 Astrid Mehmel: Deutsche Revisionspolitik in der Geographie nach dem Ersten Weltkrieg, in: Geographische Rundschau, 47. Jg. (1995), S. 498–505, hier S. 503.

30 Guntram Henrik Herb: Under the Map of Germany. Nationalism and Propaganda 1918–1945, London/New York 1997.

31 Vgl. Hans-Ulrich Wehler: Nationalismus. Geschichte, Formen, Folgen, München 2001, S. 79 f.

32 Vgl. Max Hildebert Boehm: Europa Irredenta. Eine Einführung in das Nationalitätenproblem der Gegenwart, Berlin 1923. Ders.: Das eigenständige Volk. Grundlegung der Elemente einer europäischen Völkersoziologie, Göttingen 1932. Mark Bassin: Race contra Space: The Conflict between German Geopolitik and National Socialism, in: Political Geography Quarterly, 6. Jg. (1987), S. 115–134.

33 Ernst Ritter: Das Deutsche Auslands-Institut in Stuttgart 1917–1945. Ein Beispiel deutscher Volkstumsarbeit zwischen den Weltkriegen, Wiesbaden 1976.

34 Gerhard Weidenfeller: «Volkstumsarbeit» in der Weimarer Republik. Zur Struktur und Ideologie einer Bewegung, in: Essener Unikate, Heft 6/7 (1995), S. 142–149.

35 Vgl. Michael Fahlbusch: «Wo der deutsche ... ist, ist Deutschland.» Die Stiftung für deutsche Volks- und Kulturbodenforschung in Leipzig 1920–1933, Bochum 1994. Ders.: Wissenschaft im Dienst der nationalsozialistischen Politik? Die «Volksdeutschen Forschungsgemeinschaften» von 1931–1945, Baden-Baden 1999. Mathias Beer/Gerhard Seewann (Hg.): Südostforschung im Schatten des Dritten Reiches. Institutionen, Inhalte, Personen, München 2004.

36 Ulrich Herbert: «Generation der Sachlichkeit». Die völkische Studentenbewegung der frühen 20er Jahre in Deutschland, in: Frank Bajohr/Werner Johe/Uwe Lohalm (Hg.): Zivilisation und Barbarei. Die widersprüchlichen Potentiale der Moderne, Hamburg 1991, S. 115–144. Michael Wildt: Generation des Unbedingten. Das Führungskorps des Reichssicherheitshauptamtes, Hamburg 2002.

37 Robert Gradmann: Die Wissenschaft im Dienste der deutschen Volkspolitik, 1932, zit. nach Mehmel: Revisionspolitik, 1995, S. 501.

38 Nach Edgar Hartwig: Deutsche Kolonialgesellschaft (DKG) 1887–1936, in: Dieter Fricke u. a. (Hg.): Lexikon zur Parteiengeschichte. Die bürgerlichen und kleinbürgerlichen Parteien und Verbände in Deutschland (1789–1945), Bd. 1, Leipzig 1983, S. 724–748, hier S. 740.

39 Wolfe W. Schmokel: Der Traum vom Reich. Der deutsche Kolonialismus zwischen 1919 und 1945, Gütersloh 1967, S. 30 (mit Bezug auf «Mein Kampf»).

40 Alfred Rosenberg: Der Mythus des 20. Jahrhunderts. Eine Wertung der seelisch-geistigen Gestaltenkämpfe unserer Zeit, 9. Aufl. München 1943, S. 647.

41 Stefan Kühl: Die Internationale der Rassisten. Aufstieg und Niedergang der internationalen Bewegung für Eugenik und Rassenhygiene im 20. Jahrhundert, Frankfurt/Main/New York 1997. Vgl. auch Immanuel Geiss: Geschichte des Rassismus, Frankfurt/Main 1988.

42 Adolf Hitler: Mein Kampf, 200.–224. Tausend, Berlin 1936, S. 154.

43 Ebd., S. 742.

44 Vgl. Richard J. Evans (Hg.): Kneipengespräche im Kaiserreich. Stimmungsberichte der Hamburger Politischen Polizei 1892–1914, Reinbek 1989, S. 351.

45 Dies ist inzwischen sogar für Großbritannien in Frage gestellt worden, vgl. Bernard Porter: The Absent-Minded Imperialists. Empire, Society and Culture in Britain, Oxford 2004.

46 Herward Sieberg: Colonial Development. Die Grundlegung moderner Entwicklungspolitik durch Großbritannien, 1919–1949, Stuttgart 1985.

47 Hjalmar Schacht: Neue Kolonialpolitik. Vortrag, gehalten in der Abteilung Berlin-Charlottenburg der Deutschen Kolonial-Gesellschaft am 24. März 1926, Berlin 1926, S. 5.
48 Nach Schmokel: Der Traum vom Reich, 1967, S. 28.
49 Carl von Ossietzky: Deutschland ist..., in: Die Weltbühne, 24. Jg., Nr. 45 vom 6. November 1928, S. 689–691, hier S. 689.
50 So Bonn 1932, vgl. Wolfgang Reinhard: Geschichte der europäischen Expansion, Bd. 3, Stuttgart 1988, S. 187.
51 Otto Strasser: Aufbau des deutschen Sozialismus, Leipzig 1932, S. 76 f.
52 Rudolf Jardon: Deutsche Kolonien? in: Die Tat, 21. Jg. (1929/30), S. 49–55, hier S. 54.
53 Vgl. ebd., S. 52.
54 Leo Frobenius: Das sterbende Afrika. Die Seele eines Erdteils, Frankfurt/Main 1928.
55 Hans Schomburgk: Mein Afrika. Erlebtes und Erlauschtes aus dem Innern Afrikas, Berlin 1928. Leo Frobenius: Kulturgeschichte Afrikas. Prolegomena zu einer historischen Gestaltslehre, Zürich 1933.
56 Léopold Sédar Senghor: Afrika und die Deutschen, Tübingen/Basel 1968, S. 12.
57 Triviale Tropen. Exotische Reise- und Abenteuerfilme aus Deutschland 1919–1939. Redaktion Jörg Schöning, München 1997.
58 Gregor Streim: Junge Völker und neue Technik. Zur Reisereportage im ‹Dritten Reich› am Beispiel von Friedrich Sieburg, Heinrich Hauser und Margret Boveri, in: Zeitschrift für Germanistik, 9. Jg., Heft 2/1999, S. 344–359.
59 Walther Pahl: Der Kampf um die Rohstoffe, Berlin 1928. Adolf Reichwein: Die Rohstoffwirtschaft der Erde, Jena 1928. Anton Zischka: Kampf um die Weltmacht Öl, Leipzig 1934.
60 Colin Ross: Mit Kind und Kegel in die Arktis, Leipzig 1934, S. 9.
61 Vgl. David Thomas Murphy: German Exploration of the Polar World: A History, 1870–1940, Lincoln/London 2002.
62 Oskar Karstedt: Internationale Bekämpfung der Arbeitslosigkeit durch Erschließung überseeischer Gebiete. Zugleich ein Beitrag zum Problem der Vergrößerung des Welthandelsvolumens, Berlin o. J. (1931). Rudolf von Zanthier: Neue Kolonisationspolitik. Die Lösung der Erwerbslosenfrage, Berlin 1927.
63 Vgl. Julius Kaliski: Deutscher Wirtschaftsjammer, und kein Ende? in: Sozialistische Monatshefte, 38. Jg., Bd. 75 (1932), S. 389–395.
64 So Arthur Dix: Weltkrise und Kolonialpolitik. Die Zukunft zweier Erdteile, Berlin 1932, S. 224 f.
65 Herman Sörgel/Bruno Siegwart: Erschließung Afrikas durch Binnenmeere. Saharabewässerung durch Mittelmeerabsenkung, in: Beilage zum Baumeister, 33. Jg., Heft 3/März 1935, S. 37–39, hier S. 39.

66 Alfred Andreas Schubert: Afrika, die Rettung Europas. Deutscher Kolonialbesitz – eine Lebensfrage für Industrie und Wirtschaft Europas, Berlin 1929.

67 Herman Sörgel: Atlantropa, Zürich/München 1932.

68 Vgl. dazu Alexander Gall: Das Atlantropa-Projekt. Die Geschichte einer gescheiterten Vision. Herman Sörgel und die Absenkung des Mittelmeers, Frankfurt am Main/New York 1998 sowie Wolfgang Voigt: Atlantropa. Weltbauen am Mittelmeer. Ein Architekturtraum der Moderne, Hamburg 1998.

69 Richard N. Coudenhove-Kalergi: Pan-Europa, Wien 1923, S. 19.

70 Colin Ross: Erwachende Sphinx. Durch Afrika vom Kap nach Kairo, 2. Aufl. Leipzig 1927, S. 246.

71 Herman Kranold: Frankreich und die koloniale Aufgabe Europas, in: Sozialistische Monatshefte, 37. Jg., Bd. 74 (1931), S. 975–983. Claude-Robert Ageron: L'idée d'Eurafrique et le dèbat colonial franco-allemand de l'entre-deux-guerres, in: Revue d'Histoire moderne et contemporaine, Bd. 22 (1975), S. 446–475. Etienne Deschamps: Quelle Afrique pour une Europe unie? L'idée d'Eurafrique à l'aube des années trentes, in: Michel Dumoulin (Hg.): Penser l'Europe à l'aube des années trentes, Louvain-la-neuve/Brüssel 1995, S. 95–150.

72 Zit. in Max Cohen-Reuss: Der Weg ist frei, in: Sozialistische Monatshefte, 38. Jg., Bd. 76 (1932), S. 660–666, hier S. 664.

73 Karl Haushofer/Walther Vogel (Hg.): Weltwirtschaftsdämmerung. Festschrift zum 10jährigen Bestehen des Weltwirtschafts-Instituts der Handels-Hochschule Leipzig, Stuttgart 1934.

74 Erich Koch-Weser: Deutschlands Außenpolitik in der Nachkriegszeit 1919–1929, Berlin 1929, S. 121 f.

75 Vgl. dazu Henry Cord Meyer: Mitteleuropa in German Thought and Action 1815–1945, Den Haag 1955, S. 292 ff. Reinhart Frommelt: Paneuropa oder Mitteleuropa. Einigungsbestrebungen im Kalkül deutscher Wirtschaft und Politik 1925–1933, Stuttgart 1977. Roswitha Berndt: Wirtschaftliche Mitteleuropapläne des deutschen Imperialismus (1926–1931), in: Gilbert Ziebura (Hg.): Grundfragen der deutschen Außenpolitik seit 1871, Darmstadt 1975, S. 304–334.

76 Walter Thiele: Die Idee der Großraumwirtschaft in Geschichte und Politik, Diss. phil. Berlin 1938, S. 77. Vgl. auch Bernd-Jürgen Wendt: Nationalsozialistische Großraumwirtschaft zwischen Utopie und Wirklichkeit – Zum Scheitern einer Konzeption 1938/39, in: Franz Knipping/Klaus-Jürgen Müller (Hg.): Machtbewußtsein in Deutschland am Vorabend des Zweiten Weltkrieges, Paderborn 1984, S. 223–245.

77 Erich Obst: Die Wirtschaftsreiche in Vergangenheit und Zukunft. Eine Schicksalsfrage der deutschen Wirtschaft, Hannover 1922, S. 11.

78 Vgl. Rolf Steininger: «...Der Angelegenheit ein paneuropäisches Mäntelchen umhängen...» Das deutsch-österreichische Zollunionsprojekt von 1931, in: Michael Gehler (Hg.): Ungleiche Partner? Österreich und Deutschland in ihrer gegenseitigen Wahrnehmung. Historische Analysen und Vergleiche aus dem 19. und 20. Jahrhundert, Stuttgart 1996, S. 441–478. Krüger: Außenpolitik, 1985, S. 531–539.

79 Vgl. Wilhelm Gürge/Wilhelm Grotkopp (Hg.): Großraumwirtschaft. Der Weg zur europäischen Einheit. Ein Grundriß, Berlin 1931.

80 Karl Krüger: Deutsche Großraumwirtschaft, Hamburg 1932, S. 232.

81 Cohen-Reuss: Der Weg ist frei, 1932, S. 665.

82 Zit. nach: Berndt: Wirtschaftliche Mitteleuropapläne, 1975, S. 325 f. Vgl. auch Volker R. Berghahn (Hg.): Quest for Economic Empire. European Strategies of German Big Business in the Twentieth Century, Providence/Oxford 1996.

83 Jürgen Elvert: Mitteleuropa! Deutsche Pläne zur europäischen Neuordnung (1918–1945), Stuttgart 1999.

84 Vgl. Henry Cord Meyer: Mitteleuropa, 1955, S. 300–310. Peter Schöttler (Hg.): Geschichtsschreibung als Legitimationswissenschaft 1918–1945, Frankfurt/Main 1997.

IV. Revision, gewaltsame Neuordnung und imperiale Überdehnung zwischen 1933 und 1945

1 Vgl. Carl Schmitt: Positionen und Begriffe im Kampf gegen Weimar, Genf, Versailles, Berlin 1940.

2 So etwa Hans Behrend (d. i. Albert Norden): Von Rohrbach zu Rohrbach. Unser Kampf gegen Hitlers Kolonialpolitik, in: Die Internationale, Heft 2–3/1936, S. 35–46, hier S. 35 f.

3 Vgl. Helmut Aschenbrenner: Überseekolonien, das Ende der nordischen Rasse, Berlin o. J. (1934).

4 Walther Pahl: Weltkampf um Rohstoffe, Leipzig 1939.

5 Anton Zischka: Wissenschaft bricht Monopole, Leipzig 1936.

6 Nach Klaus Hildebrand: Vom Reich zum Weltreich. Hitler, NSDAP und koloniale Frage 1919–1945, München 1969, S. 113–117. Vgl. auch Katja-Maria Wächter: Die Macht der Ohnmacht. Leben und Politik des Franz Xaver Ritter von Epp (1868–1946), Frankfurt/Main 1999.

7 Zu den deutsch-italienischen Gemeinsamkeiten vgl. Aristotle A. Kallis: Fascist Ideology. Territory and Expansionism in Italy and Germany, 1922–1945, London/New York 2000.

8 Karl Sapper: Deutsche als Kolonialpioniere in den Tropen, in: Zeitschrift für Politik, 29 (1939), S. 39–52, hier S. 42. Karl Christian von Loesch: Deutsche Züge im Antlitz der Erde. Deutsches Siedeln, deutsche Leistung, hg. vom Deutschen Auslands-Institut Stuttgart, München 1935.

Karl Bömer (Hg.): Deutsche Saat in fremder Erde, Berlin 1936. Heinz Otto (Hg.): Deutsche schaffen in aller Welt. Ein Bildband deutscher Leistung im Auslande, 2. Aufl. Berlin 1942.

9 Karl Krüger: Tropentechnik. Kolonialtechnik im Querschnitt, Berlin 1939, S. 6.

10 Fritz Maywald: Der Deutsche als Kolonisator, in: Geographische Wochenschrift (Breslau), 2. Jg. (1934), S. 605–608, hier S. 606 f.

11 Otto Schloifer: Bana uleia. Ein Lebenswerk in Afrika. Aus den Tagebüchern eines alten Kolonialpioniers, 3. Aufl. Berlin 1943, Vorwort zur ersten Auflage vom Sommer 1939 bzw. S. 345.

12 Karl Krüger: Neuzeitliche Technik in heißen Ländern. Sonderbericht über die Kolonial- und tropentechnische Messe auf der Leipziger Frühjahrsmesse 1937, Leipzig 1937. Adolf von Duisburg: Wer will in die Kolonien? Ein Wegweiser zur kolonialen Arbeit, Berlin 1938. Max Dengler: Erkundung von Verkehrswegen in Neuländern, Berlin 1938.

13 Erich Obst: Gemeinschaftsarbeit ‹Afrikaforschung nach dem Weltkriege›, in: Koloniale Abteilung des Reichsforschungsrates (Hg.): Aufgaben deutscher Kolonialforschung, Berlin/Stuttgart 1942, S. 196–208, hier S. 197. Vom 21 bändigen «Afrika – Handbuch der praktischen Kolonialwissenschaften» erschienen immerhin elf Teilbände.

14 Jolanda Ballhaus: Kolonialziele und -vorbereitungen des faschistischen Regimes 1933–1939, in: Helmut Stoecker (Hg.): Drang nach Afrika. Die koloniale Expansionspolitik und Herrschaft des deutschen Imperialismus in Afrika von den Anfängen bis zum Ende des zweiten Weltkrieges, Berlin 1977, S. 281–314, hier S. 299. Vgl. auch Hjalmar Schacht: Germany's Colonial Demands, in: Foreign Affairs, Bd. 15, Heft 2/Januar 1937, S. 223–234.

15 Jost Dülffer: Kolonialismus ohne Kolonien. Deutsche Kolonialpläne 1938, in: Franz Knipping/Klaus-Jürgen Müller (Hg.): Machtbewußtsein in Deutschland am Vorabend des Zweiten Weltkrieges, Paderborn 1984, S. 247–270, hier S. 252. Zur Gesamtstrategie Bernd-Jürgen Wendt: Economic Appeasement. Handel und Finanz in der britischen Deutschland-Politik 1933–1939, Düsseldorf 1971 sowie Andrew J. Crozier: Appeasement and Germany's Last Bid for Colonies, London 1988.

16 Tammo Luther: Volkstumspolitik im Deutschen Reich 1933–1938, Stuttgart 2004.

17 Michael Burleigh: Germany Turns Eastwards. A Study of *Ostforschung* in the Third Reich, Cambridge u. a. 1988. Mechtild Rössler: «Wissenschaft und Lebensraum». Geographische Ostforschung im Nationalsozialismus. Ein Beitrag zur Disziplingeschichte der Geographie, Berlin/Hamburg 1990. Burkhard Dietz/Helmut Gabel/Ulrich Tiedau (Hg.): Griff nach dem Westen. Die «Westforschung» der völkisch-nationalen

Wissenschaften zum nordwesteuropäischen Raum (1919–1960). 2 Bde., Münster 2003.

18 Walter Thiele: Die Idee der Großraumwirtschaft in Geschichte und Politik, Diss. phil. Berlin 1938, S. 162.

19 Achim Bay: Der nationalsozialistische Gedanke der Großraumwirtschaft und seine ideologischen Grundlagen. Darstellung und Kritik, Diss. masch. Erlangen-Nürnberg 1962, S. 76 f.

20 Carl Schmitt: Völkerrechtliche Großraumordnung mit Interventionsverbot für raumfremde Mächte. Ein Beitrag zum Reichsbegriff im Völkerrecht, Berlin 1939.

21 Carl Schmitt: Land und Meer. Eine weltgeschichtliche Betrachtung, Stuttgart 1954. Zur «Monroe-Doktrin» vgl. Lothar Gruchmann: Nationalsozialistische Großraumpolitik. Die Konstruktion einer «deutschen Monroe-Doktrin», Stuttgart 1962.

22 Wolfgang Sofsky: Die Ordnung des Terrors. Das Konzentrationslager, Frankfurt/Main 1993. Karin Orth: Das System der nationalsozialistischen Konzentrationslager, Zürich/München 1999.

23 Wolfgang U. Eckart: Medizin und Kolonialimperialismus. Deutschland 1884–1945, Paderborn 1997.

24 Bernd-Jürgen Wendt: Großdeutschland. Außenpolitik und Kriegsvorbereitung des Hitlerregimes, München 1993.

25 Karsten Linne: «Weiße Arbeitsführer» im «kolonialen Ergänzungsraum». Afrika als Ziel sozial- und wirtschaftspolitischer Planungen in der NS-Zeit, Münster 2002.

26 Erich Obst: Ostbewegung und afrikanische Kolonisation als Teilaufgaben einer abendländischen Großraumpolitik, in: Zeitschrift für Erdkunde, 9. Jg., Heft 9/10, Mai/Juni 1941, S. 265–278. Vgl. auch Hermann Behrens: Ost- oder Kolonialpolitik: ihre ergänzende Notwendigkeit, Deutscher Kolonial-Dienst, Nr. 10/1937, S. 1–8.

27 Erich Obst: Entwicklungstendenzen der Weltwirtschaft und des Weltverkehrs, in: Kursusheft der achten post- und telegraphenwissenschaftlichen Woche vom 3. bis 8. Oktober 1927, S. 167–185, hier S. 169.

28 Nach Alexandre Kum'a N'dumbe III.: Pläne zu einer nationalsozialistischen Kolonialherrschaft in Afrika, in: Wolfgang Benz/Hermann Graml (Hg.): Aspekte deutscher Außenpolitik im 20. Jahrhundert. Aufsätze Hans Rothfels zum Gedächtnis, Stuttgart 1976, S. 165–192, hier S. 186. Ders.: Was wollte Hitler in Afrika? NS-Planungen für eine faschistische Neugestaltung Afrikas, Frankfurt/Main 1993.

29 Vgl. etwa Dietrich Eichholtz: Die Kriegszieldenkschrift des Kolonialpolitischen Amtes der NSDAP. Steckbrief eines Dokuments, in: Blätter für deutsche und internationale Politik, Bd. 19 (1974), S. 502–517, bes. S. 503.

30 Vgl. Dietrich Eichholtz/Wolfgang Schumann (Hg.): Anatomie des Krieges. Neue Dokumente über die Rolle des Monopolkapitals bei der Vor-

bereitung und Durchführung des zweiten Weltkrieges, Berlin 1969. Gerhard Hass/Wolfgang Schumann (Hg.): Anatomie der Aggression. Neue Dokumente zu den Kriegszielen des faschistischen deutschen Imperialismus im zweiten Weltkrieg, Berlin 1972.

31 Vgl. Hans-Eckardt Kannapin: Wirtschaft unter Zwang. Anmerkungen und Analysen zur rechtlichen und politischen Verantwortung der deutschen Wirtschaft unter der Herrschaft des Nationalsozialismus, Köln 1966.

32 Vgl. dazu Ludolf Herbst: Der totale Krieg und die Ordnung der Wirtschaft. Die Kriegswirtschaft im Spannungsfeld von Politik, Ideologie und Propaganda 1939–1945, Stuttgart 1982. Olaf Groehler: Großindustrielle Nachkriegskonzeptionen, in: Journal für Geschichte, Heft 3/1985, S. 44–51.

33 Zusammenfassend Ian Kershaw: Hitler. 1936–1945, München 2000.

34 Hugh Trevor-Roper: Hitlers Kriegsziele, in: Vierteljahrshefte für Zeitgeschichte, 8. Jg., Heft 2/1960, S. 121–133, hier S. 133.

35 Götz Aly: «Endlösung». Völkerverschiebung und der Mord an den europäischen Juden, Frankfurt/Main 1998.

36 Vgl. Magnus Brechtken: Madagaskar für die Juden. Antisemitische Idee und politische Praxis 1885–1945, München 1997.

37 Bernd-Jürgen Wendt: Nationalsozialistische Großraumwirtschaft zwischen Utopie und Wirklichkeit – Zum Scheitern einer Konzeption 1938/39, in: Franz Knipping/Klaus-Jürgen Müller (Hg.): Machtbewußtsein in Deutschland am Vorabend des Zweiten Weltkrieges, Paderborn 1984, S. 223–245, hier S. 229 f.

38 Christian Gerlach: Kalkulierte Morde. Die deutsche Wirtschafts- und Vernichtungspolitik in Weißrußland 1941 bis 1944, Hamburg 1999.

39 Vgl. Michael Wildt: Generation des Unbedingten. Das Führungskorps des Reichssicherheitshauptamtes, Hamburg 2002.

40 Vgl. die Debatten im Gefolge der Ausstellung «Verbrechen der Wehrmacht» (1995 ff.). Christopher R. Browning: Ordinary Men. Reserve Police Battalion 101 and the Final Solution in Poland, New York 1992. Ulrich Herbert (Hg.): Nationalsozialistische Vernichtungspolitik 1939–1945. Neue Forschungen und Kontroversen, Frankfurt/Main 1998.

41 Götz Aly/Susanne Heim: Vordenker der Vernichtung. Auschwitz und die deutschen Pläne für eine neue europäische Ordnung, Frankfurt/Main 1993, S. 125 f.

42 Ebd., S. 156.

43 Ebd., S. 489.

44 Hildebrand: Vom Reich zum Weltreich, 1969, S. 774.

45 Wendt: Nationalsozialistische Großraumwirtschaft, 1984, S. 237 f.

46 Dies legt auch nahe Sven Lindquist: Durch das Herz der Finsternis. Ein Afrika-Reisender auf den Spuren des europäischen Völkermords,

Frankfurt am Main/New York 1999. Vgl. auch Jürgen Zimmerer: Die Geburt des Ostlandes aus dem Geist des Kolonialismus. Die nationalsozialistische Eroberungs- und Beherrschungspolitik in (post)kolonialer Perspektive, in: Sozial.Geschichte, Bd. 19 (2004), S. 10–43.

47 Hildebrand: Vom Reich zum Weltreich, 1969, S. 769.

48 Henry Picker: Hitlers Tischgespräche im Führerhauptquartier 1941–42, Bonn 1951, S. 50.

49 Adolf Hitler: Monologe im Führerhauptquartier 1941–1944. Die Aufzeichnungen Heinrich Heims, hg. von Werner Jochmann, Hamburg 1980, S. 94.

50 Ebd., S. 78.

51 Dirk van Laak: Der Platz des Holocaust im deutschen Geschichtsbild, in: Konrad H. Jarausch/Martin Sabrow (Hg.): Die historische Meistererzählung. Deutungslinien der deutschen Nationalgeschichte nach 1945, Göttingen 2002, S. 163–193.

52 Vgl. Jochen Thiess: Architekt der Weltherrschaft. Die ‹Endziele› Hitlers, Düsseldorf 1976. Ralph Giordano: Wenn Hitler den Krieg gewonnen hätte. Die Pläne der Nazis nach dem Endsieg, München 1991.

53 Jürgen Elvert: Mitteleuropa! Deutsche Pläne zur europäischen Neuordnung (1918–1945), Stuttgart 1999. Aus anderer Perspektive Birgit Kletzin: Europa aus Rasse und Raum. Die nationalsozialistische Idee der Neuen Ordnung, Münster 2000.

54 Elvert: Mitteleuropa! 1999, S. 391.

55 John Laughland: The Tainted Source. The Undemocratic Origins of the European Idea, London 1997.

56 Vgl. Zygmunt Bauman: Dialektik der Ordnung. Die Moderne und der Holocaust, Hamburg 1992.

57 Joachim Fest: Der Untergang. Hitler und das Ende des Dritten Reiches, Berlin 2002.

V. Nach 1945: Vom «nehmenden» zum «gebenden» Imperialismus

1 Vgl. Günter Heyden: Kritik der deutschen Geopolitik. Wesen und Funktion einer reaktionären soziologischen Schule, Berlin (Ost) 1958.

2 Gabrielle Hecht: The Radiance of France. Nuclear Power and National Identity after World War II, Cambridge, Mass./London 1998.

3 Bernd Greiner: Die Morgenthau-Legende. Zur Geschichte eines umstrittenen Plans, Hamburg 1995.

4 Vgl. Jörg Später: Vansittart. Britische Debatten über Deutsche und Nazis, 1902–1945, Göttingen 2003.

5 Eberhard Straub: Eine kleine Geschichte Preußens, Berlin 2002, S. 7.

6 So etwa Max Hildebert Boehm, vgl. Willi Oberkrome: Volksgeschichte. Methodische Innovation und völkische Ideologisierung in der deutschen Geschichtswissenschaft 1918–1945, Göttingen 1993, S. 220.

7 Hans-Walter Krumwiede: 20 Jahre Charta der deutschen Heimatvertriebenen, Leer 1970, S. 42 f.

8 Vgl. etwa Mathias Beer: Im Spannungsfeld von Politik und Zeitgeschichte. Das Großforschungsprojekt «Dokumentation der Vertreibung der Deutschen aus Ost-Mitteleuropa», in: Vierteljahrshefte für Zeitgeschichte, 46. Jg. (1998), S. 345–389.

9 Vgl. Horst Gründer: Kolonialismus und Marxismus. Der deutsche Kolonialismus in der Geschichtsschreibung der DDR, in: Alexander Fischer/Günther Heydemann (Hg.): Geschichtswissenschaft in der DDR, Bd. II: Vor- und Frühgeschichte bis Neueste Geschichte, Berlin 1990, S. 671–709.

10 Vgl. Klaus Körner: «Die rote Gefahr». Antikommunistische Propaganda in der Bundesrepublik 1950–2000, Hamburg 2003.

11 Zit. in Michael Behnen (Hg.): Lexikon der deutschen Geschichte 1945–1990, Stuttgart 2002, S. 216.

12 Vgl. Dan Diner: Das Jahrhundert verstehen. Eine universalhistorische Deutung, Frankfurt/Main 2000.

13 Rüdiger Marco Booz: «Hallsteinzeit». Deutsche Außenpolitik 1955–1972, Bonn 1995.

14 West Germany Invades the Mideast. An Army of Salesmen Go Where Conquerors Failed, in: Time vom 23. Februar 1959, S. 24. Zum Hintergrund vgl. Sven Olaf Berggötz: Nahostpolitik in der Ära Adenauer. Möglichkeiten und Grenzen 1949–1963, Düsseldorf 1998.

15 Dirk van Laak: Weiße Elefanten. Anspruch und Scheitern technischer Großprojekte im 20. Jahrhundert, Stuttgart 1999.

16 Hans-Ulrich Wehler: Modernisierungstheorie und Geschichte, Göttingen 1975. Thomas Mergel: Geht es weiterhin voran? Die Modernisierungstheorie auf dem Weg zu einer Theorie der Moderne, in: ders./Thomas Welskopp (Hg.): Geschichte zwischen Kultur und Gesellschaft. Beiträge zur Theoriedebatte, München 1997, S. 203–232.

17 Vgl. Einleitung zu: Richard Koebner/Helmut Dan Schmidt: Imperialism. The Story and Significance of a Political Word, 1840–1960, Cambridge 1964, S. XIII–XXV. Parallelen erkennen die Autoren etwa in der Kennzeichnung «Despotismus» im 18. Jahrhundert, vgl. S. XVII. Fast zeitgleich läßt sich das Auftauchen des Begriffs «Globalisierung» nachweisen.

18 Alexandre Kojève: Kolonialismus in europäischer Sicht. Vortrag gehalten vor dem Rhein-Ruhr-Klub e. V. am 16. Januar 1957, in: Piet Tommissen (Hg.): Schmittiana VII, Berlin 1999, S. 125–140.

19 Eberhard Czaya: Die alt- und neokolonialistischen Propagandaorganisationen und Interessenverbände des deutschen Imperialismus, in: DWI-Berichte, hg. vom Deutschen Wirtschaftsinstitut Berlin, Bd. 17, Heft 11/1966, S. 250–258. Vgl. auch Jakov J. Etinger: Bonn greift nach Afrika, Berlin (Ost) 1961.

20 Karitas für Afrika. Spiegel-Gespräch mit dem Präsidenten des Deutschen Bundestags, Dr. Eugen Gerstenmaier, in: Der Spiegel, 14. Jg., Nr. 44 vom 26. Oktober 1960, S. 32–43, hier S. 43.

21 Kurt Büttner: Zum apologetischen Charakter westdeutscher Theorien über Afrika, in: Geschichte und Geschichtsbild in Afrika. Beiträge der Arbeitstagung für neuere und neueste Geschichte Afrikas am 17. und 18. April 1959 in Leipzig, Berlin 1960, S. 189–202, hier S. 189 bzw. S. 196. Vgl. auch Ulf Engel/Hans-Georg Schleicher (unter Mitarbeit von Inga-Dorothee Rost): Die beiden deutschen Staaten in Afrika. Zwischen Konkurrenz und Koexistenz 1949–1990, Hamburg 1998.

22 Anton Zischka: Afrika, Europas Gemeinschaftsaufgabe Nr. 1, Oldenburg 1951.

23 Karl Krüger: Afrika, Berlin 1952, S. 8 f.

24 A. E. Johann: Groß ist Afrika. Europas dunkle Schwester, Gütersloh 1957, S. 338.

25 Arthur Rosenberg: Was denken die Neger von Deutschland? Afrikas Rolle im Schuman-Plan, in: Die Zeit vom 9. August 1951.

26 So Ferdinand Fried 1957, nach Thomas Oppermann: «Eurafrika» – Idee und Wirklichkeit, in: Europa-Archiv, Folge 23/1960, S. 695–706, hier S. 700.

27 EWG-Entwicklungshilfe für Afrika, in: Europäische Wirtschaft, Nr. 17 vom 15. September 1960, S. 468.

28 So Heinz Tillmann/Werner Kowalski (Hg.): Westdeutscher Neokolonialismus. Untersuchungen über die wirtschaftliche und politische Expansion des westdeutschen Imperialismus in Afrika und Asien, Berlin (Ost) 1963, S. 17. Vgl. auch Hartmut Schilling: EWG-Schatten über Afrika. Zum kollektiven Kolonialismus der EWG, Berlin (Ost) 1963.

29 1961 erschien das Manifest von Frantz Fanon: Die Verdammten dieser Erde, Frankfurt/Main 1981. Vgl. auch Dietmar Rothermund: Delhi, 15. August 1947. Das Ende kolonialer Herrschaft, München 1998.

30 Vgl. Reinhard Neebe: Überseemärkte und Exportstrategien in der westdeutschen Wirtschaft 1945 bis 1966. Aus den Reiseberichten von Dietrich Wilhelm von Menges, Stuttgart 1991. Ders.: Weichenstellung für die Globalisierung. Deutsche Weltmarktpolitik, Europa und Amerika in der Ära Ludwig Erhard, Köln u. a. 2004.

31 Vgl. Thomas Groß: Anders, anderer, am allerandersten. Egal, was Forscher vertreten: Als Brennspiegel von Fremdheit ist der Außerirdische

unentbehrlich, in: Frankfurter Allgemeine Zeitung, Nr. 202 vom 31. August 2004, S. 44.

32 Helmut Schelsky: Der Mensch in der wissenschaftlichen Zivilisation (1961), in: ders.: Auf der Suche nach Wirklichkeit. Gesammelte Aufsätze, Düsseldorf 1965, S. 439–480, hier S. 455.

33 Giselher Wirsing konstatierte nach der Konferenz einen «Klassenkampf im Erdmaßstab», ders.: Die Menschenlawine. Der Bevölkerungszuwachs als weltpolitisches Problem, Stuttgart 1956, S. 68–75.

34 Vgl. Klaus J. Bade: Europa in Bewegung. Migration vom späten 18. Jahrhundert bis zur Gegenwart, München 2000.

35 Vgl. Haus der Geschichte der Bundesrepublik Deutschland (Hg.): Endlich Urlaub! Die Deutschen reisen. Begleitbuch zur Ausstellung im Haus der Geschichte der Bundesrepublik Deutschland vom 6. Juni bis 13. Oktober 1996, Bonn 1996. Rudy Koshar: German Travel Cultures, Oxford 2002.

36 Günter Bannas: Transrapid. Leitkommentar in: Frankfurter Allgemeine Zeitung, Nr. 55 vom 7. März 2005, S. 1.

37 Elisabeth Noelle: Deutschland und die Welt. Auf dem Weg zur selbstbewußten Mittelmacht, in: Frankfurter Allgemeine Zeitung, Nr. 63 vom 16. März 2005, S. 5.

Rückblick

1 Vgl. exemplarisch Michael Geyer: Deutschland und Japan im Zeitalter der Globalisierung. Überlegungen zu einer komparativen Geschichte jenseits des Modernisierungs-Paradigmas, in: Sebastian Conrad/Jürgen Osterhammel (Hg.): Das Kaiserreich transnational. Deutschland in der Welt 1871–1914, Göttingen 2004, S. 68–86, sowie Benedikt Stuchtey (Hg.): Science Accross the European Empires, 1800–1950, Oxford 2004.

2 Hierzu die instruktiven Betrachtungen von Jared Diamond: Arm und Reich. Die Schicksale menschlicher Gesellschaften, 2. Aufl. Frankfurt/Main 1999, der die Einordnung des Imperialismus in längere Zeithorizonte erlaubt.

3 Vgl. Jörn Axel Kämmerer: Spätfolgen des Imperialismus, in: Frankfurter Allgemeine Zeitung, Nr. 181 vom 6. August 2004, S. 6.

4 Jürgen Osterhammel: Internationale Geschichte, Globalisierung und die Pluralität der Kulturen, in: Wilfried Loth/ders. (Hg.): Internationale Geschichte. Themen, Ergebnisse, Aussichten, München 2000, S. 387–408, hier S. 394 f.

5 Vgl. Jürgen Osterhammel: Krieg im Frieden. Zu Form und Typologie imperialer Interventionen, in: ders.: Geschichtswissenschaft jenseits des Nationalstaats. Studien zu Beziehungsgeschichte und Zivilisationsvergleich, Göttingen 2001, S. 283–321.

6 Vgl. John Tomlinson: Cultural Imperialism. A Critical Introduction, London 1991, S. 173–179.

7 Vgl. stellvertretend Fritz Stern: The Politics of Cultural Despair, Berkeley 1961. George Mosse: The Crisis of the German Ideology: The Intellectual Origins of the Third Reich, New York 1964. Woodruff D. Smith: The Ideological Origins of Nazi Imperialism, New York/Oxford 1986.

8 Zu Conrad vgl. Sven Lindquist: Durch das Herz der Finsternis. Ein Afrika-Reisender auf den Spuren des europäischen Völkermords, Frankfurt am Main/New York 1999. Zur Figur Stephensons vgl. Sebastian Haffner: Germany: Jekyll & Hyde, Berlin 1996.

9 So auch die These von Götz Aly: Hitlers Volksstaat. Raub, Rassenkrieg und nationaler Sozialismus, Frankfurt/Main 2005.

10 Vgl. Diemar Herz: Die Europäische Union, München 2002, S. 16–27.

Zeittafel

1840er Jahre	Gründung von Kolonisationsvereinen (z. B. Texasverein)
1848/49	Nationalversammlung diskutiert deutsche Flotten- und Weltpolitik
1871	Gründung des zweiten «Deutschen Reiches»
1880	Samoa-Vorlage vor dem Deutschen Reichstag
1884/85	Erwerb von «Schutzgebieten» in Afrika und der Südsee, Berliner Kongo-Konferenz
1890	Helgoland-Sansibar-Vertrag
1891	Gründung des «Allgemeinen Deutschen Verbandes», seit 1894 «Alldeutscher Verband»
1897	Staatssekretär Bernhard von Bülow fordert deutschen «Platz an der Sonne», Beginn des Flottenbauprogramms unter Alfred von Tirpitz
1898	Erwerb von Kiautschou durch deutsche Reichsmarine
1899	Erwerb von Samoa und Palau, der Karolinen und Marianen
1900	Boxeraufstand, «Hunnenrede» Kaiser Wilhelms II., Bülow Reichskanzler
1904–1907	Aufstände in Deutsch-Südwestafrika und Deutsch-Ostafrika, «Herero»– und «Maji-Maji»-Kriege
1904	Baubeginn der Bagdadbahn
1905/06	erste Marokkokrise, beendet durch Konferenz von Algeciras
1907	«Hottentottenwahl» und Neuorganisation der deutschen Kolonialverwaltung
1911	zweite Marokkokrise und «Panthersprung» nach Agadir, Erwerb von «Neu-Kamerun»
1914	Ausbruch des Ersten Weltkrieges, annexionistische Kriegszieldiskussion
1918	Frieden von Brest-Litowsk, Waffenstillstand
1919	Versailler Verträge, Auflösung des deutschen Kolonialreiches
1925/26	Veröffentlichung des Lebensraumprogramms für den Osten in Adolf Hitlers «Mein Kampf»
1933	«Machtergreifung» der Nationalsozialisten
1935	Rückgliederung des Saargebiets an das Deutsche Reich
1937	zweiter «Vierjahresplan» zur Vorbereitung eines Angriffskrieges
1938	«Anschluß» Österreichs an das Deutsche Reich, Angliederung des Sudetenlandes

1939	«Zerschlagung der Rest-Tschechei», Überfall auf Polen
1940	Überfall auf Norwegen, Dänemark, die Niederlande, Belgien und Frankreich sowie Angriffe auf England
1941	Besetzung des Balkans, Griechenlands und Nordafrikas, Überfall auf die Sowjetunion
1943	Stalingrad und Rückzug in Nordafrika
1944	alliierte Invasion in der Normandie
1945	Kriegsende und Teilung Deutschlands
1950	«Charta der Heimatvertriebenen»
1952	Helgoland wieder unter deutscher Verwaltung
1955	Souveränität der Bundesrepublik und der DDR, Rückkehr der letzten Kriegsgefangenen
1957	Anschluß des Saarlands an Bundesrepublik nach Volksabstimmung
1960er Jahre	Westdeutsche als «Reiseweltmeister»
1961	«antiimperialistischer Schutzwall» an der innerdeutschen Grenze
1970	Beginn der «Ostverträge»
1990	«Wiedervereinigung», Anerkennung aller äußeren Grenzen Deutschlands

Weiterführende Literatur zum deutschen Imperialismus

Albertini, Rudolf von: Dekolonisation. Die Diskussion über Verwaltung und Zukunft der Kolonien 1919–1960, Köln/Opladen 1960

ders. (unter Mitarbeit von Albert Wirz): Europäische Kolonialherrschaft. Die Expansion in Übersee von 1880–1940, München 1982

Aly, Götz/Susanne Heim: Vordenker der Vernichtung. Auschwitz und die deutschen Pläne für eine neue europäische Ordnung, Hamburg 1991

Arendt, Hannah: Elemente und Ursprünge totaler Herrschaft. Antisemitismus. Imperialismus. Totale Herrschaft, München 2001

Bade, Klaus J.: Friedrich Fabri und der Imperialismus in der Bismarckzeit. Revolution – Depression – Expansion, Freiburg 1975

ders. (Hg.): Imperialismus und Kolonialismus – Kaiserliches Deutschland und koloniales Imperium, Wiesbaden 1982

Baumgart, Winfried: Der Imperialismus. Idee und Wirklichkeit in der englischen und französischen Kolonialexpansion, Stuttgart 1975

Bendikat, Elfi: Organisierte Kolonialbewegung in der Bismarck-Ära, Heidelberg 1984

Berman, Russel A.: Enlightenment or Empire. Colonial Discourse in German Culture, Lincoln/London 1998

Böge, Wiebeke: Die Einteilung der Erde in Großräume. Zum Weltbild der deutschsprachigen Geographie seit 1871, Hamburg 1997

Bückendorf, Jutta: «Schwarz-weiß-rot über Ostafrika». Deutsche Kolonialpläne und afrikanische Realität, Münster 1997

Burleigh, Michael: Germany Turns Eastwards. A Study of *Ostforschung* in the Third Reich, Cambridge u. a. 1988

Conrad, Joseph: Herz der Finsternis, Stuttgart 1999 (zuerst 1899)

Conrad, Sebastian/Jürgen Osterhammel (Hg.): Das Kaiserreich transnational. Deutschland in der Welt 1871–1914, Göttingen 2004

Cooper, Frederick/Laura Stohler (Hg.): Tensions of Empire. Colonial Cultures in a Bourgeois World, Berkeley u. a. 1997

Dallin, Alexander: Deutsche Herrschaft in Rußland 1941–1945. Eine Studie über Besatzungspolitik, Düsseldorf 1981

Diekmann, Irene/Peter Krüger/Julius H. Schoeps (Hg.): Geopolitik. Grenzgänge im Zeitgeist, Bd. 1.1: 1890 bis 1945, Potsdam 2000

Dietz, Burkhard/Helmut Gabel/Ulrich Tiedau (Hg.): Griff nach dem Westen. Die «Westforschung» der völkisch-nationalen Wissenschaften zum nordwesteuropäischen Raum (1919–1960). 2 Bde., Münster 2003

Eckart, Wolfgang Uwe: Medizin und Kolonialimperialismus. Deutschland 1884–1945, Paderborn 1997
Elvert, Jürgen: Mitteleuropa! Deutsche Pläne zur europäischen Neuordnung (1918–1945), Stuttgart 1999
Engel, Ulf/Hans-Georg Schleicher (unter Mitarbeit von Inga-Dorothee Rost): Die beiden deutschen Staaten in Afrika. Zwischen Konkurrenz und Koexistenz 1949–1990, Hamburg 1998
Essner, Cornelia: Deutsche Afrikareisende im neunzehnten Jahrhundert. Zur Sozialgeschichte des Reisens, Stuttgart 1985
Fahlbusch, Michael: «Wo der deutsche ... ist, ist Deutschland.» Die Stiftung für deutsche Volks- und Kulturbodenforschung in Leipzig 1920–1933, Bochum 1994
Fenske, Hans: Imperialistische Tendenzen in Deutschland vor 1866. Auswanderung, überseeische Bestrebungen, Weltmachtträume, in: Historisches Jahrbuch, Bd. 97/98 (1978), S. 336–383
Fischer, Fritz: Griff nach der Weltmacht. Die Kriegszielpolitik des kaiserlichen Deutschland 1914/18, Kronberg, Ts./Düsseldorf 1979
ders.: Krieg der Illusionen. Die deutsche Politik von 1911 bis 1914, Kronberg, Ts./Düsseldorf 1969
Friedrichsmeyer, Sara/Sara Lennox/Susanne Zantop (Hg.): The Imperialist Imagination. German Colonialism and its Legacy, Ann Arbor 1998
Fröhlich, Michael: Imperialismus. Deutsche Kolonial- und Weltpolitik 1880–1914, München 1994
Gollwitzer, Heinz: Geschichte des weltpolitischen Denkens. Bd. 1: Vom Zeitalter der Entdeckungen bis zum Beginn des Imperialismus, Göttingen 1972, Bd. 2: Zeitalter des Imperialismus und der Weltkriege, Göttingen 1982
Grosse, Pascal: Kolonialismus, Eugenik und bürgerliche Gesellschaft in Deutschland 1850–1918, Frankfurt am Main/New York 2000
Gruchmann, Lothar: Nationalsozialistische Großraumpolitik. Die Konstruktion einer «deutschen Monroe-Doktrin», Stuttgart 1962
Gründer, Horst: Geschichte der deutschen Kolonien, 5. Aufl. Paderborn u. a. 2004
ders. (Hg.): «... da und dort ein junges Deutschland gründen.» Rassismus, Kolonien und kolonialer Gedanke vom 16. bis zum 20. Jahrhundert, München 1999
Hallgarten, George W. F.: Imperialismus vor 1914. Die soziologischen Grundlagen der Außenpolitik europäischer Großmächte vor dem Ersten Weltkrieg, 2. durchgearb. u. stark erw. Aufl. München 1963
Headrick, Daniel R.: The Tools of Empire: Technology and European Imperialism in the Nineteenth Century, New York/Oxford 1981
Herb, Guntram Henrik: Under the Map of Germany. Nationalism and Propaganda 1918–1945, London/New York 1997

Hering, Rainer: Konstruierte Nation. Der Alldeutsche Verband 1890 bis 1939, Hamburg 2003

Hiery, Hermann Joseph (Hg.): Die deutsche Südsee 1884–1914. Ein Handbuch, Paderborn u. a. 2001

Hildebrand, Klaus: Vom Reich zum Weltreich. Hitler, NSDAP und koloniale Frage 1919–1945, München 1969

Hochschild, Adam: Schatten über dem Kongo. Die Geschichte eines großen, fast vergessenen Menschheitsverbrechens, Stuttgart 2000

Honold, Alexander/Oliver Simons (Hg.): Kolonialismus als Kultur. Literatur, Medien, Wissenschaft in der deutschen Gründerzeit des Fremden, Tübingen 2002

ders./Klaus R. Scherpe (Hg.): Mit Deutschland um die Welt. Eine Kulturgeschichte des Fremden in der Kolonialzeit, Stuttgart/Weimar 2004

Kallis, Aristotle A.: Fascist Ideology. Territory and Expansionism in Italy and Germany, 1922–1945, London/New York 2000

Kum'a N'dumbe III., Alexandre: Was wollte Hitler in Afrika? NS-Planungen für eine faschistische Neugestaltung Afrikas, Frankfurt/Main 1993

Kundrus, Birthe: Moderne Imperialisten. Das Kaiserreich im Spiegel seiner Kolonien, Köln/Weimar/Wien 2003

dies. (Hg.): Phantasiereiche. Zur Kulturgeschichte des deutschen Kolonialismus, Frankfurt am Main/New York 2003

van Laak, Dirk: Imperiale Infrastruktur. Deutsche Planungen für eine Erschließung Afrikas 1880 bis 1960, Paderborn u. a. 2004

Lindquist, Sven: Durch das Herz der Finsternis. Ein Afrika-Reisender auf den Spuren des europäischen Völkermords, Frankfurt am Main/New York 1999

Linne, Karsten: «Weiße Arbeitsführer» im «kolonialen Ergänzungsraum». Afrika als Ziel sozial- und wirtschaftspolitischer Kolonialplanungen in der NS-Zeit, Münster 2002

Liulevicius, Vejas Gabriel: Kriegsland im Osten. Eroberung, Kolonisierung und Militärherrschaft im Ersten Weltkrieg, Hamburg 2002

Meyer, Henry Cord: Mitteleuropa in German Thought and Action 1815–1945, Den Haag 1955

Mommsen, Wolfgang J.: Das Zeitalter des Imperialismus (Fischer Weltgeschichte, Bd. 28), Frankfurt/Main 1985

ders.: Imperialismustheorien, 3. Aufl. Göttingen 1987

Murphy, David Thomas: The Heroic Earth: Geopolitical Thought in Weimar Germany, 1918–1933, Kent, Ohio 1997

Neitzel, Sönke: Weltmacht oder Untergang. Die Weltreichslehre im Zeitalter des Imperialismus, Paderborn u. a. 2000

Osterhammel, Jürgen: Kolonialismus. Geschichte, Formen, Folgen, 4. durchges. Aufl. München 2003

ders./Niels P. Petersson: Geschichte der Globalisierung. Dimensionen, Prozesse, Epochen, München 2003
Plagemann, Volker (Hg.): Übersee – Seefahrt und Seemacht im Deutschen Kaiserreich, München 1988
Pyenson, Lewis: Cultural Imperialism and Exact Sciences. German Expansion Overseas 1900–1930, New York u. a. 1985
Reinhard, Wolfgang: Geschichte der europäischen Expansion, 4 Bde., Stuttgart u. a. 1983–1990
ders.: Kleine Geschichte des Kolonialismus, Stuttgart 1996
Rössler, Mechtild: «Wissenschaft und Lebensraum». Geographische Ostforschung im Nationalsozialismus. Ein Beitrag zur Disziplingeschichte der Geographie, Berlin/Hamburg 1990
Rothermund, Dietmar: Delhi, 15. August 1947. Das Ende kolonialer Herrschaft, München 1998
Said, Edward W.: Orientalismus, Frankfurt/Main 1981
Schinzinger, Francesca: Die Kolonien und das Deutsche Reich. Die wirtschaftliche Bedeutung der deutschen Besitzungen in Übersee, Stuttgart 1984
Schmidt, Gustav: Der europäische Imperialismus, München 1989
Schmokel, Wolfe W.: Der Traum vom Reich. Der deutsche Kolonialismus zwischen 1919 und 1945, Gütersloh 1967
Schnee, Heinrich (Hg.): Deutsches Koloniallexikon, 3 Bde., Leipzig 1920
Schöllgen, Gregor: Das Zeitalter des Imperialismus, 2. Aufl. München 1991
Schulte-Althoff, Franz-Josef: Studien zur politischen Wissenschaftsgeschichte der deutschen Geographie im Zeitalter des Imperialismus, Paderborn 1971
Schwarz, Maria-Theresia: «Je weniger Afrika, desto besser». Die deutsche Kolonialkritik am Ende des 19. Jahrhunderts, Frankfurt/Main u. a. 1999
Seyfried, Gerhard: Herero. Roman, Frankfurt/Main 2003
Smith, Woodruff D.: The German Colonial Empire, Chapel Hill 1978
ders.: The Ideological Origins of Nazi Imperialism, New York u. a. 1986
Speitkamp, Winfried: Deutsche Kolonialgeschichte, Stuttgart 2005
Townsend, Mary Evelyn: Origins of Modern German Colonialism, 1871–1885, New York 1974 (zuerst 1921)
dies.: Macht und Ende des deutschen Kolonialreiches, Leipzig 1932
Wehler, Hans-Ulrich: Bismarck und der Imperialismus, Köln 1969
ders.(Hg.): Imperialismus, 3. Aufl. Köln 1976
Wippermann, Wolfgang: Der «deutsche Drang nach Osten». Ideologie und Wirklichkeit eines politischen Schlagwortes, Darmstadt 1981
Zantop, Susanne M.: Kolonialphantasien im vorkolonialen Deutschland (1770–1870), Berlin 1999

Personenregister